SENDA DE LUZ

Comentario a la *Canción del Lam Rim* de
Lama Je Tsongkhapa

Enseñanzas orales de
GUESHE TAMDING GYATSO

Traducido al inglés por
Tenzin Wangdak

Traducido al castellano por
Isidro Gordi

Ediciones Amara
Apartado 995
07760 Ciutadella
Menorca
www.edicionesamara.com

Ediciones Amara. Ciutadella, Menorca
Tercera edición.
Publicado por vez primera en 1990 por Ediciones Amara

© 1990, 1997, 2019 por Isidro Gordi

Traducido al castellano por © Isidro Gordi y Marta Moll
Diseño de la portada: Federica Mahieu
Foto de Gueshe Tamding Gyatso: Isidro Gordi
Maquetación: Clara Gispert

Impreso en España/ Printed in Spain

ISBN: 978-84-95094-64-3
Depósito legal: ME 1015-2018

Contenido

Lista de Ilustraciones

Portada. Je Tsongkhapa (1357–1419). Gran revitalizador del budismo en el Tíbet y fundador de la escuela guelugpa. Es considerado una emanación de Manjushri, personificación de la sabiduría de todos los budas.

Página 16. Atisha. Gran maestro indio que fue al Tíbet en el siglo once a revitalizar las enseñanzas.

Página 70. Kalarupa. Protector del primer nivel de motivación.

Página 140. Beshamana. Protector del segundo nivel de motivación.

Página 160. La Rueda de La Vida. Nos muestra la manera en que viajamos por el ciclo descontrolado de nacimientos y muertes repetitivas.

Página 184. Mahakala. Protector del tercer nivel de motivación.

Prefacio de Su Santidad
El Décimo Cuarto Dalai Lama.

Es excelente para los españoles interesados en el budismo que se publiquen las enseñanzas impartidas por Gueshe Tamding Gyatso. Este libro proporcionará a mucha gente la oportunidad de saborear el néctar de la doctrina budista. Deseo a todos lo mejor y elevo mis plegarias para que alcancéis la felicidad temporal y última.

Prefacio de Gueshe Tamding Gyatso

Di las enseñanzas recopiladas en este libro en Ciutadella, y con la intención de beneficiar a quienes tienen interés en el budismo tibetano. *Senda de luz* está basado en *La Canción del Lam Rim,* (el más corto de los tres que compuso Je Tsongkhapa) y en su comentario, *La Esencia del oro puro,* compuesto por El Tercer Dalai Lama, Sonam Gyatso. Me he basado en textos como la *Liberación en la palma de tu mano,* de Pabongkha Rimpoché, *Transmisión oral del Lam Rim gozoso,* compuesto por Thayab Tobden Jayang Lodro y he añadido instrucciones de las enseñanzas que recibí de Song Rimpoché, de Su Santidad el Dalai Lama, así como de sus dos tutores, Trijang Rimpoché y Ling Rimpoché, y más de diez grandes lamas del este y centro del Tíbet. Fui muy afortunado al recibir la transmisión oral de Su Santidad, el actual Dalai Lama, así como del muy venerable Trijang Rimpoché.

Teniendo en cuenta que muchos principiantes leerán este libro, se ha tratado de utilizar un lenguaje fácil, aunque el texto contiene todos los puntos esenciales del Lam Rim que, dicho sea de paso, no es un texto fácil sino todo lo contrario.

Me disculpo ante todos los seres santos de cualquier error u omisión que haya podido cometer y, si hay en este trabajo alguna virtud, deseo que ésta se una a las virtudes acumuladas por todos los seres realizados y ordinarios para que las enseñanzas del Buda se extiendan en todas las direcciones y los grandes maestros tengan una larga vida. Puedan todos los seres conscientes entrar en un sendero seguro, puedan obtener los logros de la renuncia, bodhichita y la vacuidad, puedan todos ellos llegar finalmente a convertirse en budas.

Gueshe Tamding Gyatso
Mayo 1990, Ciutadella, Menorca

Introducción del traductor

Es una gran fortuna poder acceder a un texto de Lam Rim (Etapas del Camino a la Iluminación), tal como se ha ido transmitiendo, durante siglos, por generaciones de grandes lamas y yoguis.

Todas las enseñanzas que nos dan hoy en día los maestros tibetanos están, directa o indirectamente, relacionadas con el Lam Rim. Es, por tanto, un texto imprescindible para una buena comprensión del budadharma.

Dharma es aquello que nos protege del sufrimiento y la insatisfacción. Al poner en práctica las distintas técnicas que encontraremos en este texto nos daremos cuenta de que así es. Pero ¿cómo nos ayudará el Lam Rim? Según el budismo, la raíz de todos los problemas se encuentra en nuestro interior, es pues absurdo tratar de eliminarla desde el exterior. Las ideas distorsionadas que tenemos de la realidad nos hacen sufrir y el Lam Rim nos ayuda a identificarlas. Nos enseña que, adoptando otras visiones "más realistas", nuestra vida puede ser mucho más equilibrada y armoniosa.

Para comprender el Lam Rim, es importante darse cuenta de que la mente no es un fenómeno material y concreto, sino un algo carente de forma, con capacidad para conocer y experimentar. También es importante dar por entendido que la continuidad de la mente no es una posibilidad sino una realidad. Asumidos estos dos hechos, estaremos listos para abordar la profundidad de este precioso texto.

La esencia del Lam Rim son los tres niveles de motivación. El primero y el segundo nos ayudan a eliminar nuestros sufrimientos burdos. El tercer nivel nos enseña a servir a los demás y a eliminar nuestros sufrimientos más sutiles. Según nuestra capacidad y tendencia natural podemos escoger el nivel que se adapte mejor a nuestra personalidad.

La presentación del Lam Rim es tradicionalmente muy

sistemática y académica, está llena de divisiones y subdivisiones que sólo tienen por objeto facilitar el estudio. Para aquellos que no están acostumbrados a la terminología budista, se incluye un extenso glosario con el deseo de que les sirva de ayuda.

El objetivo de publicar este libro es ofrecer la posibilidad de entrar en esta profunda *senda de luz* que abraza la esencia de las enseñanzas de Buda y que disipará la oscuridad de nuestras mentes.

Reconocimientos
Desde el año 1987 al 1988, Gueshe Tamding Gyatso comentó la *Canción del Lam Rim* a una audiencia de estudiantes en Menorca. Transcribí estas enseñanzas que, posteriormente fueron revisadas varias veces por Gueshe-la. Una vez finalizada esta labor, compuse el trabajo resultante. Desde aquí, va un sincero agradecimiento a todas las personas que han colaborado en la publicación de *Senda de luz,* Tenzin Wangdak, Marta Moll, Federica Mahieu y Rosa Márquez. Ojalá su trabajo sirva para que todos los seres lleguen a la Iluminación. Por último y muy especialmente, agradecer al autor su paciencia, ánimo y ejemplo constante a lo largo de toda la elaboración del texto.

Isidro Gordi
Mayo 1990
Son Gall, Ciutadella, Menorca

Nota del traductor sobre la segunda edición

Desde que el venerable Gueshe Tamding Gyatso llegó a Menorca hace diez años, ha mantenido la costumbre de impartir enseñanzas orales de algunos importantes textos que se estudian en los monasterios tibetanos. En este tiempo, tres veces a la semana, sus enseñanzas, como preciosas gemas, han sido traducidas del tibetano al inglés y después al castellano. Una vez terminada la enseñanza oral pública, todo el material recopilado con sus citas, anécdotas y encabezamientos, tiene que ser ordenado y preparado para la posterior publicación.

Senda de luz se publicó por primera vez en 1990 y fue también la primera ocasión en que trabajé con un maestro siguiendo este sistema. Mientras corregíamos el manuscrito junto al traductor tibetano Tenzin Wangdak, gueshela solía comentarnos su deseo de que el libro fuera un *Lam Rim* introductorio para el estudio de textos mayores como *La Liberación en la palma de tu mano* de Pabongkha Rimpoché o el *Lam Rim extenso* de Je Tsongkhapa.

En esta ocasión, para completar la segunda edición, que ha sido revisada y aumentada, gueshe-la me aconsejó que, sin cambiar la estructura general del libro, tomara de enseñanzas suyas posteriores –siempre basadas en fuentes originales–, todo aquello que sirviese para mejorar el texto, añadiendo u omitiendo lo que fuera necesario para este fin. Espero que el resultado final sea satisfactorio para el lector.

Isidro Gordi
Julio 1997
Son Gall, Ciutadella, Menorca

PRIMERA PARTE

Origen, cualidades y prácticas
preliminares del Lam Rim

Atisha

Origen y cualidades de las enseñanzas

El texto raíz del Lam Rim —las etapas del camino a la Iluminación— lo compuso el erudito indio Dipamkara Atisha y le puso el título *Una luz para el sendero a la Iluminación* (sánscrito: *Bodhipathapradipa*). Esta es una enseñanza útil y práctica que ayuda, de manera efectiva, a superar la insatisfacción y a experimentar felicidad. Puesto que antes de que Atisha llegase al Tíbet no se practicaban sistemáticamente las etapas del camino a la Iluminación, su texto fue ampliamente alabado y reconocido por eruditos indios de la época. Su característica más especial era que, a pesar de ser un texto tan breve, el significado que contenía era fácil de practicar por cualquier persona.

De todos los discípulos que Atisha tuvo en el Tíbet el más próximo a él fue Dromtompa, considerado una emanación de Avalokiteshvara, el Buda de la compasión. Dromtompa provenía de una familia noble y muy acomodada, pero tras encontrarse con Atisha lo abandonó todo y se hizo discípulo suyo. Solía decir:

El Noble Buda dio más de ochenta y cuatro mil enseñanzas, pero todas ellas están contenidas en lo que se denominan las tres cestas que, a su vez, pueden resumirse en los tres niveles de motivación. Estos tres niveles son tan valiosos como un rosario de oro y quienquiera que practique tan exquisitas enseñanzas, obtendrá definitivamente el estado de la Liberación o la Iluminación. El resultado del trabajo de mi maestro Atisha, al componer el Lam Rim, hizo accesible a todo el mundo la práctica de estas ochenta y cuatro mil enseñanzas.

Si alguien no las hubiera sintetizado primero en las tres cestas y agrupado posteriormente en el Lam Rim, sería extremadamente difícil saber por dónde empezar a practicar.

El Lam Rim es fácil de entender y de poner en práctica ya que clasifica las enseñanzas de acuerdo con la capacidad mental de cada practicante. Los famosos gueshes kadampa lo consideraban algo extremadamente valioso. Igual que valoraría una persona pobre un collar de piedras preciosas, consciente de que vendiéndolo podría acabar con su pobreza. Incluso alguien que desconoce lo que es la práctica espiritual puede llegar a la Iluminación adoptando la enseñanza del Lam Rim.

El Lam Rim se divide en tres niveles que se corresponden con la capacidad mental de los distintos seres. Si una persona con una capacidad mental inicial pone en práctica las etapas del camino comunes a los seres de esta capacidad, evitará renacer en estados de existencia inferiores y en su próxima vida tomará la forma de un ser humano o la de un dios de larga vida.

Una persona de capacidad mental media sabrá, gracias a su práctica, que la existencia cíclica es un nido de dolor y malestar; con esta convicción despertará el deseo de salir de ella, denominado "renuncia" y utilizará los medios apropiados para cambiar su situación.

Una persona de capacidad superior es la que desea ayudar a los seres que están sumergidos en el océano del samsara a salir de él; valiéndose de la renuncia, la bodhichita y la sabiduría que comprende el vacío, obtiene la Iluminación y utiliza este estado para beneficiar a los demás. Tanto si se escuchan enseñanzas de Lam Rim un solo día como si se recibe el comentario completo, se obtienen beneficios.

La intención de Lama Je Tsongkhapa al componer el *Lam Rim extenso* (tib: *Lam Rim Chenmo*) fue recordar de manera muy especial la amabilidad de los maestros del linaje, desde Buda Sakyamuni hasta Atisha. En el monasterio de Reting gozó durante un mes entero de la visión directa de grandes maestros del pasado como Potowa, Sharawa, Thengawa, Dromtompa y Atisha. Al cabo de ese tiempo los tres primeros se disolvieron en Dromtompa, éste se disolvió en Atisha que, colocando sus manos sobre la coronilla de Tsongkhapa, le dio instrucciones para plasmar por escrito una explicación extensa de las etapas del camino de la Iluminación. Lama Tsongkhapa tuvo además la visión del buda de la sabiduría, Manyushri, quien le dio enseñanzas sobre la renuncia, la bodhichita y la sabiduría que comprende el vacío. El resultado de todos los consejos recibidos fue la composición del famoso *Lam Rim extenso*.

Je Tsongkhapa se basó también en distintos tratados provenientes de los grandes gueshes kadampas. Para dar fe de sus explicaciones, usaba citas de grandes maestros anteriores a él, se remontaba a los propios orígenes de las enseñanzas que pasaron del Buda Sakyamuni a Nagarjuna y Asanga hasta llegar a sus antecesores. No se contentaba con afirmar: "Esto es auténtico porque así lo ha dicho mi maestro", se remitía a las correctas citas mencionadas, a la vez que corroboraba sus propias palabras con infinidad de razonamientos lógicos que daban a sus enseñanzas validez y autenticidad.

En el Tíbet hay ocho grandes textos del Lam Rim, aunque a lo largo del tiempo se fueron escribiendo muchos otros basados en las experiencias internas de grandes Lamas. De los ocho principales, los tres primeros fueron compuestos por Je Tsongkhapa, el *Lam Rim extenso*, el *Mediano*, y el *Menor*. A estos les siguieron *La esencia del oro puro*, del Tercer Dalai Lama. *Las instrucciones recibidas de la boca de Manyushri,* un comentario del anterior escrito por el quinto Dalai Lama. Estos dos últimos enfatizan especialmente las enseñanzas pertenecientes al sutra. Panchen Losang Chokyi Gyaltsen compuso *El sendero gozoso*. Más tarde, Panchen Losang Yeshe compuso *El sendero rápido;* tanto este texto como el anterior, fueron ideados para realzar la importancia del tantra. El último lleva por título *La esencia de la buena preservación,* compuesto por Dhakpo Ngawang Dragpa.

Para impartir enseñanzas sobre Lam Rim es muy importante tener la transmisión oral de los ocho textos mencionados que provenga de un linaje ininterrumpido recibido de maestro a discípulo desde Sakyamuni Buda hasta nuestros días.

Panchen Losang Yeshe, autor del séptimo de los textos mencionados, vivió más de cien años y llegó un momento en que apenas podía leer las escrituras. Para que pudiera verlas con claridad los discípulos que le rodeaban reescribieron sus textos con letras muy grandes, deseosos de poder recibir la transmisión oral. En una ocasión, Losang Namgyel, que bajo la apariencia de un humilde monje era un gran yogui, leyó el *Sendero rápido* de Panchen Losang Yeshe y le pareció enormemente beneficioso. Entonces le surgió un intenso deseo de recibir la transmisión de unas enseñanzas tan significativas. Con decisión se acercó a él y dirigiéndose a su asistente le solicitó una audiencia con el gran lama. Pero, en lugar de ayudarle, el asistente intentó apartarlo del lama diciéndole que ya era muy anciano y no se le debía molestar. Intentó verle en dos ocasiones más, pero se le volvió a denegar el permiso. Finalmente, Losang Namgyel, le habló así al asistente: "No te pido a ti la transmisión, se la pido al lama; si él me rechaza me iré". El asistente, indignado, fue directamente a contarle lo sucedido a Panchen Losang Yeshe, quien se alegró muchísimo de saber que alguien quería la transmisión oral de su Lam Rim y le dijo: "Hacía años que esperaba este momento".

Así es como han ido transmitiéndose las enseñanzas hasta nuestros días. La razón por la que este gran maestro no había dado con anterioridad la trasmisión a sus estudiantes era el temor de que éstas no fuesen transmitidas y se perdieran. En cambio, se la dio a este monje pues, al tratarse de un gran yogui, estaba garantizado que sus enseñanzas quedarían para la posteridad.

Las enseñanzas que a continuación se exponen en este texto, *Senda de luz,* tienen como base el texto *La canción del Lam Rim,* de Je Tsongkhapa, su Lam Rim corto. Me he basado, además, en instrucciones de *La esencia del oro puro, La liberación en la palma de tu mano, el Lam Rim extenso* y otros textos. Los encabezamientos han sido extraídos del famoso texto de Pabongkha Rimpoché, *La liberación en la palma de tu mano.*

La canción del Lam Rim expone una serie de prácticas con la ayuda de las cuales el principiante pasa del estado ordinario al estado Iluminado. Iluminación (tib *jang chub*) da a entender un estado en el que se han eliminado todos los obstáculos y se ha acumulado todo el conocimiento. Se denomina *Canción del Lam Rim* porque está escrito en verso y porque es un texto corto que contiene los puntos principales de la práctica. En los primeros versos, Tsongkhapa rinde homenaje al Buda Gautama pues los textos del Lam Rim se originan en él.

(1)

Rindo homenaje al Buda Gautama, cabeza de los Sakya.
Tu cuerpo es el producto de diez millones de virtudes y dos
logros perfectos —la comprensión experiencial de sunyata
y la obtención de la bodhichita. Tu palabra colma las
esperanzas de un infinito número de seres conscientes,
enseñándoles el Dharma. Tu mente, siendo omnisciente,
percibe todo lo capaz de ser conocido de la manera en que
existe, vacío.

El autor ensalza el cuerpo de Buda como el de las excelentes causas que hacen posible obtenerlo. Alaba su palabra como la de los excelentes resultados, y alaba a la mente Iluminada como la de naturaleza excelente. Se alaba el cuerpo, la palabra y la mente de Buda porque son el resultado de acciones extremadamente virtuosas.

Para alcanzar la Iluminación es preciso acumular mérito y sabiduría. La acumulación de mérito causa obtener el cuerpo de la forma de un buda, y la acumulación de sabiduría causa obtener el cuerpo de verdad de un buda. Antes de llegar a la Iluminación, Buda acumuló durante tres grandes eones, una innumerable cantidad de virtudes cuyo resultado fueron las marcas mayores y menores de su cuerpo.

El cuerpo de un buda se distingue con treinta y dos marcas mayores y ochenta menores. Cada una de ellas tiene una causa específica que ha sido adquirida con esfuerzo. Una de las cualidades del cuerpo de un buda es la protuberancia en su coronilla, otra es que las plantas de sus pies están marcadas con la forma de una rueda y al andar no entran en contacto con el suelo, pero, aun así, quedan marcadas sus huellas. Otra cualidad de un buda es causar una felicidad inexplicable a quien lo mira; aunque se trate de alguien muy irritable su mal humor disminuirá.

Los budas se manifiestan en este mundo para ayudar a los seres conscientes y la mejor manera de hacerlo es impartiendo enseñanzas ya que éstas hacen posible que sus mentes maduren. Por esta razón se dice que un buda ejerce su actividad más benéfica a través de la palabra. Su palabra tiene sesenta cualidades; cuando un ser Iluminado da enseñanzas no necesita traductor, todos pueden entenderle, clarifica las dudas de quienes le escuchan sin necesidad de que éstas le sean formuladas, posee el don de satisfacer las esperanzas y deseos de una innumerable cantidad de seres conscientes. Cuando un buda da enseñanzas tiene siempre presentes las distintas capacidades y habilidades de quienes le escuchan, además, puede comprender lo que piensan cuantos le escuchan.

La característica principal de la mente de un buda es que comprende la naturaleza de todos los objetos de conocimiento o fenómenos. En lo que respecta a la percepción directa de un buda de estos fenómenos, podría describirse según el número de sabidurías no contaminadas, que son veintiuna, aunque éstas pueden ser condensadas en dos: la sabiduría que comprende la vastedad de los fenómenos -sabiduría convencional- y la sabiduría que comprende lo profundo o último. Por ejemplo, a un ser ordinario la apariencia física de una persona no le revela nada más que su identidad, sin embargo, lo que un buda percibe directamente de esta persona es su vida pasada y futura, su impermanencia y carencia de existencia intrínseca, cosas que nosotros somos completamente incapaces de imaginarlas siquiera. Cada fenómeno posee numerosas características que lo distinguen y la mente de un buda tiene el poder de comprender y percibir cada una de ellas de manera directa. Tsongkhapa se postra ante el poseedor de todas estas cualidades: el Buda Gautama, fuente del Lam Rim.

(2)

Rindo homenaje a Maitreya y a Manyushri, los dos
discípulos principales del Buda Gautama, maestro
inmejorable. Tus encarnaciones muestran el Dharma
para conducir a la liberación a todos los seres existentes en
samsara y se manifiestan en los innumerables mundos tras
haber tomado la responsabilidad de reforzar la acción de la
palabra del Buda.

Lama Tsongkhapa rinde homenaje a Maitreya y Manyushri, discípulos del Buda. De las ochenta y cuatro mil enseñanzas que dio el Buda, la más especial es la del *Prajñaparamita* o *Sutra de la perfección de la sabiduría,* relacionada con dos temas principales: el explícito -que trata de los niveles de la vacuidad-, y el implícito -que hace referencia a los distintos niveles de realizaciones espirituales.

Sakyamuni tenía ocho discípulos principales pertenecientes al vehículo mahayana, pero aquí sólo se mencionan estos dos porque las enseñanzas explícitas del *Prajñaparamita* —sendero de la profundidad— fueron mostradas por vez primera a Manyushri que las transmitió a Nagarjuna, el cual se las dio a Chandrakirti, y de éste, en un linaje ininterrumpido, hasta Atisha.

Por otro lado, el tema implícito del *Prajñaparamita* -sendero de la vastedad- fue transmitido en primer lugar a Maitreya y desde entonces pasó a través de un linaje ininterrumpido hasta Asanga y de él hasta Lama Serlingpa que las hizo llegar a Atisha. De Buda Sakyamuni pues, surgen dos linajes: el de la sabiduría y el del método, reunificados posteriormente por Dipamkara Atisha.

(3)

Rindo homenaje a los pilares de las dos joyas de los continentes meridionales, Nagarjuna y Asanga, famosos en los tres reinos. Con vuestros comentarios habéis explicado sin error lo más difícil de comprender, el Prajñaparamita, madre de los budas.

En este contexto el término "madre" se refiere a las enseñanzas del *Prajñaparamita*. Una mujer tiene dos esposos y un hijo con cada uno de ellos. Uno de los esposos es un rey y el otro un brahmán, la madre será la misma para los dos hijos, pero los padres serán diferentes. De igual forma, la sabiduría que comprende la vacuidad es común tanto a los arya bodhisatvas, como a los oyentes y a los realizadores solitarios. Sin esta sabiduría nadie, sea practicante hinayana o mahayana, puede convertirse en un ser realizado. Nagarjuna y Asanga clarificaron con sus comentarios el difícil significado del *Prajñaparamita* y fueron capaces de interpretar la intención última del Buda, por ello se les conoció como los dos grandes formuladores de los tres reinos ya que sus enseñanzas se extendieron hasta el reino de los devas, nagas y humanos.

(4)

Rindo homenaje a Atisha, guardián del tesoro de las enseñanzas. El Bodhipathapradipa, impecable compendio de los puntos esenciales, resume y sintetiza los dos carruajes mayores del gran vehículo mahayana —el camino del profundo discernimiento de sunyata y el de la vasta acción de la bodhichita. Esto, hecho por vez primera desde el Prajñaparamita del Buda, está en conformidad con el propio linaje, por un lado, del Buda a Manyushri y a Nagarjuna y, por otro, del Buda a Maitreya y Asanga.

Nagarjuna explicó las prácticas del camino según el linaje de la sabiduría y Asanga las expuso según el del método. Atisha unificó las dos sin el menor error en su *Bodhipathapradipa*. Con el fin de facilitar la comprensión de la *Canción del Lam Rim*, las instrucciones de las etapas del camino en *Senda de luz* se dividen en cuatro apartados principales:

> Vida y buenas cualidades del autor para mostrar la autenticidad de las enseñanzas.
> Cualidades de las enseñanzas con el fin de generar fe y respeto hacia ellas.
> Cómo escuchar y enseñar el Dharma.
> Instrucciones sobre las etapas del camino a la Iluminación.

Vida y buenas cualidades del autor para mostrar la autenticidad de las enseñanzas

Dipamkara Atisha nació en el este de la India, en el año 982, como el hijo de un rey. Al nacer, ya mostró algunos signos incomparables; cuando empezó a hablar con claridad hacía referencia en muchas ocasiones a la carencia de existencia esencial de la existencia cíclica y a los efectos de los engaños. Aprendió y dominó rápidamente la literatura ordinaria y destacó también en otros campos de conocimiento como la astrología. Pronto nació en él el deseo de ordenarse monje, pero, inicialmente, su padre le puso muchas objeciones pues esperaba que le sucediera en el trono. No obstante, el firme y sincero deseo de su hijo finalmente le hizo acceder. Sus maestros espirituales fueron muchos y fueron también muchas las iniciaciones, transmisiones orales e instrucciones que recibió. Practicó el sendero del tantra con gran fe e intensidad convirtiéndose en un yogui incomparable y con frecuencia salía victorioso ante los que se enfrentaban con él en debate.

Tenía una conexión especial con la bodhichita y un día se le manifestaron Buda Sakyamuni y Arya Tara para aconsejarle que se adiestrase en ella. A partir de aquel momento empezó a buscar a la persona que pudiese transmitirle perfecta y puramente las instrucciones sobre la bodhichita. Llegó a sus oídos que Serlingpa, también conocido como Dharmakirti de Serling, sostenía el linaje puro de estas preciosas instrucciones y decidió ir a su encuentro. Al tratarse de un príncipe, allá donde iba, su familia le enviaba un séquito de guardias y corte, pero cuando tomó la decisión de ir a lo que hoy es Indonesia, lo hizo llevándose consigo sólo a ciento veinticinco de sus discípulos. Durante el trayecto tuvieron que navegar en barcos de vela. Fueron trece meses repletos de obstáculos en que los vientos y las tormentas les azotaban muy a menudo. Cuando finalmente llegaron a su destino deseado, Atisha se informó acerca de las cualidades de Serlingpa. Hacerlo tenía una gran significado ya que, antes de tomar a alguien como maestro, uno debe asegurarse de que merece su confianza.

Serlingpa se enteró por sus discípulos de que había llegado un tal Atisha, famoso erudito de la India. Al saber la noticia, Serlingpa se sintió muy feliz y le honró con grandes recepciones de bienvenida. Atisha, por su parte, le ofreció una vasija de cristal repleta de joyas preciosas. Una vez hecho el ofrecimiento le pidió instrucciones sobre la bodhichita a lo que Serlingpa accedió. Durante doce años éste se convirtió en su guía espiritual hasta que obtuvo la perfecta realización.

Atisha, yogui de gran capacidad, tuvo ciento cincuenta y cuatro maestros y entre todos ellos siempre rindió una consideración muy especial a Serlingpa, ya que gracias a él pudo generar la bodhichita. Cada vez que oía su nombre hacía una postración; aun estando sentado en su trono se levantaba y, cuando llegó a una edad en la que ya no podía inclinarse, juntaba sus manos en señal de respeto.

Al regresar a la India estuvo en Vikramashila, una de las dos universidades monásticas budistas más importantes, siendo la otra Nalanda. Se convirtió en la corona de todos los eruditos y todos los practicantes le respetaban y veneraban.

Por aquel tiempo había en el Tíbet muchos falsos maestros que exponían el budismo de modo erróneo. Había entre ellos un grupo conocido como los dieciocho monjes ladrones quienes, disfrazados de monjes, realizaban determinadas prácticas con el fin de impresionar a las pobres gentes para luego aprovecharse de ellas. Sin tener ningún tipo de transmisión, había incluso aquellos que se atrevían a componer lo que ellos denominaban "tantra", daban iniciaciones y libertad a sus seguidores para beber alcohol, tomar consortes, etc. sin tener realización espiritual alguna. Su deseo era obtener riquezas y con este propósito practicaban también la magia negra.

Los practicantes auténticos atravesaban una difícil situación, ya que lo más extendido eran las visiones erróneas. Se propagaba a los cuatro vientos que un auténtico practicante tántrico debía tomar una consorte real y ello suponía para los monjes una gran contradicción y les hacía dudar acerca de si debían dejar sus votos para practicar el tantra. La situación se hizo cada vez más tensa hasta el punto de que se empezó a pensar que sutra y tantra eran prácticas tan contradictorias como el fuego y el agua.

El rey del Tíbet por aquella época era Yeshe Wo que veía con tristeza como muchos practicantes seguían esas visiones erróneas y muchos monjes dejaban sus hábitos para seguir el sendero del tantra. Deseando poner fin a esta situación decidió invitar a su país a reconocidos maestros de la India y enviar allí a tibetanos para aprender y traducir del sánscrito auténticos textos budistas. Envió a veintiún brillantes estudiantes a la India, de los cuales diecinueve fallecieron a causa del clima, los dos restantes tuvieron éxito en su empresa y se convirtieron en expertos traductores.

Estos dos fueron Rinchen Zangpo y Dagjor Sherab o Ngo Lekpe Sherab. Yeshe Wo se entrevistó con los dos para saber quién era el erudito más venerado en la India y ambos coincidieron en su respuesta; le explicaron que Atisha era el más sabio de la India. Al oír su nombre el rey decidió que éste sería el maestro más adecuado para el Tíbet. Envió al traductor Gya Tsundru Sengye a la India con ofrendas de oro para Atisha. Pero el abad de Vikramashila, Ratnakara, conociendo los motivos de la visita del traductor tibetano, impidió que pudiesen entrevistarse.

Al enterarse del fracaso, el rey decidió ir a invitarle personalmente, sin embargo, de camino a la India, fue capturado por el rey no budista Garlok que, al saber el motivo del viaje, le encarceló para impedir que las enseñanzas budistas se propagasen en el Tíbet. Ante este desafortunado evento, Jang Chub O, sobrino de Yeshe Wo, fue a suplicarle a Garlok que dejase en libertad a su tío. Pero su respuesta fue que solamente accedería si le ofrecía a cambio una cantidad de oro equivalente al tamaño de su prisionero. Si no cumplía este deseo debería hacerse súbdito suyo y abandonar el budismo. Jang Chub se afanó en la búsqueda, pero sólo pudo recoger la medida equivalente al tronco del cuerpo de su tío. El oro no le llegaba a la cabeza, Garlok rehusó liberar a Yeshe Wo, pero su sobrino, lejos de desanimarse, pensó en buscar el resto del oro requerido. Antes de partir fue a despedirse de su tío encarcelado que al oír las penalidades que su sobrino había tenido que sufrir para reunir el oro, se sintió muy feliz y le dijo: "La hora de mi muerte está próxima, como máximo puedo vivir unos diez años más, me enorgullezco de ti por todas las penalidades que has soportado tratando de liberarme, pero no hay ninguna razón para que des por mí ni una sola pepita de oro. Ofréceselo todo a Atisha y ruégale en mi nombre que venga al Tíbet. Cuéntale que he entregado mi vida en beneficio del Dharma y suplícale que rece para que en mis vidas futuras pueda encontrarme con él".

Jang Chub O regresó al Tíbet con el oro para buscar a la persona más adecuada para ir a la India. Escogió a Nagtso Lotsawa que acababa de volver de aquel país y, con el oro para Atisha, volvió a partir sin preocuparse de las muchas contrariedades que le esperaban en el largo viaje.

Cuando Nagtso Lotsawa llegó a la India, fue directamente a la universidad de Vikramashila. Sabía que allí se encontraba el traductor enviado en el primer grupo, Gya Tsundru Sengye, y le explicó sus intenciones. Pero éste le aconsejó: "Bajo ningún concepto hagas público el verdadero motivo de tu visita. Si lo haces, el abad no va a permitir que te acerques a Atisha pues piensa que los tibetanos deseamos apoderarnos de él". Nagtso esperó pues el momento adecuado para hablar con Atisha y cuando pudo entrevistarse con él, le habló de las condiciones en que estaba el Dharma en el Tíbet, de la muerte de Yeshe Wo y de todas las dificultades que habían surgido para poder tener un Dharma puro en el País de las Nieves. Atisha le respondió: "Los tibetanos habéis desperdiciado por mi culpa mucho oro e incluso vuestro rey y algunos jóvenes han sacrificado su vida. Este rey, sin duda alguna era un bodhisatva y, para mí, es imposible rehusar su súplica".

Atisha le prometió que pensaría sobre la posibilidad de viajar a Tíbet. Puesto que solía tener visiones directas de Tara, le preguntó si sería o no beneficioso trasladarse al Tíbet. Tara le respondió: "Si vas al Tíbet proporcionarás grandes beneficios a sus habitantes, pero tu vida se acortará en casi veinte años. Si te quedas en la India vivirás hasta los noventa y dos años y si vas al Tíbet sólo hasta los setenta y tres; pero te encontrarás con un gran discípulo laico llamado Dromtompa".

Atisha pensó: "Si en verdad voy a beneficiar a los seres, no me importa si se acorta mi vida". Se dirigió al abad de

Vikramashila para pedirle que le autorizara a ir de peregrinaje al Nepal y de allí entrar en el Tíbet por un breve período de tiempo. El abad le dio su permiso, pero le hizo prometer a Nagtso Lotsawa que devolvería a Atisha pasados tres años.

Afortunadamente para el futuro del budismo en el Tíbet, partieron hacia allá. Poco antes de llegar, un séquito de tibetanos salió a su encuentro, había ido al Nepal para darle la bienvenida. Entre estas personas estaba Jang Chub, sobrino de Yeshe Wo, que le invitó formalmente a entrar en el Tíbet para hacer girar la Rueda del Dharma. Para ello le hizo la siguiente súplica:

> Antiguamente el Dharma auténtico se había propagado por el Tíbet. Ahora está degenerado y por ello necesitamos tu ayuda. Te pido enseñanzas que, aunque carezcan de profundidad, sean efectivas para domar las salvajes mentes de los tibetanos.

Atisha se sintió extremadamente complacido con esta súplica y fue a raíz de ella que compuso el texto *Bodhipathapradipa* y luego lo enseñó extensamente. Durante este período de tres años en el Tíbet, Atisha, enseñaba especialmente sobre las acciones y sus resultados, sobre tomar refugio y otros temas básicos. Tanta era la intensidad con que daba este tipo de enseñanzas que empezaron a llamarle "el maestro del refugio", "el maestro de las acciones y resultados". Esto le llenó de satisfacción.

Durante los tres primeros años estuvo en la parte alta del Tíbet donde conoció a Marpa Lotsawa y a Rinchen Zangpo a quienes dio muchas enseñanzas. Cuando este período estaba a punto de terminar, Dromtompa y muchos otros seguidores le invitaron a viajar al Tíbet Central, pero Nagtso Lotsawa rehusó pues se había comprometido a devolver a Atisha a Vikramashila transcurridos los tres años. Y así lo hizo, pero de camino a la India, en un distrito fronterizo entre el Tíbet y Nepal, se declaró un conflicto armado y Atisha se dio cuenta de que no podría continuar el viaje. Nagtso, se sintió terriblemente preocupado, pero Atisha le dijo: "Es absurdo preocuparse por algo imposible de resolver". Al escuchar esas palabras, Nagtso sintió como si le hubiesen quitado un gran peso de encima. Atisha envió una carta al abad junto con ofrendas de oro, suplicándole que le diese permiso para quedarse en el Tíbet hasta el fin de sus días, en caso de no aceptar, añadía, tendría que esperar a que la batalla terminase. Junto con la carta, Atisha le envió tres páginas con el *Bodhipathapradipa*. Cuando el abad recibió el mensaje y los presentes, entregó el texto a una asamblea de sabios eruditos indios, para que lo revisaran tal como era costumbre antes de que un libro saliera a la luz. Todos ellos quedaron sorprendidos por la brillantez del texto y sus palabras de alabanza decían que, a pesar de ser breve, incorporaba todas las enseñanzas tanto de sutra como de tantra. Si se hubiese quedado en la India, Atisha no habría dado este tipo de enseñanzas, puesto que el nivel intelectual de los indios era superior al de los tibetanos, en el Tíbet vio la necesidad de componer un texto sencillo y a la vez profundo. El abad accedió a su petición de quedarse en el Tíbet, a cambio de que compusiera un comentario a su propio texto raíz. Los eruditos de la India concluyeron que la marcha de Atisha al Tíbet había beneficiado tanto a los tibetanos como a los propios indios.

Atisha permaneció en el Tíbet unos diecisiete años, en los que, además de dar innumerables enseñanzas tanto de sutra como de tantra, hizo que gradualmente desaparecieran los falsos maestros y sus visiones erróneas. Fue el fundador de la tradición kadampa, que su discípulo principal, Dromtompa, se encargó de propagar. Este último fundó la primera sede de los kadampa, el monasterio de Reting.

En la época de Atisha, el sistema de práctica kadampa

consistía en apoyarse en cuatro deidades y tres Dharmas. Las cuatro deidades eran, Buda Sakyamuni, Chenrezig, Tara y un protector especial eliminador de obstáculos llamado Myowa, los tres Dharmas eran las tres cestas: ética, concentración y sabiduría.

Atisha tuvo muchos discípulos en el Tíbet, pero, entre todos ellos, destacaron Dromtompa, Kuton Tsungdu Yongdung y Ngo Lekpe Sherab. Este último fundó el monasterio de Sangpo, con el fin de que la filosofía budista, el *Prajñaparamita, Pramana* y el *Madhyamika,* fuesen estudiados y debatidos extensamente. Un discípulo indirecto de Ngo Lekpe Sherab, Thoelungpa, compuso el *Ten Rim,* uno de los textos en que posteriormente Tsongkhapa se basaría para componer el famoso *Lam Rim extenso.*

En lo que respecta a la transmisión directa del Lam Rim, Atisha la entregó a Drontompa, que la transmitió a través de tres líneas: kadam shunbawa, kadam lamrimpa y kadam mengawa.

La primera línea, shunbawa, que significa "tradición escrita", pasa de Dromtompa a Gueshe Potowa y de éste a Gueshe Sharawa. Se denomina así porque este Lam Rim se explica en relación a los textos budistas mayores como *Prajñaparamita* o *Madhyamika.*

La segunda línea, lamrimpa, significa "tradición de la experiencia". Pasa de Dromtompa a Gueshe Gompawa, de éste a Gueshe Nyusurpa. Esta tradición está especialmente dedicada a los que no pueden estudiar los grandes tratados, pero siguen el Lam Rim.

La tercera línea, mengawa o "la tradición oral", pasa de Dromtompa a Gueshe Chengawa y de éste a Gueshe Chayulwa. Basaban su tradición en el Lam Rim de Atisha por un lado y además en las instrucciones orales de los maestros.

El conjunto total de las instrucciones va trasmitiéndose

hasta llegar al tiempo de Tsongkhapa que las recibe del gran yogui Lhodak Namkha Gyeltsen y de Dhakor Khenchen Choegyap Sangpo para unificarlas después. El fruto de esta unión fue la visión, meditación y acción kadampa y, a partir de este momento, aparecen los denominados "nuevos kadampas o guelupas" que, aunque no eran diferentes de los antiguos, toman un aire innovador en este sentido.

Cuando Tsongkhapa presentó su *Lam Rim extenso* dijo: "El autor del *Bodhipathapradipa* es el mismo que compuso este Lam Rim". Esta es una de las razones por las que se afirma que uno y otro eran emanaciones del mismo continuo mental. Panchen Palden Yeshe opina a este respecto que Gurú Padmasambhava proviene también del mismo continuo que los ya mencionados, lo que les diferencia es que se manifestaron de maneras distintas según las diferentes condiciones de las épocas en que vivieron.

Atisha había recibido también enseñanzas especiales de Lo Yong –adiestramiento mental– entre las que destacan, *Rueda de las armas afiladas* de Dharmarakshita, el *Rosario de joyas* y otras instrucciones de Serlingpa; fue a partir de entonces cuando los tibetanos empezaron a componer sus propios textos de Lo Yong.

Fue gracias a la amabilidad de Atisha que las tradiciones kagyupa, sakyapa y guelupa integraron el Lam Rim en su terminología. Tras su muerte estas tradiciones integraron sus enseñanzas. La escuela kagyupa lo hizo por medio de Gampopa que recibió estas enseñanzas de Gueshe Kadampa y Gueshe Jayuwa, entre otros. Gampopa combinó la práctica kagyupa del mahamudra con las enseñanzas kadampa y compuso la *Joya que adorna la preciosa liberación*.

Pamo Drugpa, otro gran depositario kagyupa, recibió sus enseñanzas de Lam Rim del Gueshe Toelungpa. Taklungpa, otro practicante kagyupa, recibió a su vez instrucciones de

Gueshe Chekawa. El Primer Karmapa las recibió de Gueshe Sherab Dorje.

El principal maestro de la tradición sakyapa, Sakya Pandita, recibió sus instrucciones de Lam Rim de Gueshe Chilepa. Gracias a la amabilidad de todos estos gurús fue posible que las instrucciones llegasen hasta sus días, por ello Tsongkhapa dice en su texto:

(5)

Con el mayor de los respetos rindo homenaje a mis gurús.
Gracias a vuestra misericordia clarificáis el Dharma
mostrándolo con métodos hábiles y efectivos.
Para aquellos afortunados que han recibido vuestras
enseñanzas, sois el mejor puente con el que cruzar el océano del
samsara hacia la Iluminación. Sois los ojos de vuestros
discípulos para que vean y comprendan todas las profundas
escrituras.

Cualidades de las enseñanzas con el fin de generar fe y respeto hacia ellas
Las tres características.
Las cuatro cualidades.

Como se ha mencionado previamente, Jang Chub pidió a Atisha un Dharma que beneficiase a todo el mundo, por ello se dice que el Lam Rim es el Dharma de todos los practicantes, kagyupas, sakyapas, nygmapas o guelupas. Es el amplio sendero que conduce a la Iluminación y que constituye la esencia de las ochenta y cuatro mil enseñanzas del Buda, expuestas según los tres niveles de capacidad de los seres.

El Lam Rim incluye también todos los significados esenciales del sutra y del tantra. Es como el océano poseedor de todas las excelencias; el agua de los ríos pequeños siempre desemboca en los grandes océanos. El *Vinaya*, por ejemplo, habla extensa y profundamente sobre la disciplina ética, pero no contiene todas las enseñanzas que dio el Buda. Sin embargo, el *Vinaya* sí se puede encontrar en el Lam Rim.

Puesto que el Lam Rim contiene distintas prácticas, asequibles a todos los niveles de motivación o capacidad se le llama la joya que concede todos los deseos. Un ser de capacidad inicial es aquel que no desea caer en reinos inferiores en un futuro y anhela acceder a los superiores. Con la práctica del Lam Rim adaptada a su nivel, obtiene ese objetivo. Un ser de capacidad media desea liberarse del samsara y, practicando la parte del Lam Rim que le corresponde, también lo logrará. También existen prácticas adecuadas para los seres de capacidad superior, los que desean obtener la Iluminación. Por este motivo el autor habla como sigue:

(6)

*Los estadios en el camino a la Iluminación han sido
transmitidos en correcto orden por los linajes de
Nagarjuna y Asanga, las joyas que coronan a todos
los sabios maestros indios, el estandarte cuya fama
resplandece en los tres reinos. Puesto que, seguir estos estadios,
puede conducir a la completa satisfacción de los dos objetivos
básicos de las nueve clases de seres, estos estadios son
considerados como el rey que confiere el poder de las enseñanzas
preciosas. Ya que éstos combinan las corrientes de miles
de escrituras legítimas, son verdaderamente un océano de
explicaciones excelentes y correctas.*

Las tres características
    El Lam Rim es la condensación de todo el budadharma.
    El Lam Rim es fácil de practicar.
    El Lam Rim es superior a otras enseñanzas.

El Lam Rim es la condensación de todo el budadharma porque contiene todas las prácticas tanto de sutra como de tantra. Es fácil de practicar porque enfatiza principalmente explicaciones de métodos destinados a controlar la mente. Finalmente, es superior a otras enseñanzas porque el Lam Rim está adornado con las instrucciones de Serlingpa por un lado y por las de Vidhyakokilya por otro, hábiles maestros en presentar el sistema de Asanga y Nagarjuna.

Sin haber estudiado profundamente el Lam Rim completo estas tres características no nos resultarán obvias, pero si lo estudiamos, meditamos y lo ponemos en práctica entenderemos por nuestra propia experiencia estas características supremas.

Las cuatro cualidades
> No hay contradicción en las enseñanzas del Buda.
> Tomaremos todas las enseñanzas como
> Profundos consejos.
> Entenderemos fácilmente la intención del Buda.
> Todas las faltas cesarán automáticamente.

No hay contradicción en las enseñanzas del Buda
Todas las enseñanzas pueden dividirse en realizaciones espirituales y escrituras. Las realizaciones espirituales se refieren a las experiencias que surgen en nuestro continuo mental, pero que dependen de haber escuchado y contemplado previamente las escrituras. Las escrituras sobre las enseñanzas de sutra y tantra pueden condensarse en las tres cestas. Las de tantra quedan agrupadas en la cesta del sutra.

La razón principal por la que Yeshe Wo invitó a Atisha fue que el Dharma había degenerado hasta el extremo de que parecía imposible que una sola persona pudiese practicar sutra y tantra. Cuando Buda Sakyamuni daba enseñanzas, conocía perfectamente la capacidad mental, habilidad o interés de quien le escuchaba, pero todas ellas estaban elaboradas para poder ser practicadas por una sola persona. Algunas de las enseñanzas del Buda eran, por ejemplo, prácticas preliminares, otras el cuerpo principal de su práctica y aún otras, ayudas para mejorar las dos primeras y facilitar así el camino hacia el objetivo final.

Si alguien que desconocía el Dharma se acercaba al Buda para pedirle consejo, éste comenzaba dándole enseñanzas sobre la impermanencia, la muerte, el sufrimiento y la insatisfacción de la existencia cíclica. Cuando la persona estaba madura le enseñaba sobre las cuatro nobles verdades y los doce vínculos con el fin de que generase renuncia y pusiese en práctica los tres adiestramientos para llegar al nirvana. Más adelante hablaba de cómo generar amor y compasión con el fin de llegar a la Iluminación. Sólo cuando tenía una profunda experiencia le enseñaba tantra.

Hoy en día, algunos practicantes piensan que, por el mero hecho de haber recibido alguna iniciación tántrica, es una pérdida de tiempo estudiar, contemplar y meditar en la muerte, la impermanencia y otros temas básicos. Este razonamiento es totalmente erróneo. Buda Sakyamuni enfatizó claramente en uno de sus sutras la importancia de conocer todas las instrucciones básicas, dadas originalmente para los oyentes y realizadores solitarios, y no sólo esto, sino que aconsejaba, además, el grabar su experiencia en nuestro continuo mental.

En definitiva, todas las enseñanzas dadas por Sakyamuni han de ser practicadas y ni una sola debe dejarse de lado. Uno se apoya en las prácticas básicas hinayana (también conocidas como theravada) para poder llevar a cabo las mahayana. Hay que darse cuenta de que, tanto las prácticas del Lam Rim como las del tantra, están especialmente ideadas para que quien las practique llegue a la Iluminación.

Si sabemos cómo practicar el Lam Rim sabremos cómo practicar cualquier enseñanza que recibamos, sabremos dónde colocarla en nuestra práctica para así reforzar nuestros conocimientos y experiencias. Para pintar un cuadro el pintor necesita en primer lugar, pinceles, un lienzo y colores; saber que ninguno de estos útiles está de más para pintar; entender cómo se pinta el cuadro con su ayuda; por último, cuando tenga la experiencia suficiente, podrá completar él mismo el cuadro. De la misma manera y teniendo como objetivo obtener la Iluminación, deben practicarse todas las enseñanzas dadas por el Buda. La propia práctica del Lam Rim hará que nos demos cuenta de esta cualidad.

Tomaremos todas las enseñanzas como profundos consejos
Las instrucciones del Lam Rim no deben tomarse como un simple ejercicio intelectual, sino que han de ser adoptadas en nuestra práctica diaria. Estaba un día el Venerable Pabongkha Rimpoché dando vueltas alrededor del monasterio de Ganden cuando vio un papel en el suelo en el que estaba escrito un verso del séptimo Dalai Lama. Este se refería a la vida de las abejas que es fácil en verano, pues sólo tienen que revolotear, pero al llegar el otoño, cuando las flores empiezan a marchitarse su vida se complica. Después de leerlo comprendió inmediatamente dónde situar la enseñanza que se desprendía de este verso; en las instrucciones sobre la impermanencia, pertenecientes a las prácticas para los seres de capacidad inicial.

Un gran lama, en una ocasión señaló lo sorprendido que quedó cuando, después de tantos años de estudio, comprobó que la esencia de todo lo estudiado se hallaba en el Lam Rim.

Un seguidor kadampa es aquel que se ha dado cuenta que la palabra del Buda, así como sus comentarios son una instrucción personal. Además, está convencido de que ni una sola palabra pronunciada por el Buda es redundante.

Entenderemos fácilmente la intención del Buda
Por medio de nuestro estudio y meditación, comprenderemos que el Lam Rim es la esencia de los Cinco Grandes Textos, así como del tantra y que todos ellos se resumen en tres puntos: renuncia, bodhichita y sabiduría que comprende la vacuidad. Por ejemplo, todos los temas de *El Ornamento para la clara comprensión* de

Maitreya están incluidos en el Lam Rim, pero no todos los temas del Lam Rim los hallaremos en el citado texto. Lo mismo sucede con los puntos esenciales del *Tantra de Guhyasamaja.*

Si quisiésemos estudiar todas las instrucciones dadas por el Buda no nos bastaría con una vida, ni que decir tiene si deseáramos practicarlas. Pero estudiando, contemplando y meditando en el Lam Rim podemos entender la esencia de todos los grandes textos y ponerlos en práctica.

Los tres primeros atributos son interdependientes. Si comprendemos que las enseñanzas no son contradictorias, veremos con claridad la necesidad de adoptarlas como instrucciones personales y una vez entendido esto sabremos que la intención del Buda es dirigir a todos los seres a la Iluminación.

Todas las faltas cesarán automáticamente
Si se han comprendido los tres puntos anteriores evitaremos cometer errores como el de pensar: "He recibido enseñanzas mahayana y ya no me interesan las hinayana o theravada; "He recibido el *Tantra de Guhyasamaja* así que ya no me tengo que preocupar de generar bodhichita", o tener pensamientos sectarios como: "Los guelupas son mejores que los nygmapas". Estas actitudes erróneas están definidas como "la acción de abandonar el Dharma" y Buda Sakyamuni dijo en el sutra, *Rey de la concentración,* que es peor el perjuicio que se acumula abandonando el Dharma de esta manera que el haber destrozado innumerables estupas.

En su *Canción del Lam Rim* Tsongkhapa señala:

(7)
Los cuatro grandes beneficios que obtendrás
profundizando en el camino a la Iluminación se
muestran en el Bodhipathapradipa de Atisha, y son estos:

Entenderás que no existe contradicción en ninguna de las enseñanzas del Buda. Te darás cuenta de que todas las escrituras han de ser tomadas como profundos consejos pues no existe contradicción entre la teoría y la práctica. Así descubrirás fácilmente el significado de los tres temas básicos en la enseñanza del Buda: la renuncia a los sufrimientos del samsara, la bodhichita y el verdadero conocimiento de sunyata.

Además, estarás protegido de caer en el abismo de la gran equivocación. Siendo así que el estudio de las etapas del camino a la Iluminación posee estos cuatro beneficios. ¿Quién entre los sensatos y eruditos maestros de la India y el Tíbet no quedará prendado en cuerpo y alma de esta enseñanza superior, estudiada por otros muchos afortunados y cuya esencia es mostrar un camino gradual de acuerdo con los tres niveles de motivación?

Cómo escuchar y enseñar el Dharma
> La manera de escuchar el Dharma
> La manera de enseñar el Dharma
> La manera de hacer la dedicación, práctica que es común al maestro y discípulo en la etapa de conclusión

La manera de escuchar el Dharma
> Contemplar los beneficios de escuchar el Dharma.
> Generar respeto hacia las enseñanzas y hacia la persona que las expone.
> La manera de escuchar las enseñanzas.

Dhakpo Ngawang Dragpa solía decir que si alguien desea que su práctica sea efectiva debe escuchar constantemente enseñanzas de Dharma, leerlas una y otra vez y practicar constantemente. Sin embargo, esto depende de que el maestro dé su enseñanza de una manera adecuada y de que el discípulo la escuche tal y como se indica en los textos.

Contemplar los beneficios de escuchar el Dharma

Los beneficios de escuchar enseñanzas de Dharma son muchísimos. El *Uttanavarga* dice que si uno escucha con atención *entenderá el significado de las instrucciones*, especialmente el de las tres cestas; eliminará las acciones negativas frenando automáticamente el comportamiento inapropiado; abandonará actividades superfluas y obtendrá la Liberación y la Iluminación.

En *Los Cuentos de Jataka* se dice que *escuchar es como encender la luz* que ilumina la oscuridad de la ignorancia. Si estamos en una habitación oscura, llena de objetos preciosos, no los podremos ver; necesitamos encender una luz.

Escuchar es la posesión más suprema y nadie te la puede quitar. Otras riquezas te las pueden robar, pero no la de haber escuchado. *Escuchar es tu mejor amigo* porque te dará consejos para tu vida cotidiana. Los amigos ordinarios no son seguros o definitivos, pueden cambiar y transformarse. Pero el amigo que es haber escuchado enseñanzas está siempre a tu lado, especialmente en los momentos difíciles. *Escuchar supera incluso la pobreza*. En el pasado existió un gran yogui, Kachen Yeshe Gyaltsen, que tenía un tío que era un rico comerciante. El yogui era muy pobre y cuando se veía con su tío éste se limitaba a ignorarlo. Con el paso del tiempo, gracias a su práctica, se convirtió en un meditador tan experimentado que le llamaron para ser uno de los tutores del octavo Dalai Lama haciéndose así muy famoso. Entonces su tío fue a visitarlo con un ofrecimiento para mostrarle sus respetos. A partir de entonces presumía ante todo el mundo de que su sobrino era el tutor del Dalai Lama. En muchas ocasiones los amigos externos dependen más de lo que tienes que de lo que realmente eres.

Otro caso es el de un pobre que, por no tener nada, estaba solo y abandonado, pero cambió su suerte y se hizo rico, entonces empezaron a salirle familiares y amigos por todas partes. Una vez les invitó a todos a una fiesta, y en el centro de la sala colocó una especie de altar repleto de joyas, piedras preciosas, oro, etc. Cuando tuvo a todos reunidos empezó a postrarse ante el altar diciendo: "Me postro ante ti, riqueza, pues a pesar de que no tenía amigos ni familiares gracias a ti, ahora me sobran".

Escuchar un Lam Rim entero es muy auspicioso ya que necesitamos instrucciones que contengan todos los puntos necesarios para llegar a la Iluminación. Si, por ejemplo, sólo recibimos instrucciones sobre la impermanencia, no será suficiente para llegar a la Iluminación. Es como el que posee un montón de almohadas, pero carece de camisa, pantalones, etc. Los cojines no nos ayudan a ir vestido, sirven sólo para sentarse. Aunque recibas tan sólo una sesión de enseñanzas, esto te proporcionará grandes oleadas de mérito. Pensando profundamente en estos ejemplos comprenderemos la importancia de escuchar enseñanzas.

Generar respeto hacia las enseñanzas y hacia la persona que las expone
En el *Sutra de la esencia de las bases*, Sakyamuni Buda dice:

> Escucha el Dharma con fe y reverencia.
> No menosprecies ni critiques a quien te enseña.
> Hónrale como si fuese un buda y
> hazle ofrecimientos.

Si uno escucha sólo con la intención de comprobar la calidad de lo que se expone o con el ánimo de criticar al enseñante, no recibirá beneficios de escuchar. Uno no debería rechazar a alguien como maestro porque sea feo, de clase social baja o no se exprese con elegancia y bellas palabras. Debemos mostrarle el mismo respeto que le mostraríamos al Buda

La manera de escuchar las enseñanzas
> Abandonar las tres faltas.
> Cultivar los seis reconocimientos.

Abandonar las tres faltas

Cuando escuchamos enseñanzas deberíamos eliminar las condiciones obstaculizadoras que se comparan a los defectos en un recipiente.

Hemos de evitar ser como un *recipiente boca abajo* en el cual, por más que insistamos en verter líquido, siempre se derramará. Si escuchamos las enseñanzas o leemos libros sin atención y llenos de distracción seremos como recipientes boca abajo. Es preciso escuchar atentamente.

Hemos de evitar ser como un *recipiente sucio.* Si vertiésemos el más puro néctar en un recipiente sucio éste perdería su calidad, lo mismo sucede si escuchamos enseñanzas con una motivación negativa. El acto de escuchar estará lleno de defectos, como el recipiente lleno de suciedad. Nuestra práctica debe estar siempre libre del interés por la riqueza, reputación, etc. Nuestra motivación debe ser lo más altruista posible.

Hemos de evitar ser como un *recipiente con un agujero.* Si un vaso tiene un agujero en su base de poco nos servirá, todo lo que echemos dentro se derramará. Siguiendo con el símil, si uno no sabe extraer el significado de lo que ha escuchado y mantenerlo en la mente será como ese recipiente agujereado.

Cultivar los seis reconocimientos

1 *Reconocerse como una persona enferma.* Uno puede pensar que no está enfermo, pero en realidad todos lo estamos y mucho. Padecemos una enfermedad crónica: los engaños. Sufrimos la enfermedad del odio, el apego, la envidia y tantos otros. Gueshe Potowa decía: "Estamos sufriendo una enfermedad crónica. Sólo nos recuperamos de nuestra grave enfermedad si empezamos a practicar las enseñanzas que escuchamos".

2 Reconocer que el Dharma es el medicamento. Esto significa escuchar y practicar. Escuchamos para entender, después de entender podemos practicar. Si queremos superar la enfermedad de los engaños, urgentemente debemos empezar a practicar Dharma ya que venimos padeciendo este mal desde tiempo sin principio.

3 Reconocer a quien nos imparte las instrucciones como a un médico. Cuando enfermamos nos dirigimos a un médico y éste nos da un remedio. Si deseamos recuperarnos de verdad hemos de seguir su consejo. Si uno toma la medicina prescrita por alguien no cualificado es posible que empeore su situación. Si en lugar de confiarse a un guía espiritual uno se conforma con leer un par de libros de Dharma y empieza a practicar, es muy posible que malinterprete el verdadero sentido de las enseñanzas. Un riesgo que corre quien lee muchos textos de Dharma sin confiarse a la guía de un maestro es el de convertirse en alguien que sabe de Dharma, pero no practica. Esto ocurre especialmente si lees libros de Dharma como leerías otros de historia o literatura. Cuando escuches una enseñanza de un maestro te dirás: "¡Oh!, esto que explica ya lo sé, lo leí hace tiempo". Los verdaderos practicantes disfrutan recibiendo una y otra vez la misma enseñanza, que por otro lado nunca les parece igual. Es muy importante recibir enseñanzas directas de un maestro ya que con ellas recibes las bendiciones del linaje, cosa que no se consigue con la lectura, por muchos libros que se lean.

En la vida del Buda Sakyamuni hubo dos personajes desgraciadamente importantes; su primo Devadatta y Leke Karma. Ambos habían escuchado innumerables enseñanzas, pero no las ponían en práctica. Por este motivo en vez de alabar al Buda, lo menospreciaban, creando así un karma muy negativo. Según los antiguos gueshes kadampa, incluso una persona muy negativa puede ser subyugada y transformada si recibe enseñanzas auténticas, pero alguien que tiene sólo una comprensión intelectual del Dharma y no lo practica por carecer de fe, difícilmente cambiará pues las enseñanzas que ha recibido no le han servido de mucho. Hay un dicho popular tibetano que reza así: "Una piel de cuero tieso y duro puede hacerse flexible al untarla con mantequilla, pero la mantequilla no puede flexibilizar el recipiente que la contiene, aunque también sea de cuero".

4 *Reconocer que practicar constantemente el Dharma que se escucha elimina la enfermedad de los engaños.* Si no practicas Dharma continuamente será imposible eliminarlos. Si una persona enferma tiene la mejor medicina, pero no se la toma, de poco le servirá. Habiendo escuchado enseñanzas, si no empezáis a recuperaros de vuestra enfermedad no será culpa del Dharma sino de vuestra falta de práctica. Chandragomin decía que, si un leproso trata de curar su lepra tomando la medicina una o dos veces, no lo conseguirá nunca.

5 *Reconocer que Sakyamuni Buda es un ser digno de confianza.* Así es porque Buda Sakyamuni es omnisciente.

6 *Desarrollar el fuerte deseo de que el Dharma florezca y dure eternamente.*

Un auténtico estudiante de Dharma necesita además las seis cualidades siguientes:

Mente sincera.
Inteligencia para discernir entre lo correcto y lo Incorrecto.
Interés en seguir el sendero.
Respeto y fe hacia el maestro y las enseñanzas.
Concentración para escuchar las enseñanzas.
Fuerza interna suficiente para cortar con los propios defectos y adquirir lo necesario para seguir a un maestro espiritual.

Puesto que *Senda de luz* es un texto de Lam Rim vamos a mencionar las cualidades que un guía espiritual tal y como se explican en el *Ornamento del sutra mahayana* de Maitreya. Allí se mencionan diez cualidades. Las seis primeras son básicas, las cuatro restantes son cualidades altruistas:

Adiestramiento en ética.
Adiestramiento en concentración.
Adiestramiento en sabiduría.
Riqueza en transmisiones orales.
Una realización estable de la vacuidad, (como mínimo, la que surge por medio de la sabiduría de escuchar).
Mayor conocimiento que los discípulos.

Habilidad para mostrar el significado de las enseñanzas, sin estar influenciado por los dharmas mundanos.
Estar motivado por la compasión.
Deleitarse al enseñar el Dharma.
Entusiasmo en enseñar el Dharma.

El guía espiritual en el que uno se confía debería tener estas cualidades, cosa nada fácil hoy en día; en su defecto, hemos de elegir a alguien que tenga al menos, algunas de estas diez cualidades. Sin embargo, al escuchar directamente enseñanzas de quien hemos aceptado como maestro debemos adiestrarnos en verle como poseedor de todas ellas.

La manera de enseñar el Dharma
Beneficios de dar enseñanzas.
Generar respeto hacia Buda Sakyamuni y su Dharma.
La actitud y comportamiento necesarios para el que enseña.
Saber a quién se debe dar la enseñanza y a quién no.

Beneficios de dar enseñanzas
Si por escuchar enseñanzas obteníamos muchos beneficios, lo mismo sucede al darlas. El maestro debe tener en mente, mientras da enseñanzas, los beneficios que surgen de impartir

enseñanzas. Vasubhandhu decía en su texto *Tesoro del conocimiento* que para recibir estos beneficios quien enseña el Dharma debe impartir sus instrucciones a quienes le escuchan como si de un regalo se tratase, nunca debe darlas con el objeto de conseguir buena reputación u ofrendas. Al contrario, debe pensar *únicamente* en ayudar a los demás. Dar una sola línea de Dharma es mucho más beneficioso que ofrecer un sin fin de objetos materiales. Lo material sólo puede ayudar durante un tiempo relativamente corto, mientras que una enseñanza beneficia tanto en esta vida como en las futuras. El maestro debe pensar que sus discípulos son como pacientes gravemente enfermos a causa de los engaños. Como un médico, debe dar la medicina de las enseñanzas según el alcance de su dolencia y debe hacerlo con una mente compasiva.

El *Sutra que propicia intenciones superiores* señala veinte beneficios de enseñar el Dharma:

Atención que nunca olvida el Dharma, sabiduría que surge de escuchar, de contemplar, de meditar, sabiduría de los senderos de acumulación y preparación, sabiduría de los senderos de visión y meditación, liberarse del apego, del odio, de la ignorancia, de los obstáculos, los budas estarán deleitados, las deidades causarán un aumento de nuestra fuerza física y poder, nos darán protección, los enemigos externos no podrán dañarnos, nuestra relación con amigos y familiares mejorará, nuestra palabra tendrá poder, tendremos confianza en enseñar a los demás, seremos alabados por los sabios, la gente confiará en lo que decimos, nos sentiremos siempre felices.

Generar respeto hacia Buda Sakyamuni y su Dharma

Quien enseña el Dharma ha de sentir un profundo respeto hacia Buda Sakyamuni y su doctrina, debe respetar la enseñanza ya que el mismo Sakyamuni así lo hacía. Cuando Buda dio instrucciones sobre el *Prajñaparamita*, colocó su propio asiento elevado en señal de reverencia. Aunque ya sus discípulos lo habían dispuesto todo, él lo elevó todavía más y lo adornó exquisitamente para dar esas instrucciones.

Cuando un maestro se sienta en un trono lo hace como muestra de respeto y veneración hacia Buda Sakyamuni y su enseñanza. Antes de sentarse, el maestro hace postraciones. Visualiza en el espacio a los budas y bodhisatvas y genera el deseo firme y puro de ayudar a todos los seres a través de su palabra.

La actitud y comportamiento necesarios para el que enseña
Quien da enseñanzas debe presentarse ante los que le escuchan con un aspecto limpio y aseado y recordar en todo momento las actividades auspiciosas de Buda Sakyamuni.

Según Dhakpo Ngawang Drakpa, cuando un maestro da enseñanzas ha de tener presente estos cinco reconocimientos: 1) evitar ser avaricioso, 2) evitar hacer ostentación de sus cualidades, 3) evitar el pensamiento de que dar enseñanzas es agotador, 4) evitar tener en cuenta los defectos de los demás, 5) evitar la envidia.

Un buen lama ha de otorgar, cuando sea oportuno, todo su saber al discípulo y ha de evitar el no querer dar alguna enseñanza para que los discípulos no sepan más que él. Además, como explica Dharmakirti en su texto *Pramanavatika,* si el maestro no comprende correctamente el tema de sus enseñanzas, le será imposible darlas. Un auténtico maestro no debe tan solo impartir enseñanzas sobre las materias que domina, sino ser hábil en dar a conocer todo el Dharma. Debe enseñar de manera sistemática y, si es posible, explicar cada punto paso a paso. Uno ha de comprender las enseñanzas que debe dar y no ser como un ciego que pone el bastón en todas partes sin saber dónde ponerlo en realidad. No debería dejar aparte los puntos difíciles y explicar sólo los fáciles.

Saber a quién se debe dar la enseñanza y a quién no
En el *vinaya* se mencionan veintiséis situaciones en las cuales

no es adecuado transmitir las enseñanzas, por ejemplo, cuando el discípulo está de pie o sentado en el trono y el maestro en el suelo, cuando el discípulo sostiene un arma, monta a caballo o si está sentado en el suelo, pero con las piernas estiradas. No obstante, una de las más importantes, para evitar caer en el proselitismo, es no dar enseñanzas si éstas no han sido solicitadas.

La manera de hacer la dedicación, práctica que es común al maestro y discípulo en la etapa de conclusión
En este punto el discípulo debe dedicar los méritos acumulados por haber escuchado correctamente las enseñanzas, en beneficio de los demás. El maestro por su parte dedica para beneficio de todos los seres las virtudes que hayan podido surgir de su disertación.

Por todo lo explicado se entiende el motivo que tuvo Tsongkhapa para hablar así en su *Canción del Lam Rim*:

(8)

Incluso escuchando o recitando una sola vez este
compendio resumido de Atisha sobre los puntos
principales de todas las escrituras, pueden obtenerse
grandes méritos. Y aún te llegarán más oleadas de
buen mérito si te dedicas al estudio y enseñanza del
Dharma genuino contenido en él. Por consiguiente,
piensa en una forma adecuada para estudiar y enseñar
este texto, tales son los beneficios que esto supone.

Prácticas preliminares

Instrucciones sobre las etapas del camino a la Iluminación
    La manera de confiar en el guía espiritual:
    la raíz del sendero espiritual.
    Cómo extraer la esencia del perfecto renacimiento humano.

La manera de confiar en el guía espiritual: la raíz del sendero espiritual
    Prácticas preliminares.
    Práctica en sí.
    Conclusión de la práctica.

Prácticas preliminares
Las prácticas preliminares son seis y nunca deben faltar en un texto de Lam Rim.

    Limpiar la sala de meditación, poner sobre el altar representaciones del cuerpo, palabra y mente del Buda.
    Hacer ofrecimientos, colocándolos de la manera más bella y sin ningún tipo de pensamiento negativo.
    Sentarse cómodamente en la posición de Vairochana caracterizada por los siete puntos, recitar las oraciones de refugio, bodhichita y los cuatro inconmensurables.
    Visualizar el campo de mérito.
    Ofrecer la oración de las siete ramas y el mandala para acumular mérito y sabiduría.
    Oraciones de súplica para recibir bendiciones.

Limpiar la sala de meditación, poner sobre el altar representaciones del cuerpo, palabra y mente del Buda
Al igual que cuando una personalidad importante viene a visitar tu hogar, limpiarás tu casa de arriba a abajo; en este contexto limpiamos la sala de meditación para poder invitar

a los maestros, budas y bodhisatvas. Mientras estés dedicado a esta labor debes pensar que el polvo simboliza la suciedad del odio, la ignorancia y el apego que hay en tu mente. Piensa también que los objetos de que te sirves para limpiar, la escoba y el trapo, son la sabiduría que realiza el vacío. De este modo, limpiar tu sala de meditación se convertirá en un acto virtuoso.

Buda Sakyamuni señaló cinco tipos de beneficios que adquirimos por limpiar con esta actitud: 1) nuestra mente se vuelve clara, 2) las mentes de los que entran en nuestra habitación se vuelven claras. 3) creamos la causa para renacer con una forma hermosa. 4) creamos la causa para renacer en un lugar puro. 5) Los dioses se alegran de nuestra actividad.

Tener todo a tu alrededor limpio y ordenado ayuda a que tu mente también lo esté. Existe una clase de dioses denominados "los que mantienen la virtud" que pueden ayudarte en tu práctica y a los cuales les encanta la limpieza. Se sienten atraídos hacia los lugares limpios y ordenados, pero rechazan la suciedad. Normalmente llevamos a cabo las tareas del hogar sin ningún tipo de intención virtuosa, lo hacemos simplemente por motivos de higiene o, en muchos casos, para impresionar al vecino. Con una intención así, el hecho de limpiar no es muy virtuoso.

"La suciedad que estoy quitando no es ordinaria sino el fruto de mi odio, ignorancia y apego". Este verso lo hizo famoso el conocido Lam Chung que era hijo de un brahmán, pero tan estúpido que no podía aprender nada. Uno de sus maestros trató de hacerle memorizar el mantra *om bhu,* pero le resultó imposible. Cuando recitaba la sílaba *om* ya se le olvidaba la *bhu.* Estuvo seis meses intentándolo, pero fracasó. Los brahmanes le expulsaron de su lado temiendo por su buena reputación. Lam Chung, entristecido, se acercó al Buda y éste le aconsejó que se fuera a estudiar bajo la guía de su hermano Lam Chen que era un arhat. Lam Chen le dio un verso muy breve para memorizar, pero Lam Chung fracasó de nuevo con lo que su hermano no pudo aceptarle como discípulo. Este era el verso:

> No actúes mal con el cuerpo, palabra y mente.
> Libérate del apego que aflige a los seres mundanos.
> Mantente atento y vigilante, evita lo negativo,
> cualquier dolor.

El poder de clarividencia del Buda le hizo darse cuenta de la situación y después de hablar con él le dio un trabajo muy simple, limpiar el monasterio al tiempo que recitaba el célebre verso que aludíamos antes. El Buda, muy hábilmente, le dio este trabajo con el fin de que le ayudase a eliminar las obstrucciones kármicas que le hacían tan estúpido. Pero este verso le resultaba imposible de recordar por lo que el Buda lo simplificó más aún: "Abandona la basura, abandona la suciedad". El Buda se sirvió de su poder milagroso para hacer que el polvo recién barrido en el lado derecho, apareciese en el izquierdo y viceversa. Lam Chung no paraba de repetir la oración al tiempo que barría. La situación se prolongó durante largo tiempo, pero él, incansable, siguió recitando y barriendo hasta que llegó a comprender el significado esencial de las estrofas infinitamente repetidas y el hecho de que la suciedad que estaba tratando de barrer era la del odio, el apego y la ignorancia, llegó a conocer el significado completo de las cuatro nobles verdades y finalmente, llegó al estado de arhat eliminando de su mente todos estos venenos.

Tanto si la habitación que vas a utilizar sirve exclusivamente para meditar como si no, debes limpiarla concienzudamente y después colocar las imágenes sobre un altar, repisa o estantería. Tradicionalmente se ponen en diferentes líneas verticales. De arriba a abajo se colocan primero los maestros, debajo de ellos las deidades de los cuatro niveles de tantra, a continuación, los budas, después los arya bodhisatvas, más abajo los dakas y las dakinis y siguen los realizadores solitarios, bajo ellos

los oyentes y en la última fila los protectores. A ser posible las representaciones de los protectores deben ser Mahakala, Kalarupa y Beshamana ya que están especialmente conectados con la tradición del Lam Rim, cada uno de ellos con uno de los tres niveles de motivación.

Nunca hemos de pensar que, por el hecho de ser de oro, una estatua deba colocarse arriba y otra de latón abajo, pues cada una tiene el lugar que le corresponde según la descripción que se ha dado. Puesto que las escrituras representan la palabra del Buda, deben ponerse en un lugar de respeto, nunca en el suelo ni en otro lugar donde puedan ser pisadas o maltratadas.

La estupa simboliza la mente indestructible del Buda que, desde el punto de vista del tantra es sinónimo del gran gozo simultáneo que comprende la vacuidad. Si no se tiene una estupa puede suplirse ésta por una campana y un vajra.

Cada vez que entremos en la sala hemos de mirar las imágenes y representaciones. Mirándolas con fe se crean gran cantidad de méritos; incluso aunque el odio agite nuestra mente. Shariputra, discípulo directo de Buda, había sido mensajero en una de sus vidas anteriores. En una ocasión tuvo que guarecerse de una fuerte tormenta en un monasterio. Allí tuvo ocasión de ver un gran mural de un buda. Impresionado por su belleza generó el siguiente pensamiento: "Cuán maravilloso sería que pudiera llegar a ser como él". El resultado de este deseo fue renacer como discípulo directo de Buda Sakyamuni.

Hacer ofrecimientos, colocándolos de la manera más bella y sin ningún tipo de pensamiento negativo
Ofrecimiento o "puya" significa deleitar con diferentes sustancias excelentes a las Tres Joyas. Los ofrecimientos deben ser puros; no deberían ser algo robado ni tampoco un ser vivo sacrificado, tampoco deben hacerse los ofrecimientos pensando en obtener halagos de los demás. Puede que estos pensamientos surjan de forma muy sutil, y casi no nos percatemos de ellos.

Gueshe Ben Gungyel, que vivía en el Tíbet Central, sabiendo que su benefactor iba a visitarlo a la mañana siguiente, empezó a limpiar su sala de meditación y a arreglar los ofrecimientos de manera bella, pero cuando se dio cuenta de que el ofrecimiento que hacía estaba motivado para que su benefactor estuviese contento, volvió a llenar su altar con el polvo que había recogido limpiando su sala. El famoso yogui y clarividente Padampa Sangye, en una ocasión oyó esta anécdota y señaló: "De todos los ofrecimientos hechos en el Tíbet, el de Gueshe Ben Gungyel es el más sublime, porque echó toda la basura en la cabeza de los ocho dharmas mundanos".

Dipamkara Atisha solía decir: "Tenemos muchas cosas materiales que ofrecer, pero poca fe". El agua, el incienso, las flores o las velas pueden ser ofrecidas en cualquier tipo de recipiente, no deben ser necesariamente de plata o de oro.

Si hacemos los siete ofrecimientos tradicionales de agua, en primer lugar, hemos de limpiar y secar los cuencos. Después se empieza a verter el agua comenzando por el primero de tu izquierda, luego repartes el agua del primer cuenco entre los seis restantes, del primero al segundo, del segundo al tercero y así sucesivamente hasta el último. A continuación, acabas de llenarlos uno después de otro. Debes llenarlos así hasta el borde y la distancia entre un recipiente y otro ha de ser de la medida de un grano de arroz. Para verter el agua utiliza las dos manos, como si estuvieses sirviendo el té a un rey. Esta simple práctica te ayuda a acumular gran cantidad de mérito. Otra forma más sencilla de realizarlo es, teniendo los siete cuencos limpios y vacíos en el altar, irlos llenando desde la izquierda uno tras otro. Grandes lamas del Tíbet como Kachen Yeshe Gyaltsen y otros hacían cada día este ofrecimiento, pero de manera muy extensa, algunos llenaban cien recipientes de agua y otros incluso más. El agua del ofrecimiento debería cambiarse cada día, limpiando y secando por la noche los recipientes para encontrarlos listos al día siguiente. No obstante, puesto que el ofrecimiento se hizo empezando por la izquierda, los cuencos se vaciarán desde la derecha. Atisha hizo este ofrecimiento durante toda su vida, incluso cuando, por su edad, no podía evitar el temblor de sus manos.

Seamos cuidadosos con nuestra actitud ante los ofrecimientos. Algunos piensan, "lo importante es el trabajo mental, puedo ofrecer velas, flores y comida mentalmente, lo más importante es meditar", sin embargo, les encanta acumular posesiones materiales y no compartirlas. Esta actitud produce un aumento de nuestra avaricia. Usar nuestra riqueza material para ofrecerla a los seres santos es la mejor inversión. Cuando ofrezcas luz, piensa que estás disipando tu ignorancia, que el incienso purifica las faltas de tu moralidad, y que las flores causan el obtener un cuerpo hermoso.

Sentarse cómodamente en la posición de Vairochana caracterizada por los siete puntos, recitar las oraciones de refugio, bodhichita y los cuatro inconmensurables
El asiento de meditación debe ser confortable y un poco más alto en la parte posterior. La postura ideal es la de los siete puntos de Buda Vairochana. Para recitar la oración de refugio y bodhichita visualizamos frente a nosotros la asamblea de refugio. En el espacio, a la altura de nuestro entrecejo aparece un hermoso trono sostenido por ocho leones. Sobre éste, se sienta nuestro maestro raíz bajo el aspecto de Buda Sakyamuni en la posición tradicional. A su derecha, imaginamos a Maitreya, rodeado de los maestros del linaje del método y a su izquierda visualizamos a Manyushri, rodeado por los maestros del linaje de la sabiduría. Tras la figura central visualizamos a Buda Vajradhara alrededor del cual están los maestros tántricos, y frente a Sakyamuni imaginamos al maestro raíz en su aspecto humano, rodeado por todos aquellos de los

que hemos recibido enseñanzas. La visualización descrita se denomina "los cinco grupos de maestros".

Como representación de la Joya del Dharma hemos de visualizar que frente a los budas y los maestros hay textos de Dharma que simbolizan sus realizaciones y los textos por ellos compuestos.

Por debajo del maestro raíz y de los maestros de quienes hemos recibido enseñanzas, visualizamos a las deidades de meditación (tib: *yidam*) de los cuatro niveles de tantra. Bajo éstos imaginamos a los budas de este universo, más abajo los arya bodhisatvas, después a los dakas y dakinis, los realizadores solitarios y los oyentes; por debajo de estos visualizamos a los protectores del Dharma. Imaginamos la asamblea hecha de luz, pero con la fuerte sensación de que todos ellos están presentes.

Debes imaginarte a ti mismo rodeado por los innumerables seres conscientes pertenecientes a los seis reinos, pero en su forma humana. Visualizamos la asamblea del refugio y a los seres humanos porque nuestras negatividades tienen siempre como objeto a las Tres Joyas o a los seres conscientes. Recitando la oración de refugio purificamos las negatividades cometidas contra las Tres Joyas y con la oración de la bodhichita purificamos nuestros actos cometidos contra los seres conscientes.

La oración de refugio tiene cuatro objetos: Maestro, Buda, Dharma y Sangha. Has de imaginarte a ti mismo dirigiendo la oración que recitan al mismo tiempo todos los seres que están a tu alrededor. Al recitar piensa que esta oración está estrechamente vinculada al pensamiento del refugio causal.

Las dos causas necesarias para tomar refugio son: 1) Tener un fuerte sentimiento de aversión y temor hacia la naturaleza insatisfactoria del samsara en general y hacia los tres reinos en particular y 2) generar la convicción inamovible de que las Tres Joyas visualizadas son la única protección capaz de evitarnos estos sufrimientos.

Mientras recitas la primera línea de la oración, "tomo refugio en mi maestro", imagina que del cuerpo de tu maestro raíz y de los lamas que lo rodean, fluye néctar y luz blanca que se disuelve en ti entrando por tu coronilla y la de todos los seres conscientes. Este ejercicio purifica las negatividades cometidas específicamente contra tu maestro raíz o contra aquellos maestros de quien has recibido instrucciones. Cuando ya has recibido esta lluvia de luz y néctar purificadores, piensa que tu cuerpo se ha vuelto puro y transparente como un vaso de cristal y que su naturaleza es la luz misma. Te ves rebosante de néctar que alarga tu vida, tu mérito, tus realizaciones espirituales y conocimientos del Dharma.

A continuación, recitas: "Tomo refugio en Buda" y visualizas néctar que fluye hacia ti desde los cuerpos de los budas y deidades de meditación y purifica las negatividades que has cometido contra los budas obteniendo así todas las cualidades descritas en la anterior visualización.

Al recitar, "tomo refugio en el Dharma" imaginas que fluye néctar de las escrituras, disolviéndose en tu coronilla y en la de todos los seres, purificando todas las negatividades efectuadas contra el Dharma, como no respetar las escrituras.

Finalmente, mientras recitas, "tomo refugio en la Sangha", de los cuerpos de los arya bodhisatvas, realizadores solitarios y oyentes, así como de los dakas, dakinis y protectores del Dharma, fluye de nuevo néctar que purifica todas las faltas cometidas contra la sangha, como crear desunión o malestar entre comunidades de Dharma o hacer un mal uso de objetos sagrados. Una vez terminada esta práctica piensa que estás totalmente protegido por los maestros, budas y deidades de meditación o *yidams*. Has recibido las bendiciones del cuerpo, palabra y mente de todos los maestros visualizados.

A continuación, generamos la bodhichita según la oración

de la sadhana del Lam Rim, *Un Collar para los afortunados*. Los cuatro pensamientos inconmensurables son: el amor inconmensurable, la compasión inconmensurable, la alegría inconmensurable y la ecuanimidad inconmensurable.

El amor inconmensurable es desear sinceramente que todos los seres experimenten la felicidad y su causa. Este amor debería ser tan afectuoso como el que sentimos hacia nuestros padres. El amor por los seres próximos te ayuda a generar rápidamente el amor inconmensurable. Cada práctica contiene cuatro tipos de inconmensurabilidad: la intención, la oración, la determinación y la súplica.

La intención, en el caso del amor sería: "Qué maravilloso sería que todos los seres conscientes encontraran la felicidad y su causa". La aspiración se refiere a la oración siguiente: "Rezo para que así sea". La determinación es: "Y me comprometo a hacerlo posible". Y la súplica consiste en rogar a tu lama que te dé bendiciones para ser capaz de tomar tan gran responsabilidad: "Que los maestros y las deidades me bendigan para ser capaz de conseguirlo".

La compasión inconmensurable es la mente que desea con fuerza que todos los seres se vean separados del sufrimiento y de las causas que harían experimentarlo en el futuro. Aquí, se repiten también las cuatro actitudes inconmensurables previamente descritas: "Qué maravilloso sería que todos los seres conscientes estuvieran libres del sufrimiento y de su causa. Rezo para que así sea y me comprometo a hacerlo posible. Que los maestros y las deidades me bendigan para ser capaz de conseguirlo".

La alegría inconmensurable es un factor mental motivado por el deseo de que todos los seres vivan la felicidad que no conoce sufrimiento; se refiere a la liberación o a la Iluminación. De nuevo hemos de aplicar las cuatro inconmensurabilidades: "Qué maravilloso sería que todos los seres conscientes jamás se vieran separados de la felicidad de los estados más elevados y de la felicidad suprema de la liberación. Rezo para que así sea y me comprometo personalmente a hacerlo posible. Que los maestros y las deidades me bendigan para ser capaz de conseguirlo".

La ecuanimidad inconmensurable es una actitud mental que desea que los seres sean imparciales con los demás. Libres del odio hacia unos, el apego hacia otros y la indiferencia hacia el resto. La ecuanimidad tiene también cuatro pensamientos ilimitados: "Qué maravilloso sería que todos los seres conscientes permanecieran en la ecuanimidad evitando el apego a los que tienen cerca y el odio a los que están lejos. Rezo para que así sea y me comprometo a hacerlo posible. Que los maestros y las deidades me bendigan para ser capaz de conseguirlo".

A continuación, generamos de nuevo la bodhichita, pero esta vez generamos una bodhichita especial: anhelar con intensidad llegar a la Iluminación para beneficio de todos los seres, motivo por el cual uno se implica en la práctica del Lam Rim.

Visualizar el campo de mérito

En otros textos, en este punto se disuelve la asamblea de refugio para generar el campo de mérito según el *Lama Chopa,* pero aquí la visualización es idéntica a la recién descrita, que consistía en ver los objetos de refugio frente a nosotros sobre un gran trono sostenido por ocho leones. No obstante, ahora invitamos a todos los budas, bodhisatvas, etc, a que desciendan de sus tierras puras para disolverse en las deidades visualizadas. Para hacerlo hay una oración especial, que es la que utilizó una mujer del reino de Magadha, en la India, en la época del Buda Sakyamuni. En una ocasión ella decidió invitar a Buda Sakyamuni a su casa. Le explicó este deseo a su marido quien dudó de que el Buda pudiese venir, ya que estaba muy lejos. Ella le dijo que, no obstante, hiciese todos los preparativos para la comida y que ella se encargaría de invitarle. Una vez la comida estuvo preparada, la mujer subió al tejado de la casa y ofreciendo una barrita de incienso, recitó:

¡Oh Protector de todos los seres sin excepción,
que subyugas las coléricas huestes del mal,
que conoces perfectamente todas las cosas,
¡Tú y tu séquito, acudid por favor a este lugar!

Inmediatamente después de recitar esta oración, el Buda apareció junto a sus discípulos volando por el espacio hasta manifestarse frente a ella.

Ofrecer la oración de las siete ramas y el mandala para acumular mérito y sabiduría
Una vez invitado el campo de mérito, ofrecemos en primer lugar la ceremonia de ablución. Visualizamos una sala de baños maravillosa con el suelo de cristal y las paredes bellamente adornadas con incrustaciones de joyas. En el centro de esta sala hay un estanque de aguas deliciosamente perfumadas. Por toda la habitación se mueven las diosas de ofrecimiento, unas sostienen toallas, otras vestidos, joyas y perfumes. Imagina que todos los seres del campo de mérito se han bañado en el estanque, las diosas los han secado, vestido, perfumado y adornado. Todos ellos se sienten deleitados; tú tomas sus antiguas vestimentas y se las ofreces como bendiciones a todos los seres conscientes. Después, ruegas a los seres del campo de mérito que vuelvan a sus lugares respectivos en la visualización.

En este punto se ofrece la oración de las siete ramas que es una práctica que comprende la acumulación de mérito y la purificación.

1. Postración
Al postrarte visualizas innumerables réplicas de tu cuerpo

postrándose contigo ante el campo de mérito mientras piensas en sus buenas cualidades. La postración puede ser de tres tipos: física, verbal y mental. Es el antídoto al orgullo y la causa de que se obtengan en el futuro las marcas mayores y menores de un buda.

La postración física puede ser media o larga. La media es la más común y es conocida como la postración de los cinco miembros: las dos rodillas, las dos manos y la frente. Con la postración larga, todo tu cuerpo entra en contacto con el suelo. La postración verbal se refiere a recitar alabanzas a los budas con una firme fe. La postración mental son las súplicas dirigidas con concentración y fe a los seres del campo de méritos.

2. Ofrecimiento

Los objetos que se ofrecen pueden ser ordinarios y sublimes. Los primeros pueden ser 1) ofrecimientos materiales dispuestos en el altar o 2) imaginados. También pueden ser 3) poseídos o 4) no poseídos. Lo más importante es que dispongamos los ofrecimientos materiales cuidando mucho la limpieza. La comida y las flores ofrecidas deben ser siempre frescas. Ya se dijo antes cómo disponer los ofrecimientos de agua. Si procuras que los ofrecimientos sean de buena calidad, ello será causa para que obtengas en el futuro tanto un cuerpo hermoso como riqueza. Los ofrecimientos de objetos no poseídos son, por ejemplo, montañas, lagos, miles de flores silvestres, hermosos palacios, etc. Todo ello lo ofrecemos mentalmente al campo de mérito.

El ofrecimiento sublime se refiere al que ponen en práctica los budas y algunos elevados bodhisatvas y que consiste en manifestar bellas sustancias de ofrecimiento para entregar al campo de mérito. Ya que actualmente no tenemos capacidad para llevarlo a cabo, lo sustituimos por cuatro tipos de ofrecimientos: 1) estudiar el Dharma para mantenerlo, 2) generar la bodhichita, 3) practicar lo que has aprendido y 4) transformar tus raíces de virtud en sustancias de ofrecimiento. Piensa que los seres del campo de mérito los han aceptado y se sienten muy contentos. El ofrecimiento está ideado para contrarrestar la avaricia.

3. La liberación de lo negativo

También conocido como confesión. Es el antídoto a las negatividades, obscurecimientos y mentes malignas. Para purificar necesitamos lo que se conoce como los cuatro poderes oponentes. Las negatividades que se han de purificar son todas aquellas realizadas con el cuerpo, la palabra y la mente.

Desde tiempo sin principio venimos acumulando muchas negatividades. Cada día que pasa aumentamos este bagaje y, además, también rompemos nuestros votos pratimoksha, del bodhisatva y del tantra. Para purificar las impresiones negativas derivadas de todo ello, debemos en primer lugar reconocer las negatividades como tales y generar un fuerte sentimiento de arrepentimiento por haberlas cometido. En segundo lugar, manifestar la fuerte determinación mental de no volver a repetirlas en el futuro. En tercer lugar, vamos por refugio y generamos la bodhichita. Puesto que todas las negatividades se cometen siempre contra las Tres Joyas o los seres conscientes, hemos de tomar refugio y generar bodhichita si deseamos purificarlas. Por último, recitamos mantras, meditamos en el vacío o nos implicamos en alguna actividad virtuosa.

4. Regocijo

La acción de regocijarse consiste en sentir alegría por los actos constructivos que tanto uno mismo como los demás llevan a cabo. Puedes regocijarte cuando alguien le está haciendo un bien a la sociedad o se interesa por los demás. Esta práctica ayuda a contrarrestar la envidia. Si te sientes infeliz cuando a un amigo tuyo le ha tocado la lotería, es señal de que la envidia ha tomado posesión de tu mente; te será mucho más beneficioso regocijarte por ello pensando: "Gracias a sus méritos ahora disfruta de buenas condiciones".

Je Tsongkhapa solía decir que regocijarse es una gran práctica porque puede hacerse sin mucho esfuerzo. Simplemente alegrándote de los progresos espirituales de los demás puedes acumular un gran mérito.

5. *Pedir a los budas y a las guías espirituales que hagan girar la Rueda del Dharma*

Antes de que Buda Sakyamuni decidiese hacer girar la rueda del Dharma por primera vez, un grupo de seres celestiales, entre ellos Indra y Brahma, le pidieron que diese enseñanzas. Como ofrecimiento, Brahma le entregó una rueda de oro con mil radios e Indra una concha de mar cuya espiral giraba en el sentido de las agujas del reloj. Hemos de imaginar que hacemos el mismo tipo de ofrecimiento a los seres visualizados en el campo de mérito, para suplicarles que hagan girar la rueda del Dharma. Imaginas que ellos son el cuerpo de emanación del Buda, si se tratase del cuerpo del deleite no sería necesario pedir enseñanzas, pues este cuerpo posee las cinco certidumbres: 1) Sólo reside en la tierra pura denominada No inferior. 2) Siempre está rodeado de arya bodhisatvas. 3) Siempre da enseñanzas mahayana. 4) Está adornado con las marcas mayores y menores. 5) Permanece hasta el fin del samsara.

6. *Suplicar a los seres del campo de mérito que no nos abandonen*

Hacemos esta súplica a los seres del campo de mérito bajo el aspecto del cuerpo de emanación, es decir, el cuerpo que nosotros podemos percibir. Esta súplica es innecesaria con respecto al cuerpo de deleite ya que no lo podemos percibir. Imaginas que ofreces tronos de piedras preciosas, sostenidos por leones y les pides sinceramente que no abandonen esta vida. Es como hacerles oraciones de larga vida para que puedan enseñar y beneficiar durante muchos años a quienes escuchan. Imagina que los seres del campo de mérito aceptan tus ofrecimientos y prometen no abandonar esta vida.

7. La dedicación

Para poder dedicar necesitamos una sustancia, aquí es el mérito acumulado al haber practicado las seis ramas anteriores. Al practicarlas hemos acumulado mérito. Imagina que todo ese mérito acumulado en prácticas previas y desde tiempo sin principio, junto con el mérito reunido por todos los seres conscientes y budas, lo ofreces como causa para llegar rápidamente a la Iluminación en beneficio de todos los demás.

Para llegar a la Iluminación es imprescindible haber acumulado mérito y eliminado obstáculos. Estos dos ingredientes tan importantes están dentro de la oración de las siete ramas. Si falta alguna de ellas, la práctica no será completa. Esta oración es necesaria tanto para la práctica de sutra como de tantra, pues sirve como preliminar para cualquiera de las dos.

Ofrecimiento del mandala

A continuación, hacemos el ofrecimiento del mandala. La naturaleza del mandala es tu raíz de virtud en los tres tiempos, es decir, todo el mérito acumulado por tus acciones positivas en el pasado, presente y las que puedas hacer en el futuro. Aunque el ofrecimiento puede ser de siete, veintitrés o treinta y siete puntos –se visualizan los subcontinentes, diosas de ofrecimiento, los símbolos reales, etc–, en el sutra se suele ofrecer el de siete puntos. Los aspectos a visualizar son: el Monte Meru, el sol, la luna y los cuatro continentes.

Oraciones de súplica para recibir bendiciones

Esta es la última de las seis prácticas preliminares. Se hacen las siguientes oraciones al campo de mérito con el fin de que éste conceda los tres significados:

1. Bendecidnos para que cesen todos los pensamientos

erróneos, desde carecer de respeto hacia nuestros maestros espirituales hasta aprehender como inherentes a la persona y los fenómenos.

2. Bendecidnos para que podamos desarrollar todos los pensamientos correctos, empezando por la fe en nuestros maestros espirituales.

3. Bendecidnos para que podamos eliminar todos los obstáculos internos y externos.

Después de finalizadas las tres súplicas, imaginas que descienden las bendiciones de todos los seres del campo de mérito bajo el aspecto de luz y néctar que entran en tu cuerpo y mente purificando el karma negativo, aumentando el mérito, espacio de vida y realizaciones. A continuación, surge una réplica de tu maestro raíz en el campo de mérito y viene directamente hasta tu coronilla, donde permanece sirviéndote de apoyo.

En este punto empiezas a recitar la súplica a los maestros del linaje. Mientras vas haciendo las súplicas, al mencionar el nombre de cada lama en particular, una réplica de este viene desde el campo de mérito y se disuelve en tu corazón, llenándote de bendiciones.

A continuación, se recita la oración de las etapas del camino a la Iluminación, denominada *Fuente de toda excelencia*, tal y como aparece en *Un collar para los afortunados*. Si lo que vas a hacer es una meditación sobre alguno de sus objetos, no es imprescindible que la recites, pero si no haces más que las prácticas preliminares debes recitarlas.

Finalmente sigue la disolución del campo de mérito. Imagina que los protectores se van disolviendo en los oyentes, éstos se disuelven en los realizadores solitarios que, a su vez, se disuelven en los mil budas, bodhisatvas, etc. Estos se disuelven en las deidades de los cuatro niveles de tantra que se funden con Buda Sakyamuni, figura principal del campo de mérito. Después, todos los maestros del linaje del método se disuelven en Maitreya; los del linaje de la sabiduría se disuelven en Manyushri; los del linaje tántrico se disuelven en Vajradhara; y, por último, todos los maestros de los que has recibido enseñanzas se disuelven en tu maestro raíz. Todo lo que ahora queda son los cinco grupos de maestros. A ellos les suplicas que te ayuden a experimentar en tu continuo mental todas las etapas del camino.

A continuación, Maitreya y Manjushri se disuelven en Buda Sakyamuni, Vajradhara entra también, pero permanece en el corazón de Sakyamuni como *ser de compromiso*. A continuación, tu maestro raíz, entra en el corazón de Vajradhara igual que una semilla de cebada quedaría incrustada en un bloque de mantequilla. Aquí podemos hacer de nuevo la oración de las siete ramas y reiterar: "Tú eres la síntesis de todos los lamas, budas, yidams y de las Tres Joyas".

Práctica en sí

A continuación, Buda Sakyamuni se disuelve en el maestro raíz, que está en tu coronilla, y aquí ya puedes empezar la contemplación de cualquier tema del Lam Rim que hayas escogido, (es decir, cualquiera de los temas que se desarrollarán a lo largo de este texto). Mientras meditas en el objeto, debes pensar de manera intermitente que del cuerpo de tu maestro raíz en la coronilla fluye luz y néctar purificando todas tus negatividades y obstrucciones, tanto físicas como mentales. Imagina que lo mismo les sucede a los seres conscientes que te rodean; los obstáculos que te impiden generar la experiencia del objeto escogido de meditación desaparecen y aumenta tu mérito, se alarga tu vida, y adquieres un poder especial para conseguir realizaciones espirituales. Piensa que todos estáis ahora bajo la protección de tu santo maestro.

Si haces retiro de Lam Rim, en el que puedes hacer un mínimo de cuatro sesiones diarias, puedes mantener al maestro raíz durante todo el día en tu coronilla y absorberlo en la última sesión, o hacerlo al final de cada sesión. Cuando decidas absorberlo, visualízalo claramente y piensa que se transforma en Buda Sakyamuni. Recitas su mantra *om muni muni mahamuniye soha* pensando que de su cuerpo sale néctar y luz que impregna tu cuerpo y el de todos los seres, eliminando todas las impresiones negativas acumuladas desde tiempo sin principio y finalmente, siente que estáis todos bajo la protección de los budas. Tras recitar el mantra, Buda Sakyamuni disminuye de tamaño hasta hacerse muy pequeño, entra en ti a través de la coronilla fundiéndose en tu corazón. Permanece en este estado de unión durante tanto tiempo como desees sintiendo que tu cuerpo, palabra y mente son indiferenciables de los de tu maestro.

Conclusión de la práctica
Aquí dedicamos con una oración similar a la que viene a continuación:

> Pueda mi mérito junto con el de todos los seres
> ordinarios, budas y bodhisatvas ser la causa para
> que yo y los demás obtengamos experiencias espirituales y
> comprendamos el verdadero significado de las escrituras.
> Que todo este mérito reunido sirva para que el budadharma
> se expanda y yo pueda llegar a la Iluminación para beneficio
> de todos los seres.

Es importante usar el manual de meditación, *Un Collar para los afortunados* (tib. *jor cho*) para llevar a cabo estas seis prácticas preliminares con el objetivo de preparar la mente y poder tener experiencias meditativas auténticas.

SEGUNDA PARTE

Etapas del camino comunes
a las personas de capacidad inicial

Kalarupa

Devoción al Maestro

Meditar en cómo depositar la confianza en el guía espiritual
    Beneficios de confiar en un guía espiritual.
    Desventajas de romper nuestra relación con el guía
    espiritual.
    Cómo seguir al guía espiritual mentalmente.
    Cómo seguir al guía espiritual en la práctica.

Beneficios de confiar en un guía espiritual
Para dejar patente la importancia de este primer tema del Lam Rim, señalaremos que, cuando los maestros del pasado daban estas enseñanzas en el Tíbet, dedicaban la mayor parte del tiempo a este punto. Tanto en el sutra como en el tantra se dan extensas explicaciones sobre los beneficios de confiarse a un guía espiritual. Se clasifican como sigue:

Te aproximas a la Budeidad
Llegar a la Iluminación nos podría llevar tres largos períodos de incontables eones, pero al depositar nuestra confianza en un guía espiritual podemos llegar al máximo estado muy rápidamente. Buda Vajradhara dijo en el *Tantra de Heruka* que así puede lograrse en una sola vida.

En un sutra se explica la historia de Sadaprarudita. Le habían profetizado que tendría una conexión especial con Dharmaodgata, del cual recibiría enseñanzas sobre el *Prajñaparamita*. Para poder hacer ofrecimientos a ese gurú y solicitarle las enseñanzas profetizadas vendió su propia carne. Esta fe sin igual hacia su maestro le hizo alcanzar el octavo nivel del bodhisatva, logro para el cual son necesarios al menos dos períodos de incontables eones.

Los budas se alegran
El objetivo de todos los budas, desde el momento en que

generan la compasión hasta que llegan a la Iluminación, es servir a los demás impartiendo enseñanzas. Sin embargo, por desgracia, nosotros no hemos tenido el buen karma de contactar directamente con ellos. No obstante, los budas se manifiestan bajo distintas formas con el fin de que podamos percibirlos y recibir enseñanzas. Puesto que aquellos que nos enseñan el Dharma son representantes de todos los budas, si confiamos en ellos adecuadamente, los budas se alegran.

No serás dañado por amigos negativos o espíritus malignos
Puesto que sigues a tus guías espirituales adecuadamente, escuchando, contemplando y meditando en sus enseñanzas, los seres celestiales que protegen a los practicantes te ayudan y de este modo las fuerzas negativas no podrán perjudicarte.

Tus engaños y las acciones inducidas por ellos se pacifican automáticamente
En un sutra, Buda dice:

> Los que se apoyan en guías espirituales no pueden
> resultar perjudicados por sus acciones negativas y
> engaños ya que saben cómo aplicar los antídotos.

Aumentan las experiencias, los niveles y los senderos
Si sigues a un guía espiritual tendrás experiencias del Lam Rim, si ya las tenías, aumentarán hasta llegar a su desarrollo completo, si uno sigue un sendero inferior hallará otro superior. En este contexto Sakya Pandita dijo:

Aquél que confía en un guía espiritual adecuadamente, aunque sea sólo por un período corto de tiempo, acumulará mayor mérito que otra persona que hubiese pasado eones entregando las partes de su propio cuerpo a los demás.

Atisha tenía tres discípulos especialmente allegados,

Dromtompa, Jang Chub Rinchen y Neljor Chempo. Los dos primeros eran sus asistentes. Todos recibían sus enseñanzas, pero Neljor Chempo, todos los días después de recibirlas meditaba en los puntos de la práctica. Más tarde, cuando Atisha comparó sus grados de experiencia vio que Dromtompa y Jang Chub Rinchen, que dedicaban la mayor parte de su tiempo trabajando para él, tenían realizaciones más altas que Neljor Chempo entregado a la meditación.

No te faltarán guías espirituales en las próximas vidas
Gueshe Potowa decía: "No aceptes muchos gurús sin analizar, pero una vez has aceptado a uno, respétalo". Si uno no se ve capaz de confiar o apoyarse en diferentes guías espirituales mejor no entrar en conexión con ellos.

Al recibir enseñanzas de alguien ya has conectado con un guía espiritual y a partir de entonces es imprescindible que le sigas con una fe firme, viéndolo como un buda. Si sigues de este modo a quienes te instruyen en el Dharma creas la causa para seguir encontrándote en el futuro con maestros como Manyushri y Maitreya. Si practicas bien la devoción al maestro puedes estar seguro de que no carecerás de ellos en vidas futuras.

No renacerás en estados inferiores
Buda Sakyamuni señala en un sutra:

> Hijo de buen linaje, si te apoyas en un guía espiritual correctamente no caerás en estados inferiores.

Realizarás sin esfuerzo tanto los objetivos temporales como los últimos
La base de todas las excelencias, tanto de esta vida como de las próximas, es seguir a un guía espiritual por ello es importante meditar analíticamente en estos ocho puntos hasta desarrollar la

determinación de confiar sinceramente en aquellos que nos enseñan.

Desventajas de romper nuestra relación con el guía espiritual
Hay ocho desventajas que nos sobrevienen cuando hemos roto nuestra relación con el maestro espiritual. Son las contrarias a los ocho beneficios descritos anteriormente.

Criticar a un maestro espiritual es como criticar a todos los budas.

Sentir odio hacia el guía espiritual es causa segura para renacer en los infiernos. Este odio destruye gran cantidad de virtud. Un solo instante de odio en tu mente hacia tu maestro equivaldrá a un período de incontables eones en los infiernos.

Si eres un practicante tántrico y generas odio hacia tu maestro vajra, la Iluminación se aleja.

Aunque intentes estudiar, contemplar y meditar en el tantra más profundo, sólo será causa para renacer en los infiernos.

No tendrás realizaciones espirituales y si las tuvieras degenerarían.

Sufrirás desgracias tales como graves enfermedades y diferentes obstáculos.

Renacerás continuamente en los reinos inferiores.

En tus vidas futuras no encontrarás guías espirituales cualificados.

Desde tiempo sin principio hasta este momento venimos experimentando muchas insatisfacciones. Nuestra falta de memoria impide que recordemos los muchos sufrimientos experimentados en el pasado, ¿a qué se debe esta sucesión ininterrumpida de sufrimientos? La causa es no haber encontrado un guía espiritual auténtico o no haber sido capaces de seguirlo adecuadamente.

Cómo seguir al guía espiritual mentalmente
Aunque según la enseñanza tradicional este apartado tiene varias divisiones, aquí sólo se dará una explicación general de ellas:

> Nuestros guías espirituales son más amables que
> todos los budas.
> Por qué deberíamos observar a nuestro maestro
> como a un buda.
> Vajradhara afirmó que nuestro maestro es un
> buda.
> Las apariencias engañan y nuestras propias
> opiniones no son de fiar.

Nuestros guías espirituales son más amables que todos los budas
Cuando un bodhisatva llega al sendero de acumulación percibe a su maestro como el cuerpo de emanación de un buda y, a medida que sus realizaciones espirituales aumentan, llega al sendero de la visión, desde donde lo percibe como el cuerpo de deleite de un buda. En realidad, con el tiempo y la práctica, es posible contactar y recibir enseñanzas directamente de los budas. Pero posiblemente nos parece que nosotros estamos muy lejos de todo esto. Vamos a suponer que eres muy rico y alguien te regala tanto oro como lo que pueda pesar una casa. Sin duda sería un buen regalo. Pero imagina que fueses extremadamente pobre, sin tener nada que comer, y alguien te da un pedazo de pan. ¿Cuál de los dos regalos es mejor?, ¿quién es más amable contigo? Sin duda alguna, si te estás muriendo de hambre, el trozo de pan será mejor regalo que todo el oro del mundo cuando ya eres rico. De la misma manera, estando al borde de los reinos inferiores, como es nuestro caso en este momento, las enseñanzas que te da un guía espiritual para que no llegues a esa situación son incomparables. Tu maestro es más amable contigo, ahora que eres espiritualmente pobre, que los mismos budas con los cuales no puedes ni siquiera entrar en contacto. No en balde, Nagarjuna en las *Cinco etapas del tantra de Guhyasamaja* dijo:

> Tu maestro es más amable que todos los budas ya que
> te da las mismas instrucciones que te darían ellos.

En este universo han aparecido diversos budas y cada uno ha liberado del samsara a muchísimos seres. Sin embargo, nosotros somos tan desafortunados que cuando ellos aparecieron habíamos nacido en otros lugares y no pudimos conocerlos, ni recibir sus enseñanzas. Pero estas mismas enseñanzas las recibimos ahora de nuestros guías espirituales; en realidad, ¿quién nos beneficia más ahora, los budas o los guías espirituales? Indudablemente los guías espirituales.

En una de sus vidas previas, Buda Sakyamuni ofreció su reino, su esposa y su propio cuerpo en forma de velas para arder, para recibir una enseñanza de cuatro líneas. Nosotros en cambio somos afortunados, pues podemos recibir enseñanzas directamente de nuestros maestros sin tener que pasar por todas estas penalidades, por ello son extremadamente amables.

Hay personas hoy en día que se sienten muy atraídas hacia maestros con renombre y fama y no se dan cuenta de que, aunque el maestro sea un desconocido, la enseñanza es la misma. Otros, después de recibir muchas instrucciones de Dharma de alguien se resisten a considerarlo como su guía espiritual. Ambos casos indican el desconocimiento de lo que debe ser la devoción al maestro.

Cuando se trata de cosas materiales, decimos de una persona que es muy amable si nos hace un regalo. Aplicando el mismo razonamiento, pensemos en lo amable que es un maestro espiritual, máxime cuando sus enseñanzas no sólo nos benefician en esta vida sino también en las futuras, evitan que caigamos en los reinos inferiores y nos liberan del samsara.

Como base de todos los senderos, esta práctica tiene que ser analizada adecuadamente; es necesario conocer la importancia de confiar en un guía espiritual. Hemos de considerar nuestra situación actual y ver si podemos o no seguir adecuadamente a nuestros maestros. Si no podemos, hagamos oraciones para tener la oportunidad de hacerlo en un futuro próximo.

Por qué deberíamos observar a nuestro maestro como a un buda
Es muy importante acostumbrarnos a ver a aquellos de los que, verdaderamente, hemos aprendido Dharma como nuestros maestros porque, tener o no realizaciones espirituales depende del respeto que generemos hacia ellos. Como dice el *Manual azul*:

> Las bendiciones de un maestro, grandes o pequeñas
> dependen de ti, no de él.

Es decir, para recibir bendiciones de nuestros maestros debemos considerarlos como si fuesen budas.

Vajradhara afirmó que nuestro maestro es un buda
Vajradhara señala en el *Tantra de Hevajra*:

> En tiempos degenerados, cuando la práctica del budadharma esté en declive me manifestaré como un guía espiritual. Deberías entender que yo soy ese guía espiritual y deberías rendirle un respeto adecuado... apareceré como un ser totalmente ordinario y bajo otras muchas formas.

Si un estudiante adopta esta actitud obtendrá el conocimiento de un buda, aunque quien le haya enseñado no sea todavía un ser iluminado. Si lo observa como un ser ordinario, el conocimiento que obtendrá será el de un ser ordinario. Aunque el guía espiritual no sea un buda, la auténtica devoción al gurú consiste en que el discípulo se adiestre en verlo como si lo fuera. Ya que necesitamos méritos, el mejor método de conseguirlos es ver al guía espiritual como un buda. El gran Lama, Goe Tsangpa Chempo dijo:

> De todos los puntos del estado de generación del tantra, el más importante es la meditación en el maestro. Hay muchas oraciones de súplica, pero la

más importante es la dirigida al maestro.

Las apariencias engañan y nuestras propias opiniones no son de fiar
La manera en que los budas ayudan incesantemente a los demás es a través de su enseñanza. Los budas no pueden apartar a los seres de su sufrimiento. No pueden purificar nuestras negatividades, ni pueden traspasar sus experiencias o realizaciones del sendero a los demás. Los budas se manifiestan como seres ordinarios y dan enseñanzas. Nadie puede afirmar rotundamente que su vecino no sea un buda. A veces un buda se manifiesta como un animal para subyugar a alguno de ellos o incluso como *maras* para vencer a tales seres.

Buda dijo en un sutra: "Tanto si tus realizaciones espirituales son grandes como pequeñas sólo tú puedes saberlo". Puede darse el caso de que una persona con muy mal temperamento tenga, en realidad, elevadas realizaciones espirituales. En este contexto Gyaltsab Je, discípulo directo de Tsongkhapa dijo:

> Es muy difícil valorar las cualidades de otra persona,
> los demás son como brasas cubiertas de cenizas.
> Por esta razón es mucho mejor generar una mente
> pura hacia todos los demás ya que en realidad nunca
> puedes estar totalmente seguro de si quienes te rodean
> tienen o no cualidades espirituales.

Por esta razón, es mejor no criticar nunca a nadie. Si esta es la actitud a mantener ante los seres en general, no hay ni que hablar de la que hemos de mantener hacia el guía espiritual. Nuestra mente engañosa nos hace ver a nuestros maestros llenos de defectos. Cuando esto sucede hemos de reaccionar inmediatamente pensando que la causa de esta apariencia impura puede estar en nuestros propios engaños mentales, ya que su función es precisamente la de distorsionar la realidad. Una persona que padece de daltonismo percibe una montaña nevada de color amarillo en vez de blanco, pero el problema no está en la montaña, sino en su enfermedad.

Las únicas cualidades que tanto Devadatta como Leke Karma veían en Buda Sakyamuni era la *ushnisha* de su coronilla y la luz que emanaba su cuerpo. Aparte de esto todo lo demás eran defectos, pero ¿dónde estaban en realidad los defectos?

Asanga pasó más de doce años haciendo retiro en una cueva para tener una visión de Maitreya. Finalmente lo vio bajo la forma de un perro malherido cuyas llagas estaban infestadas de gusanos. Cuando, después de ser curado por Asanga, el perro se manifestó directamente como el buda Maitreya, Asanga se lamentó de que apareciese tanto tiempo después de haber empezado su retiro, Maitreya le respondió: "Desde el primer día en que empezaste el retiro yo ya estaba en la cueva contigo; fue debido a tus obstáculos kármicos por lo que no pudiste verme".

Cuando Naropa se encontró con su maestro Tilopa, éste estaba comiendo los peces que él mismo había pescado. Naropa, disgustado, dudó de que aquel hombre de apariencia desagradable fuese el gran mahasidha Tilopa y decidió marcharse. Pero el supuesto devorador de inocentes peces le dijo: "¿Por qué te vas?" Naropa respondió: "He venido aquí porque me han dicho que encontraría a Tilopa, el gran maestro, pero, viendo tu extravagante comportamiento me he convencido de que no puedes ser tú". El insignificante hombrecillo continuó matando peces y después de comérselos dejaba las espinas en un montón. Al cabo de un rato, para demostrar claramente sus grandes realizaciones espirituales a Naropa chasqueó sus dedos y todos los peces que se había comido saltaron de nuevo al río llenos de vida. Naropa comprendió y se entregó a él con gran fe.

Cómo seguir al guía espiritual en la práctica

Confiarte al maestro en la práctica entraña tres prácticas: 1) ofrecerle cosas materiales, 2) mostrarle respeto y servicio y 3) practicar sus instrucciones.

De las tres, la más importante es *practicar sus instrucciones*.

Nada satisface más a un guía espiritual auténtico que el que tú pongas en práctica sus instrucciones. Se dice que una vez establecido el vínculo adecuado con un guía espiritual no deberías abandonarlo ni aun a costa de tu vida. Pabongkha Rimpoché en la *Liberación en la palma de tu mano* señala que muchos practicantes caen en el serio error de mostrar gran fe y respeto hacia gurús o maestros de gran fama, que enseñan desde un precioso trono elevado, sin embargo, actúan de manera irrespetuosa hacia aquellos maestros humildes que les enseñan los textos básicos.

Cuando los chinos invadieron el Tíbet, cogieron muchos prisioneros, entre ellos a un gran gueshe de Sera. A cambio de su libertad le exigieron renegar del Dalai Lama y de sus dos tutores, Trijang Rimpoché y Ling Rimpoché. Esta fue su respuesta: "No tengo ninguna razón para hablar mal de ellos, pues el Dalai Lama es el guía espiritual del Tíbet y Trijang Rimpoché y Ling Rimpoché mis lamas raíz. Si queréis conocer sus cualidades será un placer para mí decíroslas." Lamentablemente, ese gueshe murió en prisión.

Cuando Atisha enfermó gravemente, su discípulo Dromtompa cuidó de él con gran fe. En ocasiones tuvo que limpiar con sus propias manos los excrementos de su maestro, pero el resultado de servirle así fue que obtuvo clarividencia para comprender la mente de los demás. Su celo y devoción fueron tan grandes que le convirtieron en la joya que adorna la corona de todos los practicantes kadampa.

Son célebres las innumerables penalidades por las que tuvo que pasar Milarepa para satisfacer los deseos de su maestro, Marpa. Le obligó a construir completamente solo un edificio de varios pisos, pero Milarepa siguió siempre sus consejos. Debido al fuerte vínculo espiritual que le unía a Marpa, se iluminó en una sola vida. Milarepa solía decir: "No tengo nada que ofrecer a Marpa, lo único que puedo darle es mi práctica". Tsongkhapa dice en su *Canción del Lam Rim:*

(9)

El celo y la devoción pura mediante tus pensamientos y acciones, hacia tu gurú, que te muestra el camino a la Iluminación, es la causa raíz que tiene como resultado la consecución de cualquier buen fin que puedas estar persiguiendo para esta vida y para las futuras. Cuando te hayas dado cuenta de que esto es así y hayas aceptado el Dharma tomando refugio en el Buda, el Dharma y la Sangha entonces, debes complacer a tu gurú ofreciéndole tu práctica de obediencia completa en relación con el camino a la Iluminación, que no abandonarás, aunque te cueste la vida. Yo, que he recorrido el verdadero camino que conduce a la Iluminación, he tenido la experiencia de hacer justamente eso. Si tú también buscas liberarte, por favor cultiva la devoción al gurú de la misma manera.

Esta es la primera meditación del Lam Rim. Una vez llevada a cabo la meditación analítica y de emplazamiento, concluimos la sesión dedicando los méritos acumulados para llegar a la Iluminación en beneficio de los demás.

A modo de resumen, si uno desea seguir todos los puntos del Lam Rim, tanto si le lleva días como años, debe hacer primero las seis prácticas preliminares, continuar con el tema escogido (devoción al gurú, perfecto renacimiento humano, muerte, amor, bodhichita, etc.) y al final de la meditación, dedicar los méritos.

Perfecto renacimiento humano

Tras despertar confianza en nuestros guías espirituales hemos de adiestrarnos en las etapas del camino, pero, en primer lugar, tenemos que reconocer lo que somos y el potencial que poseemos. Lama Tsongkhapa explica en su *Lam Rim extenso* que el perfecto renacimiento humano dotado con dieciocho características es muy difícil de obtener en el futuro. Por este motivo, una forma humana como la que ahora tenemos es más valiosa que la joya que concede todos los deseos, que sólo puede darnos riqueza material y que no nos sirve para nada en el momento de la muerte.

Teniendo un perfecto renacimiento humano, si deseas un renacimiento elevado en el futuro, lo puedes conseguir, y si aspiras a la liberación o la Iluminación puedes lograrlo también. Puesto que con un cuerpo humano perfecto pueden alcanzarse tanto objetivos temporales como últimos, es mil veces más valiosa tu forma humana que esta joya que concede todos los deseos. Shantideva dice:

> Tanto el ocio como los dones son muy difíciles de
> hallar; puesto que me proporcionan beneficios, si no
> los aprovecho ahora, ¿cuándo volveré a tener una
> oportunidad perfecta como esta?

El tiempo que dura nuestro perfecto renacimiento humano es igual a lo que dura el destello de un relámpago en el cielo, especialmente si comparamos nuestro tiempo de vida con el de los seres infernales o los dioses. Si nos damos cuenta de esto, veremos que las actividades mundanas son como la cáscara de un grano de arroz, sin esencia. Pongamos empeño día tras día en obtener la verdadera esencia de la vida del único lugar donde la podemos encontrar: en nuestro perfecto renacimiento humano. Para facilitar su estudio, esta práctica se divide en tres partes:

Identificar el perfecto renacimiento humano.
Meditar en el gran valor del perfecto renacimiento humano.
Meditar en la dificultad de obtener un perfecto renacimiento humano.

Identificar el perfecto renacimiento humano

No todos los seres humanos tienen un perfecto renacimiento humano, ya que éste debe caracterizarse por ocho libertades y diez dones. No hace falta buscar fuera de nosotros para identificar el perfecto renacimiento humano, uno debe examinarse a sí mismo y ver si lo tiene o no. Literalmente, perfecto renacimiento humano significa cuerpo humano dotado de facilidades y dones. *Facilidades* se refiere al hecho de encontrarse libre de las circunstancias y condiciones adversas, conocidas como las ocho esclavitudes de la existencia, y por otra parte tener libertad para practicar Dharma. *Dones* se refiere a todas las condiciones favorables y que nos ayudan en la práctica espiritual.

Las ocho libertades significan estar libres de cuatro tipos de esclavitud en tanto que humanos y cuatro tipos de esclavitud como no humanos:

Haber renacido como un ser infernal.
Haber renacido como un espíritu hambriento.
Haber renacido como un animal.
Haber renacido como un dios de larga vida.
Haber renacido en una zona remota.
Haber renacido en un lugar civilizado, pero en el que no hay Dharma.
Haber renacido con enraizadas visiones erróneas.
Haber renacido con deficiencias mentales o físicas.

Actualmente nosotros gozamos de la libertad de no haber

nacido como un animal que, por muy listo que sea, jamás podrá entender el Dharma. Ni, aunque se encontrara al lado mismo de un buda, sería capaz de entender sus consejos y enseñanzas. Los seres infernales tampoco tienen libertad, experimentan sufrimientos inimaginables causados por el fuego o el frío extremos. Es tanto su dolor que no queda espacio en sus mentes para pensar ni siquiera en la palabra Dharma. Los espíritus hambrientos padecen sufrimientos extraordinarios de hambre y sed insaciables. Al contrario de lo que pudiera parecer, nacer como dios de larga vida no es algo de lo que uno deba alegrarse, pues su existencia transcurre en una abstracción de la que ni siquiera pueden librarse, como un profundo sueño del que sólo despiertan al morir y se dan cuenta de que van a tener que dejar ese estado de aparente felicidad para renacer en un infierno. Su sufrimiento entonces es insoportable. Durante su larga vida han perdido miles de años absortos en un cómodo estado de concentración sin oportunidad de practicar Dharma.

Si meditas analíticamente sobre estos puntos, y los contrastas con las situaciones de libertad que gozas actualmente, apreciarás mucho más lo que tienes. Te sentirás verdaderamente afortunado por ser lo que eres y tener lo que tienes. Puedes practicar Dharma. En este mundo hay muchos lugares en los que el Dharma ni siquiera se conoce, de haber nacido en uno de ellos tu vida transcurriría sin la oportunidad para practicar. Por otro lado, si fueses sordo, mudo o deficiente mental, no podrías escuchar enseñanzas adecuadamente, esto sería un obstáculo. Otra forma de esclavitud sería mantener ideas o puntos de vista erróneos. Ideas erróneas serían todas aquellas que, sin base lógica, niegan la existencia de la ley de causa y efecto, las Tres Joyas, etc. Las ocho libertades implican que uno esté libre de las ocho esclavitudes mencionadas.

Necesitamos tener también diez dones, cinco personales y cinco externos:

Renacer como un ser humano.
Renacer en una tierra central: un lugar donde haya
monjes y monjas.
Tener todas las facultades sensoriales en buen estado.
Estar libre de haber cometido los cinco crímenes.
Tener fe en las Tres Cestas.

Renacer en la época del Buda.
Haber encontrado el Dharma.
Renacer en una época en la que el Dharma
hinayana y mahayana florecen y son estables.
Renacer en una época en la que hay guías
espirituales y practicantes compasivos.
Renacer en una época en la que hay personas
compasivas que nos ayudan a practicar el
Dharma.

Se pueden dar dos interpretaciones de "tierra central". Desde el punto de vista geográfico, hace referencia a Bodhgaya, en la India, lugar donde el Buda se iluminó. Desde una perspectiva religiosa podría ser cualquier lugar donde haya monjes y monjas totalmente ordenados. Hoy en día muchos países occidentales pueden considerarse una tierra central.

Tener todas las facultades sensoriales en buen estado se refiere a nacer con suficiente inteligencia para comprender y discernir las enseñanzas. La consciencia visual nos permite leer los textos, la auditiva oír instrucciones y la mental entenderlas. Los cinco crímenes extremos son: matar a tu padre, a tu madre, a un arhat, derramar la sangre de un buda y crear desunión entre los miembros de la comunidad espiritual.

En lo que respecta a los cinco últimos dones, únicamente los discípulos de Buda Sakyamuni los tuvieron, nosotros gozamos de ellos, pero indirectamente. Aunque no hemos nacido en la época del Buda sí tenemos guías espirituales que son los representantes del Buda. Sakyamuni Buda dijo en un sutra: "En el futuro me manifestaré como guía espiritual ordinario y daré enseñanzas".

Desde el punto de vista del tiempo, actualmente el Dharma no ha degenerado, es estable y florece. Nacer en los tiempos en que un buda se ha manifestado es extremadamente difícil ya que hay muchos eones en que no es posible encontrar enseñanzas del Dharma.

Es probable que podamos contar con todas estas situaciones. Si es así, se debe a que ha madurado el karma positivo que hemos creado en vidas anteriores. Hemos de utilizar esta situación de la mejor manera posible. Sería una lástima desperdiciarla. Con la energía necesaria podemos obtener la Iluminación o la liberación, o al menos evitar los reinos inferiores en próximas vidas. No sería inteligente desperdiciar esta afortunada circunstancia y dedicarse únicamente a búsquedas insignificantes. Un gran lama solía decir: "Gracias a mi karma positivo del pasado, ahora soy monje. No deberías dejarme en la estacada ¡oh monje!, por favor, no me lleves al infierno".

Meditar en el gran valor de este perfecto renacimiento humano
Con un renacimiento humano perfecto se pueden conseguir grandes objetivos. El llamado, "gran objetivo del tiempo presente", atañe a fines temporales, es decir, si lo utilizas adecuadamente puedes crear las causas necesarias para, al menos, renacer en un reino superior como es el humano. La causa directa para renacer en un reino superior es la disciplina ética que sólo la podemos practicar con un cuerpo humano. Pero si, además de renacer en un reino superior, tenemos otras ambiciones como ser ricos, gozar de buena salud, etc., podemos conseguirlo también poniendo las causas necesarias. Para conseguir riqueza en el futuro, por ejemplo, has de practicar generosidad. Las causas para renacer con buena apariencia

en el futuro son practicar ahora la paciencia. Para obtener en un futuro buena salud has de evitar dañar o perjudicar a los demás seres conscientes.

Pero, aparte de cualquier objetivo temporal, con un perfecto renacimiento humano puedes aspirar a objetivos últimos como la liberación o la Iluminación. Podemos seguir tres tipos de disciplina: la pratimoksha o de la liberación individual, la del bodhisatva y la del tantra. Si hubiéramos renacido en un continente universal diferente al que estamos ahora, nos sería imposible adoptar cualquiera de estas tres disciplinas, puesto que se basan fundamentalmente en la renuncia, experiencia que los seres de estos otros continentes no pueden generar. Para liberarnos de la existencia cíclica hemos de ser hábiles en los tres adiestramientos: disciplina ética, concentración y sabiduría. Hacer esto posible depende de que tengamos un perfecto renacimiento humano. También es necesario para obtener la Iluminación generar el gran amor, la mente compasiva y la bodhichita. Este cuerpo es tan precioso que incluso los bodhisatvas que habitan en las tierras puras rezan para obtenerlo. Lo desean porque únicamente los seres humanos de este universo nacen de un seno materno, teniendo los seis elementos (hueso, tuétano y fluido seminal obtenidos del padre, y piel, carne y sangre obtenidos de la madre) y es *sólo* con este cuerpo humano específico como se puede acceder a la Iluminación en el corto espacio de una vida en una época degenerada como la que vivimos por medio de la práctica tántrica.

Los cuerpos de grandes yoguis como Milarepa, Naropa, Tsongkhapa, eran exactamente iguales al nuestro, lo único que tenemos que hacer es utilizarlo de forma adecuada. Como mínimo hemos de esforzarnos por mejorar nuestras vidas futuras. Los tres logros mencionados: beneficiar nuestras vidas futuras, alcanzar la liberación o la Iluminación son posibles con el cuerpo y la mente que tenemos ahora. Sólo debemos esforzarnos en seguir el Lam Rim y el sendero del tantra.

Este cuerpo humano es valioso también porque podemos extraer un gran significado en cada momento. Por ejemplo, si perseveras en la práctica de eliminar negatividades y acumular mérito, aun con el simple ofrecimiento de una barrita de incienso, creas innumerables causas para obtener la liberación o la Iluminación. Además, si haces ofrecimientos a las Tres Joyas, practicas paciencia o generas compasión estarás practicando Dharma durante todo el día. Cuando desperdiciamos el perfecto renacimiento humano no sentimos que hayamos perdido nada en especial, en cambio al perder mil pesetas sentimos una gran pérdida e inmediatamente nos esforzamos para recuperarlas.

Meditar en la dificultad de obtener un perfecto renacimiento humano

> Es difícil de obtener según sus causas.
> Es difícil de obtener según el ejemplo.
> Es difícil de obtener según el número.

Es difícil de obtener según sus causas

Si fuese fácil volver a obtener este perfecto renacimiento humano no sería dramático desperdiciarlo ahora que gozamos de él. Pero, desgraciadamente, éste no es el caso. Al contrario, si un ser cae en un reino inferior pasa allí períodos de tiempo inmensos. Es más difícil salir de los reinos inferiores y renacer como humano que, siendo humano, obtener la Iluminación

Este cuerpo y mente que ahora tenemos son fruto del karma positivo creado en vidas pasadas y de las oraciones sinceras a las Tres Joyas. Incluso para renacer simplemente como humano, se ha de mantener cierta disciplina ética. Pero la causa de un perfecto renacimiento humano es disciplina ética y hacer oraciones de aspiración, ambas basadas en la práctica de las seis perfecciones –generosidad, disciplina moral, paciencia, esfuerzo, concentración y sabiduría–. Sin poner las causas no se puede esperar obtener resultados. Si nos observamos a nosotros mismos podemos comprobar si con nuestra actividad normal estamos creando causas para volver a obtener en un futuro un cuerpo similar al que tenemos. Es muy probable, si somos honestos, que descubramos que, desde la mañana hasta la noche casi todas nuestras acciones están salpicadas por engaños como la envidia, el odio, el apego, etc. Shantideva, en su *Guía,* señala:

> Si incluso un instante de maldad me hace pasar un eón
> en el infierno más profundo, ¿dónde habrá de llevarme la
> maldad acumulada desde tiempo sin principio?

Cuando caes en un reino inferior ni siquiera los budas pueden ayudarte. Devadata creó muchas causas para renacer en los reinos inferiores y el Noble Buda, su primo, no pudo hacer nada por evitarlo.

Es importante que aprovechemos al máximo el potencial que todos tenemos en nuestro interior. No importa si somos muy mayores. No sirve de nada desanimarnos pensando que hemos desperdiciado nuestra vida. Hemos de mirar hacia adelante, no hacia atrás y pensar que el tiempo que nos queda lo podemos aún utilizar correctamente. Ha habido casos de personas que han comenzado a practicar a los ochenta años, de manera muy sincera y han conseguido llegar al estado de arhat. Por tanto, en lo que se refiere a las causas, obtener otra vez un perfecto renacimiento humano es muy difícil.

Es difícil de obtener según el ejemplo

Este ejemplo es quizá uno de los más conocidos y significativos. Imaginemos un inmenso océano en cuyas aguas flota sin rumbo una anilla dorada. En algún lugar profundo de este mar vive una tortuga ciega que, una vez cada cien años, nada hasta la superficie. Las probabilidades que tiene la tortuga de introducir su cabeza por la anilla cuando salga a flote, son las mismas que tenemos nosotros de volver a obtener un perfecto renacimiento humano. El océano simboliza la existencia cíclica, la tortuga ciega los seres conscientes que ignoran las pautas de comportamiento que deben adoptar o abandonar. Los cien años en el fondo del océano indican que la mayor parte de nuestro tiempo transcurre en reinos inferiores, subir a la superficie una vez cada cien años simboliza que durante un período corto de tiempo renacemos en el reino humano, meter la cabeza por la anilla dorada simboliza que uno logra el perfecto renacimiento humano y se encuentra con el budadharma, por último, la anilla dorada moviéndose en el océano simboliza que el budadharma no permanece fijo en el mismo sitio. Todo esto fue dicho en un sutra por Buda Sakyamuni.

Es difícil de obtener según el número
Una vez, un lama mongol estaba dando enseñanzas sobre el perfecto renacimiento humano a un chino. El lama le hablaba de lo difícil que es obtener este renacimiento y el chino replicó inmediatamente: "Lo que dices es ridículo, si vas a mi país verás que somos millones y millones de chinos". Bajo un enfoque superficial se puede pensar que este mundo está muy poblado, pero esto no significa que todos sus habitantes tengan un perfecto renacimiento humano. Por otro lado, si comparamos la población humana con el número de animales, vemos que la proporción es mínima. Sólo con que nos sentemos un día de verano en pleno campo y miremos alrededor, veremos infinidad de animales, aves, insectos, etc. Sin embargo, el número de animales que pueblan campos, bosques y selvas se queda pequeño al compararlo con la cantidad y variedad de seres vivos que pueblan los océanos y lagos.

Podemos percibir el reino animal pero no a los espíritus hambrientos ni a los seres infernales. Se dice que hay muchos más seres infernales que espíritus hambrientos y más espíritus hambrientos que animales. Realmente, hay muy pocos seres humanos, pero, aunque todo el universo estuviese lleno de ellos ésta no sería una buena razón para alegrarnos puesto que la mayoría estamos creando las causas para renacer en reinos inferiores.

Todos constatamos que hay muchos seres humanos, hombres y mujeres, pero ¿cuántos de ellos tienen un perfecto renacimiento humano? En el *Vinaya,* Buda dijo:

> El número de seres que pasan desde los estados
> superiores a los estados inferiores es igual al número
> de partículas de polvo que hay en la tierra.
> Pero la cantidad de seres que van de los estados
> inferiores a otros superiores es igual a las partículas de
> polvo que hay sobre la uña del dedo de Buda.

Los seres que gozan de un renacimiento humano perfecto son, por tanto, muy pocos. Según palabras de Shantideva:

> Confíate en la barca del cuerpo humano
> y cruza el gran rio del dolor.
> Es muy difícil volver a encontrarlo,
> entonces ¡no debes dormirte ahora, estúpido!"

En definitiva, toma la determinación de extraer la esencia del cuerpo y mente que tienes ahora, practica Dharma. Si mueres sin haberlo hecho, tu muerte no será diferente de la de cualquier animal. Ahora mismo nos encontramos en la frontera. De nosotros depende hacia donde nos dirijamos. Tenemos libertad para escoger nuestro destino; nacer en reinos inferiores o superiores. Obtener la liberación o la budeidad depende sólo de nosotros, de nadie más.

Si generamos y cultivamos el comprender lo efímero que es

dedicarse únicamente a las actividades cotidianas y deseamos con fuerza utilizar este cuerpo y mente para la práctica constante de Dharma, significará que hemos contemplado y meditado muchas veces en el perfecto renacimiento humano y hemos alcanzado la experiencia en este punto. Para ilustrar este punto vayamos a la canción del texto raíz de Tsongkhapa:

(10)

> *La forma humana dotada con las ocho libertades que permiten el estudio del Dharma es superior a la joya que satisface los deseos que, aunque los nagas la exhiban alrededor de su cuello, no les sirve de nada si lo que quieren es liberarse del samsara. Sólo una forma humana adecuada ofrece la posibilidad de un vehículo con el cual alcanzar la Iluminación. Además, la posibilidad que te ofrece esta forma tan difícil de conseguir y tan fácil de perder, —pues la vida transcurre en un momento—, es como un relámpago en el cielo. Piensa que puedes perderla fácilmente, en cualquier momento, y comprende que todas las acciones, si no las realizas utilizando el valor esencial de tu cuerpo, son como la cáscara inútil del grano una vez trillado. El valor esencial es la posibilidad de llegar a la Iluminación, por ello, continuamente, día y noche, intenta sacar partido del verdadero significado de haber adquirido este cuerpo. Yo, que he recorrido el verdadero camino que conduce a la Iluminación, he tenido la experiencia de hacer justamente esto. Si tú también buscas liberarte, por favor, actúa de la misma manera.*

Cómo extraer la esencia de este perfecto renacimiento humano
　　Adiestrarse en las etapas del camino comunes a las personas de capacidad inicial.
　　Adiestrarse en las etapas del camino comunes a las personas de capacidad media.
　　Adiestrarse en las etapas del camino de las personas de capacidad superior.

Todas las instrucciones de Dharma que dio Buda están expuestas para tres niveles de capacidad. El objetivo que tenía cuando dio las ochenta y cuatro mil enseñanzas de que consta su doctrina era que, aquellas personas que sólo tienen deseos temporales, como obtener un renacimiento superior, lo lograran, y las que aspiraban a la liberación o la Iluminación, lo consiguieran también. Por ello, tanto si tus objetivos son temporales, como si aspiras a la liberación o la Iluminación los obtendrás practicando las técnicas para los seres de capacidad inicial, de capacidad media o superior según sea tu nivel. No obstante, quien desee Iluminarse debe recorrer los tres niveles.

Hemos de diferenciar entre las prácticas específicas para los seres de capacidad inicial y las que son *comunes* a los seres de capacidad inicial. Las primeras sirven únicamente para obtener un renacimiento superior para uno mismo, mientras que las *comunes* conllevan practicar éstas mismas, pero con el fin de llegar a la liberación o la Iluminación. Un ser de capacidad superior debe necesariamente haberse adiestrado en las prácticas pertinentes a los seres de capacidad menor, como son: devoción al maestro, perfecto renacimiento humano, muerte, sufrimientos de reinos inferiores, refugio y karma. A éstas, se las denomina prácticas del sendero común, pues se realizan en los tres niveles de capacidad.

Las etapas del sendero diseñadas para abandonar las causas que conducen a renacer en samsara, los tres adiestramientos, son el sendero común que siguen los seres de capacidad media. Este sendero y el anterior componen las prácticas preliminares para los seres de capacidad superior.

Explicar y adiestrarse en las etapas del camino según el orden descrito tiene dos objetivos principales: 1) Los que no puedan entrenarse en el tercer nivel desde el inicio, deben ser dirigidos hacia los dos niveles anteriores. Esto beneficia tanto a los seres de capacidad inicial y media como a los de capacidad superior. 2) Hace que disminuya el orgullo de quien cree que es un practicante mahayana sin ni siquiera tener un poco de renuncia, ni familiaridad con las prácticas de los dos niveles previos. Es fundamental seguir este orden.

"Extraer la esencia" se refiere a hacer que nuestra situación actual tenga un sentido. Si pasamos toda nuestra vida exclusivamente dedicados a conseguir objetivos materiales, nos daremos cuenta, al analizarlo, de que no somos diferentes de cualquier animal. La esencia a que nos referimos puede ser de tres tipos. La más alta sería obtener la Iluminación, le sigue el logro de la liberación, y la menor sería conseguir un renacimiento superior en la próxima vida. Con un ejemplo tal vez quedará más claro por qué hemos de atravesar los tres niveles. Hay tres personas en Menorca, una desea ir a Barcelona, otra a Gerona y la otra a Perpiñán. La primera coge el avión y su destino es Barcelona, la segunda cambia en Barcelona y sigue hasta Gerona y la tercera, al llegar a Gerona, sigue hasta Perpiñán. La última ha tenido que pasar necesariamente por Barcelona y Gerona.

Adiestrarse en las etapas del camino comunes a las personas de capacidad inicial

    Aspirar a obtener estados elevados en vidas futuras.

        Meditar en la muerte.

        Meditar en los sufrimientos de los reinos.

        Inferiores.

    El método para alcanzar la felicidad de los reinos superiores en las vidas futuras.

        Tomar refugio: la puerta de la entrada al budadharma.

        La ley de causa y efecto: la raíz de todas las cualidades excelentes y de toda felicidad.

La muerte

Meditar en la muerte

Todos hemos obtenido un cuerpo que, en algunos casos, puede ser un perfecto renacimiento humano, pero, desgraciadamente, no va a durar siempre. Tarde o temprano vamos a desaparecer. Es imprescindible recordar constantemente nuestra condición de mortales. Si no pensamos en la muerte no nacerá el deseo de practicar Dharma y sin este deseo seguiremos acumulando karma negativo. Si éste es el caso, en el momento de la muerte, cuando la respiración esté a punto de cesar, surgirá un fuerte remordimiento por todas las malas acciones cometidas y con este sentimiento doloroso moriremos.

En realidad, en lo más profundo de nuestro ser, todos sabemos que vamos a morir, lo que nos engaña es el pensamiento, "hoy no será el día de mi muerte". Esta idea es el aferramiento a la permanencia. Vivimos bajo el yugo de esta mente errónea, de manera que, si tuviésemos que morir hoy, seguiríamos haciendo planes para el futuro. Gungtang Tenpe Dolme, yogui tibetano, decía:

Aunque sepas que practicar Dharma es muy
importante, siempre antepones tus actividades cotidianas
a la práctica, pero la realidad es que nadie sabe cuándo le
asaltará la muerte y pensando así te engañas.

Has de sustituir el pensamiento "hoy no me moriré" por el de "voy a empezar a practicar inmediatamente".

Ya que nadie está exento de la muerte, contemplarla una y otra vez anima a practicar Dharma inmediatamente. Sakyamuni dijo en un sutra que, de todas las meditaciones, la más sublime es la de la impermanencia. Tanto la primera como la última enseñanza que dio el Buda fue sobre la impermanencia y la muerte.

Pensar en la muerte de una manera positiva, al principio te lleva a practicar Dharma, a la mitad de tu práctica te anima a continuar y al final te ayuda a completar tu práctica con éxito. Para que la meditación sobre la muerte sea correcta es necesario estudiar y contemplar las tres raíces, las nueve razones y las tres determinaciones.

La muerte es inevitable

Para darnos cuenta de que la muerte es inevitable y segura, primera raíz, contemplamos las tres razones siguientes:

Nada puede impedir la muerte

Hombres poderosos, grandes políticos, millonarios y hasta el mismo Buda Sakyamuni, todos desaparecieron de este mundo. Sólo sabemos de ellos por la historia. Eruditos indios como Nagarjuna, Asanga y otros muchos, murieron, y hoy sólo los conocemos por sus nombres. Quizá podrás escapar al castigo del más poderoso de los reyes, pero no te salvarás de la muerte cuando llegue. Aunque te escondas en el fondo del mar, en la espesura del bosque o en lo alto de la montaña, de nada te servirá. En realidad, la muerte está siempre a tu lado y te atrapa cuando lo desea. La riqueza no te ayudará a eliminarla.

El espacio de vida no puede aumentar y disminuye continuamente.

El tiempo que tenemos para vivir no puede alargarse a voluntad, al contrario, cada momento que pasa nos acerca inexorablemente a su fin. Shantideva nos recuerda que, sólo un segundo después de ser concebidos, nuestra vida ya empieza a acortarse y la cuenta atrás no se detiene hasta la muerte. Un corredor de fondo puede ralentizar su marcha o detenerse si lo desea, pero en la carrera de la vida no hay descansos ni relevos hasta llegar a la meta, que es la muerte. Los animales conducidos en camión hacia el matadero, están a cada segundo que pasa más cerca de su mísero destino. Nosotros, en cierto sentido, somos como ellos.

La muerte vendrá hayamos tenido o no ocasión de practicar Dharma.

Supongamos que alguien vive sesenta años. Durante los veinte primeros no conoce el Dharma, los veinte siguientes los pasa pensando que un día empezará a practicar y los veinte restantes arrepintiéndose de no haber empezado a hacerlo antes y quejándose de que ahora ya es demasiado tarde. Esta es la descripción de una vida vacía. En una ocasión alguien fue a ver a gueshe Karmapa para explicarle lo satisfecho que se sentía de su práctica de Dharma, el gueshe, sorprendido, le dijo: "¡Mientes!, te pasas la noche durmiendo y el día distraído con miles de cosas sin sentido". Y así es. Incluso practicantes que se consideran a sí mismos grandes meditadores, pasan, siguiendo con el promedio de vida de sesenta años, unos veinticinco años durmiendo, con lo que sólo quedan treinta y cinco años activos. Si de ellos se descuentan las horas pasadas trabajando, comiendo, viendo la televisión, charlando de cosas vanas etc, ¿cuánto tiempo queda para practicar Dharma?

La primera determinación que surge al reflexionar sobre estas tres razones es: "Voy a practicar Dharma de ahora en adelante". Deberíamos emplazar la mente en este objeto de meditación.

El momento de la muerte es incierto

Las tres razones siguientes nos pondrán cara a cara con la incertidumbre de la vida:

El espacio de vida de los humanos que habitan este universo que atraviesa una época degenerada es incierto

La causa de esta incertidumbre son las muchas acciones negativas que hemos creado. Si tuviésemos la seguridad de poder vivir setenta años podríamos organizar nuestro tiempo de manera que los últimos veinticinco o treinta años pudiésemos consagrarlos a la práctica del Dharma. Lamentablemente, este no es nuestro caso. Los seres infernales y los devas tienen un tiempo de vida fijo, pero nosotros no. En otro tiempo los seres humanos tenían un tiempo de vida extenso, pero, a medida que las mentes y las épocas han ido degenerando, este espacio de vida también ha disminuido. Según las escrituras, llegará un momento en que los seres humanos vivirán un máximo de diez años. Cuando vemos a un anciano, pensamos: "Él morirá antes que yo puesto que soy más joven". Pero no siempre ocurre así, podemos constatar que hay bebés que mueren antes que ancianos centenarios, padres que entierran a sus hijos o abuelos que asisten a los funerales de sus nietos. Una persona sana y vigorosa puede fallecer antes que otra convaleciente por una larga e irreversible enfermedad. Nadie puede asegurar "hoy no me moriré". Puede que te vayas tranquilamente a la cama y ya no vuelvas a despertar.

Hay más causas que propician la muerte que la vida
Cuando ya hemos nacido encontramos a nuestro alrededor muchísimas causas que pueden ocasionarnos una muerte repentina. Corremos el riesgo de contraer cuatrocientos veinticuatro tipos de enfermedades, podemos ser perjudicados por espíritus malignos, o sufrir un desequilibrio en los elementos que componen nuestro cuerpo. Nos refugiamos en la medicina y en la comida como métodos principales para ahuyentar la muerte, pero de todos es sabido que en ambos casos pueden producir lo contrario. Hoy se sabe a ciencia cierta que una dieta incorrecta es una de las causas principales de varios tipos de cáncer y la intolerancia a un medicamento puede matar al paciente. Hay desastres naturales, accidentes de tráfico, trenes, aviones, pero a veces un simple resbalón es suficiente para acabar con una vida.

El cuerpo es muy frágil
Nagarjuna decía que, toda la tierra, con sus montañas y sus

mares, sus llanos y sus bosques será consumida por el fuego del fin de los eones y no quedará de ella ni una mota de polvo. Si esto puede sucederle a algo tan sólido y poderoso como un planeta, ¿cómo podemos seguir pensando que nuestro cuerpo es invulnerable? La muerte no es algo lejano, está a tu lado. Si a una exhalación no le sigue una inhalación ya te habrá atrapado.

Tras contemplar estas tres razones toma la determinación siguiente: "Voy a practicar Dharma inmediatamente" y úsala como objeto de contemplación.

En el momento de la muerte sólo ayuda el Dharma
Para convencernos de esta raíz contemplamos las tres razones siguientes:

Las riquezas y posesiones no podrán ayudar
Aunque tengas un almacén lleno a rebosar de lingotes de oro, tendrás que dejarlos cuando mueras. Hay un sabio refrán tibetano que dice así: "En el momento de la muerte el rey deja su reino y el pordiosero su bastón". Puedes pasarte toda la vida acumulando riquezas y posesiones, pero al morir vas a tener que dejarlas; lo único que podrás llevarte son todas las negatividades que has cometido para obtenerlas.

Los familiares y seres queridos no podrán ayudar
Ni tus padres, esposo o hijos que te aman y desearían con toda su alma poder ayudarte, pueden hacer mucho cuando te llega la muerte. Tienes que morir frente a sus ojos que te miran con pena, impotentes. Aunque reuniesen toda la riqueza del mundo y quisieran con ella traer a los médicos más famosos y las mejores medicinas, de nada serviría si hubiese llegado tu hora. Aunque tu mejor amigo acuda a tu lado, lo tendrás que abandonar. Venimos solos al mundo y de él nos vamos solos, entre estos dos pasos estamos temporalmente acompañados.

El cuerpo no podrá ayudar

En todas nuestras vidas hemos tenido un cuerpo diferente y siempre lo hemos cuidado y amado como si se tratase de un objeto precioso. Si algo malo le ocurre, inmediatamente recurrimos al médico para que lo cure, ponemos mucha energía en preparar comida para mantenerlo sano, hacemos ejercicio, lo lavamos y perfumamos, pero al morir, este cuerpo al que hemos dedicado tanto tiempo y cuidado nos deja en la estacada. En resumen, trabajamos mucho para obtener comida, bebida y alojamiento para nuestro cuerpo y en este proceso vamos creando negatividades. Al morir, el cuerpo se convierte en un cadáver. Desde el punto de vista de sus discípulos o sus súbditos, el cadáver de un maestro o el de un rey son reliquias en un caso o tesoros nacionales en el otro, mientras que el cuerpo de un animal o de un ser ordinario se convierte simplemente en un cadáver; aunque en realidad, se trata de cadáveres en todos los casos a punto de ser incinerados o enterrados. Es triste ver lo que nos espera.

Trata de construir tu propia experiencia de ello y determínate así viendo estas tres razones: "Voy a practicar Dharma de ahora en adelante y de forma pura pues sólo el Dharma me ayudará en el momento de la muerte". Concéntrate en este objeto de meditación.

El sabio tibetano Gungtang Tenpe Dolme dijo: "Sólo la luz del Dharma puede indicarte el camino correcto para poder atravesar senderos desconocidos". Milarepa le dijo a uno de sus discípulos: "Tienes un cuerpo humano y posesiones suficientes para gozar de la vida, pero ¿has hecho buenos preparativos para tu próxima existencia?" A muchos de nosotros nos daría miedo ver un cadáver, aunque en realidad, no es algo ajeno a nosotros.

Cuando empieza el proceso de la muerte pierdes el brillo, la tersura de tu piel, tu capacidad para comer, beber, tu vitalidad. Sólo si has hecho alguna práctica de Dharma la podrás llevar contigo, en caso contrario, ¿qué protección vas a tener? Después de morir vas a experimentar los atemorizantes sucesos del estado intermedio. Mientras vives, la gente puede encontrarte atractivo, pero al morir, te conviertes en algo repugnante. Los que te veían hermoso sentirán ahora repulsión, hay gente que ni tan siquiera tiene valor para acercarse a un cadáver. La riqueza que tantas preocupaciones te ha dado durante toda tu vida y por la que te has peleado, cometido acciones destructivas, o caído víctima del estrés, pasará a otras manos. Shantideva decía que nuestros huesos son en el fondo idénticos a los que llenan los cementerios que es donde terminarán.

Esta información no es nueva para nosotros. Todo el mundo sabe que es cierta, pero, si estas verdades quedan en la mente como una simple curiosidad intelectual no te ayudarán. Hemos de investigar cada uno de estos puntos y darnos cuenta del significado profundo que encierran. Esto nos llevará a tomar la determinación que se desprende de cada raíz. Esta meditación está diseñada para exhortarnos a buscar un camino adecuado para esta vida y las futuras y no para asustarnos o deprimirnos.

Los reinos inferiores

Meditar en los sufrimientos de los reinos inferiores
Después de haber muerto, nuestra consciencia no se extingue[1], sino que se dirige hacia la próxima vida. La existencia de las vidas futuras es indudable. Muchas personas mantienen que las vidas futuras no existen debido a que no las han visto; pero esta razón no es una prueba fiable. Tampoco es una lógica correcta negar la existencia de vidas pasadas por el sólo hecho de no recordarlas. Todos hemos estado en el útero materno durante nueve largos meses y diez días y ahora no recordamos nuestra estancia en aquel lugar. Aunque las experiencias allí sufridas fueron muy dolorosas, no las recordamos en absoluto. La causa fundamental de que ahora no recordemos nuestros renacimientos anteriores es que la traumática experiencia de nacer bloquea nuestra memoria.

La realidad es que hemos renacido innumerables veces en los seis reinos de existencia. El cuerpo que tenemos en esta vida se ha desarrollado a partir del semen de nuestro padre y la sangre de nuestra madre, pero la consciencia procede de una vida anterior. Si hay vidas pasadas debe haber vidas futuras. En términos relativos, nuestra vida presente será la vida pasada con respecto a nuestra vida futura.

Nuestro renacimiento puede tener lugar en un reino superior o inferior. En Tíbet es costumbre ir a visitar a los maestros para que hagan predicciones sobre la vida futura, pero éstas no son necesarias, Buda Sakyamuni ya hizo una predicción válida para todos: "Los actos positivos causan renacer en reinos superiores y los negativos causan renacer en los reinos inferiores". Después de la muerte lo que te dirige a un reino específico son tus engaños mentales y los actos creados bajo su influjo. Si durante tu vida te has acostumbrado

---

1 Ver el libro *Karma y Renacimiento* para una profunda explicación de los razonamientos que nos ayudan a comprender la veracidad de la continuidad de la consciencia.

a realizar actos positivos, las impresiones que éstos hayan dejado en tu consciencia emergerán en el momento de la muerte y el resultado será renacer en reinos superiores. Pero si tu mente está habituada a las acciones destructivas, cuando mueras saldrán a flote y el resultado será renacer en un reino inferior. Por todo ello es muy importante afrontar la muerte con una mente virtuosa.

Tal como dice el Tercer Dalai Lama en su *Esencia del oro puro:* "Puesto que en el momento de la muerte nada ni nadie puede ayudarte, ¿qué va a ser de ti si no practicas?". Después de la muerte, el continuo de nuestra consciencia no se corta, sino que va de una vida a otra, pudiendo renacer en estados elevados o inferiores. Los estados inferiores de existencia comprenden estos tres reinos:

> El reino de los infiernos.
> El reino de los espíritus hambrientos.
> El reino animal.

El reino de los infiernos
> El sufrimiento de los infiernos calientes.
> El sufrimiento de los infiernos fríos.
> El sufrimiento de los infiernos fronterizos.
> El sufrimiento de los infiernos ocasionales.

El sufrimiento de los infiernos calientes
La enumeración de los ocho infiernos calientes es como sigue:

> El infierno del Revivir.
> El infierno de las Líneas Negras.
> El infierno de la Compresión.
> El infierno de los Aullidos.
> El infierno de los Grandes Aullidos.
> El infierno Caliente.

El infierno Muy Caliente.
El infierno del Sufrimiento Continuo e Incesante.

En el infierno del revivir los seres infernales se odian entre sí con tanta fuerza que cualquier cosa a su alcance se transforma en un arma de la que se valen para luchar. En estas peleas llegan a cortar sus cuerpos en pedazos hasta caer muertos. Pero entonces, desde el espacio resuenan unas voces que dicen: "¡Revive!". Inmediatamente después toman la forma que tenían, comienzan otra vez a pelearse y vuelve a repetirse la situación anterior. En un día pueden morir y revivir cien veces. De los ocho infiernos calientes, este es el de menor sufrimiento. A medida que se desciende en los infiernos, el sufrimiento va en aumento hasta duplicarse, cuadruplicarse, etc.

En todos estos infiernos, los seres experimentan grandes dolores ya que el medio ambiente está hecho de material incandescente; las casas son de metal candente y los seres llegan a ser de la misma naturaleza que el fuego. Debido a su karma, sus cuerpos, más grandes que los nuestros, experimentan grandes sufrimientos. Algunos sienten como si tirasen de su lengua hasta que es tan larga y plana que los guardianes del infierno la utilizan para cultivar. Otros tienen la experiencia de ser hervidos en medio de grandes dolores o de ser cortados en dos. Pero cuando sus cuerpos son mutilados, no mueren, continúan experimentando un sufrimiento inmenso incluso en la sangre que ha salido al exterior. El tiempo de vida en cada uno de estos infiernos es inmenso y siempre se pasa experimentando dolor hasta que el karma para ello se agota.

El sufrimiento de los infiernos fríos
La enumeración de los ocho infiernos fríos es como sigue:

El infierno de las Ampollas.
El infierno de las Ampollas en Erupción.
El infierno en el que los Seres Tiemblan de Frío.

El infierno de los Gemidos.
El infierno en el que los Dientes Castañetean.
El infierno Revienta de Frío Como una Utpala Azul.
El infierno Revienta Como un Loto Rojo.
El infierno de las Grandes Llagas.

A los infiernos fríos no llega ni un mísero rayo de sol o de luna. El medio ambiente está lleno de rocas y montañas nevadas. El suelo que pisan está completamente helado y los seres, que están desnudos, son como una masa de hielo que camina. Es difícil hacer comprender la intensidad del sufrimiento que experimentan, pero podemos deducirlo por el nombre de cada uno de estos infiernos. Los seres de los infiernos fríos son de la misma naturaleza que la nieve. Con esta analogía entenderemos cuánto dura una vida en el infierno de las Ampollas. Seis puñados de semillas de sésamo son iguales a un *pul,* (medida de peso tibetana). Seis *puls* equivalen a un *do,* (medida de peso tibetana). Veinte *do,* son iguales a un *ko,* (medida de peso tibetana que equivale a unos once kilos). Pon ochenta *kos* dentro de una caja y cada cien años saca una semilla de sésamo. Cuando hayas vaciado la caja esto sería el tiempo de vida en el primer reino infernal frío. El tiempo de vida del infierno siguiente lo sabrás multiplicando por veinte y así hasta el último. Se dice que es más difícil salir de cualquier infierno que, si eres humano, obtener la Iluminación.

El sufrimiento de los infiernos fronterizos
El de las Brasas y Cenizas.
El del Pantano de Cieno Maloliente.
Aquel Donde Crecen cuchillas Afiladas.
El del Agua Sin Fin.

Se les llama fronterizos porque rodean a los infiernos calientes. En el infierno fronterizo de las Brasas y Cenizas, todo lo que te rodea son cenizas bajo las cuales hay brasas. Te hundes en ellas constantemente y así te abrasas poco a poco. Las quemaduras se extienden también por el interior de tu cuerpo. Pero cuando consigues levantarte, vuelves a tu forma normal y empiezas a quemarte de nuevo.

El del Cieno Maloliente es un pantano repelente y nauseabundo infestado de una extraña clase de insectos cuyos picos son metálicos. Te ves obligado a resbalar a cada momento. Cuando esto sucede y te hundes, los bichos empiezan a morderte con frenesí hasta llegar al tuétano de tus huesos.

En el infierno Donde Crecen Cuchillas Afiladas los caminos están llenos de cuchillas sobre los que debes caminar y que van cortando tu cuerpo en rodajas una y otra vez sin que te mueras. Hay también bosques en los que experimentas el mismo tipo de sufrimiento.

En el infierno del Agua Sin Fin hay un inmenso océano cuyas aguas están en ebullición y en las que tu cuerpo hierve mientras intentas la hazaña imposible de cruzarlo.

El sufrimiento de los infiernos ocasionales
En este infierno se producen situaciones que se pueden dar también entre humanos. Por ejemplo, durante el día los seres se sienten dichosos, pero, al llegar la noche, son terriblemente desgraciados. Puede haber humanos que experimenten un ejemplo de infierno ocasional. En estos reinos hay seres con formas de animales o árboles y sobreviven largo tiempo.

En una ocasión, el capitán de barco Kotikarna fue invitado por unos mercaderes a navegar hasta una isla repleta de joyas. Cuando llegaron allí se encontraron un hombre rodeado de cuatro hermosas mujeres viviendo en un lugar paradisíaco. Fue invitado a comer por él y, cuál no sería su sorpresa cuando, durante el día la casa se transformaba en una prisión ardiente y las mujeres en cuatro perros salvajes que le devoraban; pero durante la noche el hombre experimentaba un gozo similar al de los dioses. El capitán le preguntó al hombre: "¿Cuál es la causa de que sufras así?", a lo que el hombre respondió: "En tiempos del tercer buda tomé un voto que mantenía durante la noche, pero lo rompía durante el día. Mi situación actual es el resultado de aquel karma negativo". El hombre dio un mensaje para uno de sus biznietos, "no sigas matando animales. Si lo haces experimentarás tal sufrimiento que el mío sería vivir en un paraíso; si no te crees que soy tu bisabuelo, haz un agujero en tu cocina y encontrarás una vasija repleta de oro". Su biznieto lo hizo y la encontró.

El reino de los espíritus hambrientos.
Los espíritus hambrientos o "pretas" pueden ser de dos tipos: los que viven en los grandes océanos y los que están esparcidos por todos los lugares. En los grandes océanos hay espíritus hambrientos con unos cuerpos muy grandes que son devorados por animales diminutos.

El sufrimiento de los pretas consiste en padecer hambre y sed intensa, frío y calor, gran fatiga y temor. Algunos de ellos tienen enormes estómagos que se sostienen sobre unas piernas débiles y enclenques. Sus largos cuellos son muy delgados y cuando tienen sed, ni siquiera estando cerca de un río pueden saciarla pues su estómago y su cabeza se vuelven tan pesados que les impiden acercarse y, si lo consiguen, perciben el agua como si fuera sangre y pus. También pueden creer ver árboles repletos de fruta, pero después de grandes esfuerzos para llegar a ellos, no encuentran nada.

Algunos espíritus hambrientos tardan cientos de años en poder conseguir una gota de agua. Ello se debe principalmente a obstáculos externos, pero también a los que tienen en su propio cuerpo. Su boca es diminuta y su garganta llena de nudos. Si consiguen comer tras superar estas dificultades, cuando el alimento les llega al estómago, se transforma en un veneno que abrasa sus entrañas. Es tanto el hambre que pueden padecer que algunos espíritus hambrientos llegan a comerse sus propias crías. En el verano, cuando el sol calienta, la luna también calienta y en el invierno es al revés, tanto el sol como la luna están fríos. Hasta que la impresión kármica, por cuya causa han llegado a tal estado, no cesa, siguen viviendo esta experiencia.

El reino de los animales

En general hay cinco tipos de sufrimientos que pueden experimentar los animales:

> El sufrimiento de ser devorado por otros animales.
> El sufrimiento de la estupidez.
> El sufrimiento del calor y frío.
> El sufrimiento del hambre y de la sed.
> El sufrimiento de servir como animal de carga, de diversión y de servicio para el hombre.

El primer tipo de sufrimiento se percibe especialmente en los océanos, allí los animales están siempre en pie de guerra, devoran o son devorados. Esta situación se da sobre todo en las profundidades de los océanos.

Los animales terráqueos sufren hambre y sed. Hay animales salvajes como el león o el tigre cuyo único medio de subsistencia es la carne y en ocasiones tardan meses en cazar una presa. Los pájaros pueden protegerse de la lluvia, pero no del frío, siempre andan de un lado para otro tratando de llegar a un sitio cálido y muchos pierden la vida en su empeño. Otros animales son cazados por el hombre, algunas veces por necesidad, pero la mayoría por placer. Ayudan al hombre en el trabajo o le alimentan, pero también le sirven en su diversión o para ser maltratados.

Nagarjuna aconseja contemplar una y otra vez cada uno de estos sufrimientos pensando si seríamos capaces de soportarlos.

Ahora no pensamos mucho en el sufrimiento de los demás. Cuando vemos un animal maltratado nos sentimos más o menos afectados, pero nunca pensamos lo que sentiríamos si estuviéramos en su lugar. Si alguna vez nos hemos quemado, sabemos lo doloroso que es, ¿qué sería de nosotros si estuviésemos en alguno de los infiernos calientes?, ¿Cómo nos sentiríamos? En cuanto al frío, el que se experimenta en los polos es mil veces menor que el de los infiernos menos fríos. Si tuviésemos que pasar hambre o sed, no podría ni compararse con el sufrimiento padecido por los espíritus hambrientos.

Es realmente importante meditar en estos sufrimientos imaginando que uno mismo es víctima de ellos. Hemos de meditar así hasta que surja verdadero pánico en nuestra mente y después pensar: "Afortunadamente, ahora vivo en una situación de mayor libertad, pero a lo largo de mi existencia he cometido innumerables acciones destructivas que pueden ser causa para experimentar lo que tanto temo, debo tomar la determinación de abandonar todas las acciones destructivas realizadas a través de las tres puertas". Medita en ello de manera concentrada.

La causa principal para renacer en los infiernos es la aversión, el odio y los actos llevados a cabo bajo el impulso de este sentimiento. La causa principal para renacer como espíritus hambrientos es la avaricia o el apego y para nacer en el reino animal, la estupidez. Si cometes una acción destructiva muy fuerte, media o pequeña, es causa para renacer respectivamente en un infierno, como espíritu hambriento o como animal.

Es preciso que nos determinemos a no cometer más acciones perjudiciales. Ahora mismo eres humano, pero nadie te puede garantizar que el año próximo continúes vivo y que en tu próxima reencarnación no tomes, por ejemplo, la forma de un animal. Deberíamos meditar profundamente en este hecho. Si investigamos veremos que: 1) No tenemos ningún poder para evitar caer en estos estados; 2) Sólo las Tres Joyas pueden protegernos.

Si un criminal condenado a muerte encuentra un buen abogado, se sentirá muy aliviado pues, si éste es hábil y lleva bien la defensa, puede librarlo de la muerte. Las Tres Joyas tienen poder para protegernos de todos estos sufrimientos, por esta causa hemos de tomar refugio.

Refugio

El método para alcanzar la felicidad de los reinos superiores en las vidas futuras

> Tomar refugio: La puerta de entrada al budadharma.
> Ley de causa y efecto: La raíz de toda felicidad y cualidades excelentes.

Tomar refugio: la puerta de entrada al budadharma

Si de verdad deseamos dejar de experimentar sufrimiento hemos de encontrar una protección o refugio. Esta protección la constituye la práctica de tomar refugio que se divide en cinco apartados:

> Las razones de tomar refugio.
> Los objetos de refugio.
> La medida de haber tomado refugio.
> Los beneficios de tomar refugio.
> Los compromisos después de tomar refugio.

Las razones de tomar refugio

Para que tomar refugio sea una práctica efectiva se requieren dos causas: 1) Temor hacia el sufrimiento del samsara en general y hacia los sufrimientos en particular de los tres reinos inferiores y, 2) una fuerte fe o confianza en las Tres Joyas. Sin estas dos causas la oración de refugio será sólo de palabra, no será completamente pura, aunque pueda derivarse algún beneficio de ella. En el refugio, existen tres niveles de práctica, la persona de capacidad inicial toma refugio con fe en las Tres Joyas y temor hacia los tres reinos inferiores. La de capacidad media lo hace con la misma fe en las Tres Joyas, pero además siente temor hacia todo el samsara. La de capacidad superior teme por todos los seres víctimas del dolor e insatisfacción y cree firmemente que las Tres Joyas son la única fuerza capaz de liberarlos.

Los objetos de refugio

Hay Tres Joyas hacia las cuales hemos de ir por refugio: Buda, Dharma y Sangha. Aunque se pueden encontrar descripciones más profundas, la Joya del Buda se refiere a cualquier ser que ha completado con éxito los dos objetivos: el objetivo para uno mismo, es decir, estar libre del samsara y el objetivo para los demás o tener la capacidad y habilidad para ayudar a todo ser. Un buda debe estar completamente libre del temor del extremo del nirvana y del sufrimiento del samsara.

La Joya del Buda está más allá de cualquier temor porque ha destruido completamente los cuatro maras o demonios —el mara de los engaños, el de los agregados contaminados, el de la muerte y el mara Devaputra.

La Joya del Buda tiene cuatro características especiales: 1) está libre de todo temor, 2) tiene medios hábiles para liberar del temor a los demás, 3) compasión y amor sin discriminación y 4) capacidad para beneficiar a todos los seres, le hayan o no beneficiado.

El cuerpo de la sabiduría de la verdad y el cuerpo de naturaleza de un buda son el refugio último y sus dos cuerpos de la forma, el cuerpo de deleite y el cuerpo de emanación, son el refugio convencional.

Las inconmensurables cualidades de un buda radican en las treinta y dos marcas mayores y ochenta menores de su cuerpo, las sesenta cualidades de su palabra y la sabiduría omnisciente, es decir el poder percibir directamente todos los fenómenos de los tres tiempos, pasado, presente y futuro. Las cualidades de su actividad iluminada la percibimos nosotros ya que, si uno practica Dharma adecuadamente, recibe las bendiciones de un buda.

En tiempos pasados existió un gran erudito no budista, aunque posteriormente se convirtió al budismo, cuyo conocimiento de los vedas y los grandes libros sagrados era extraordinario, pero en ellos encontraba siempre algún fallo. Tras estudiar detenidamente las enseñanzas del Buda exclamó: "Hasta ahora he seguido a muchos maestros y después de analizarlos en profundidad he hallado contradicciones en sus respectivas doctrinas, pero a partir de ahora me refugio en ti, Noble Buda pues tus enseñanzas son perfectas". Si queremos tener pruebas de la omnisciencia del Buda, nada mejor que estudiar sus enseñanzas. Este erudito no budista pudo llegar a la conclusión de que el Buda no se contradecía y de que sus enseñanzas eran puras.

La Joya del Dharma se refiere a la cualidad de un ser arya que posee en su interior la noble verdad del sendero y la de la cesación verdadera del sufrimiento. Cesación verdadera se refiere a la consumación de todo tipo de objetos que hay que abandonar –obstáculo de los engaños y obstáculos a la omnisciencia.

Sendero verdadero se refiere al sendero interno de un arya que dirige a la cesación verdadera. Una característica de la Joya del Dharma es su poder para eliminar todos los obstáculos que impiden la liberación o la Iluminación.

Los cinco senderos de la práctica hinayana y mahayana, así como las etapas del sendero de los tres niveles de capacidad pueden ser considerados como una Joya del Dharma. Las tres cestas o cualquier escritura de la enseñanza del Buda son réplicas o símbolos de la auténtica Joya del Dharma.

Practicar correctamente la Joya del Dharma es la causa para obtener las Tres Joyas resultantes en tu continuo mental. Cuando en dependencia de practicar un sendero verdadero abandonamos cualquier engaño o impresión de engaño completamente, obtenemos una cesación verdadera. Una cesación verdadera no es únicamente el abandono final de cualquier engaño, es la vacuidad de la mente que ha obtenido la mencionada cesación.

Hay dos tipos de Joya del Dharma: la convencional y la

última. La primera se refiere a las escrituras del Buda y la segunda a las cesaciones y senderos verdaderos.

La Joya de la Sangha se refiere a cualquier ser que ha llegado al nivel de arya. Si dividimos esta joya tenemos arya oyentes y realizadores solitarios, arya bodhisatvas y arya budas. Ellos son la verdadera Joya de la Sangha. Pero tiene también dos niveles: el convencional y el último. El último o auténtico se refiere a los que ya están más allá del sufrimiento. El convencional se refiere al conjunto de cuatro monjes o monjas plenamente ordenados.

La medida de haber tomado refugio

La Joya del Buda es como un médico, la del Dharma como la medicina y la de la Sangha como la enfermera; nosotros somos los enfermos afligidos por las terribles dolencias de los engaños mentales que nos impulsan a cometer acciones las cuales producen todo tipo de insatisfacción. Un enfermo necesita de los tres para recuperarse. Al tomar refugio en Buda hemos de pensar que él da las enseñanzas y es el maestro último; al tomar refugio en el Dharma hemos de pensar que nuestra práctica y sus resultados son el refugio auténtico. Y al tomar refugio en la Sangha hemos de pensar que ella abarca a todos aquellos amigos espirituales que nos ayudan a progresar. Hay muchas oraciones de refugio, pero en el texto del Tercer Dalai Lama, *Esencia del oro puro*, es como sigue:

> Yo me refugio en el Buda perfecto. Por favor, enséñame a liberarme de los sufrimientos del samsara en general y de los reinos inferiores en particular. Yo me refugio en el Dharma supremo, que me aparta de todo apego. Por favor, sé mi refugio verdadero y guíame a la liberación de los terrores del samsara en general y de los reinos inferiores en particular. Yo me refugio en la Sangha suprema, la comunidad espiritual. Por favor, protégeme de las miserias del samsara y especialmente de los reinos inferiores.

La medida que indica que se toma refugio perfectamente es tener una confianza plena en las Tres Joyas, convencido de que éstas tienen poder real para liberarnos de los sufrimientos samsáricos.

Beneficios de tomar refugio
Te conviertes en budista.
Adquieres el fundamento necesario para poder tomar cualquier tipo de voto.
Purificas gran caudal de karma negativo.
Acumulas muchos méritos.
No serás perjudicado ni por seres humanos ni por no humanos.
Evitarás renacer en los reinos inferiores.
Te ayudará a ver realizados los deseos temporales y últimos.
Llegarás a la Iluminación rápidamente.

El primer beneficio es que al realizar la ceremonia del refugio uno entra en la comunidad budista. Sin fe en las Tres Joyas, nadie puede considerarse budista. Que alguien vista los hábitos de un monje no significa necesariamente que sea budista.

El segundo beneficio es que, sin refugio, aunque externamente tomes los votos pratimoksha, del bodhisatva y del tantra, no los recibirías. Aunque no conste explícitamente en ninguna escritura, abandonando el refugio se abandonan también los otros votos.

El tercer beneficio es que tomando refugio sinceramente se purifica un gran caudal de karma negativo. De hecho, el refugio es uno de los cuatro poderes oponentes mencionados previamente, el poder del objeto.

El cuarto beneficio es acumular mucho mérito. Si el mérito que se acumula al tomar refugio tuviese forma física, este universo sería pequeño para contenerlo.

El quinto es que nada puede provocarte daño. Aunque

alguien trate de hacerte daño tu práctica de refugio te protegerá. Hace ya largo tiempo vivió un lama en una cueva. En una ocasión su benefactor le regaló una preciosa vestimenta. Y, mientras se la daba, un ladrón vio toda la escena. Un día se presentó en la cueva del meditador dispuesto a robarle la preciosa tela. Vociferando, exigió la mencionada vestimenta a lo que el lama respondió: "Puesto que mi benefactor me la ha regalado con mucho respeto, si la quieres, junta tus manos en el mudra de la oración dentro del agujero que hay en esta puerta". Cuando el ladrón lo hizo, el lama, que tenía preparada una cuerda, ató rápidamente sus manos y con el otro extremó tensó la cuerda sujetándola en un pilar. A continuación, golpeó con fuerza la cuerda tensa y dijo: "Me refugio en Buda", dando dos golpes más hasta que terminó la oración de refugio. Cuanto más forcejaba tratando de escaparse, más dolor sentía el ladrón en sus manos, hasta que, desesperado, le dijo: "Suéltame, por favor, me iré si no deseas darme la vestimenta". Una vez desatado, empezó a correr hasta caer rendido en un lugar alejado, muy aislado y repleto de espíritus. El ladrón pasó la noche en aquel lugar rodeado, sin saberlo, de espíritus malignos que intentaban perjudicarle, pero el ladrón reflexionaba sobre lo que le había pasado, en lugar de conseguir una hermosa tela había obtenido un castigo. Recordando la oración que recitaba el lama mientras le golpeaba, pensó: "Es una suerte que los objetos de refugio sólo sean tres porque en caso contrario me hubiese dislocado la mano". Pensar en los objetos de refugio aun sin fe, le protegió de ser dañado por los espíritus que le acechaban.

El sexto beneficio es que si rezas a las Tres Joyas con fe y tienes aversión hacia los reinos inferiores evitarás renacer en ellos.

El séptimo es que obtendremos los deseos temporales, comida, vestidos y dinero, así como los deseos últimos que son obtener renacimientos superiores, la liberación o la Iluminación.

El octavo beneficio es llegar a la Iluminación ya que tomar refugio es el fundamento para construir los votos del bodhisatva y los del tantra y con ellos practicar el estado de generación y el de consumación hasta llegar a convertirte en un buda.

Los gueshes kadampas solían decir: "El *Tantra de Guhyasamaja* es el más profundo, pero sin practicar refugio ya no es el rey del tantra". Para el principiante, las tres líneas de la oración de refugio son más importantes y profundas que el *Tantra de Guhyasamaja*.

Los compromisos después de tomar refugio
Al tomar refugio en la Joya del Buda no debemos seguir a dioses mundanos como Ishvara o espíritus mundanos. La razón es que estos seres no pueden protegerte pues, ellos mismos, están en samsara. Lo único que puedes recibir son algunos beneficios temporales, pero nunca deben confundirse con el refugio último. Cada vez que veas una representación de Buda en el suelo o maltratada, colócala en un lugar limpio y elevado. Considerar todas las imágenes como al verdadero Buda es otra forma de adiestrar tu mente. Nagarjuna solía decir: "Tanto si la imagen es de arcilla como de metal has de mostrar el mismo respeto que si fuera de oro". Muchas personas colocan las estatuas de oro en lo más alto del altar y las de materiales más sencillos en la parte baja. Esto demuestra que desconocen el verdadero significado de tomar refugio en Buda. Consideran la estatua como una posesión y no como un objeto a venerar.

Al tomar refugio en la Joya del Dharma te comprometes a no perjudicar a otros seres. El Dharma budista está profundamente enraizado en la compasión, lo cual significa que uno debe respetar la vida en todas sus manifestaciones tratando de no perjudicar a ningún ser consciente. Si no podemos beneficiar a los demás en todo momento, procuremos, al menos, no causarles ningún perjuicio. Al tomar refugio en la Joya del Dharma se ha de adoptar la costumbre de respetar los libros de Dharma, colocándolos en sitios agradables y limpios y sobre todo nunca pisarlos. Deben considerarse como la verdadera Joya del Dharma. En realidad, uno debería evitar pisar cualquier libro, sea o no de Dharma ya que los libros están formados por las mismas letras que son vehículos para transmitir el Dharma. Si no es posible, al menos debes respetar los libros o apuntes de Dharma y tenerlos en lugares hermosos y limpios. Y si has de tirarlos no los pongas en la basura, sino que es mejor quemarlos.

Tras tomar refugio en la Joya de la Sangha no deberías dejarte influenciar por ideas no budistas. Esto quiere decir que la influencia de quienes no creen en la ley de causa y efecto o en otras realidades de la vida, pueden desestabilizar nuestras convicciones. No significa que debas retirarles tu amistad, sólo has de preservar tu mente para que no se vea influenciada por sus puntos de vista. Al tomar refugio en la Joya de la Sangha has de mostrar respeto hacia los monjes y monjas que son representación de la Sangha auténtica.

Así concluye la explicación de la toma de refugio. Como consejos generales, recordar que la más importante de las tres es la Joya del Dharma y que para experimentarla correctamente en nuestro continuo mental debemos observar la ley de causa y efecto.

Recordando los beneficios del refugio debes tomarlo con tanta frecuencia como puedas y recitar formalmente la oración tres veces por el día y tres por la noche. Pensando en la amabilidad y cualidades de las Tres Joyas, cada vez que vayas a comer o beber algo ofréceselo a ellas, sobre todo si eres un practicante tántrico pues éste es uno de los compromisos del tantra. De manera hábil y sin caer en el proselitismo, induce a tus amigos a tomar refugio, motivado por el deseo de verlos felices y protegidos.

En la *Canción del Lam Rim,* Je Tsongkhapa dice a propósito de estas tres últimas prácticas:

(11)

Después de la muerte, no tienes la seguridad de poder evitar renacer en uno de los tres estados desafortunados. No obstante, las Tres Joyas de refugio tienen el poder para protegerte del temor de estos reinos inferiores. Por esta razón, toma refugio firmemente y con confianza y nunca seas negligente con tus obligaciones respecto a la toma de refugio. Tu éxito depende de saber lo que debes y no debes hacer. Y lo sabrás si reflexionas a fondo sobre la causa y efecto del karma y sus tipos: positivo y negativo. Yo, que he recorrido el verdadero camino que conduce a la Iluminación, he tenido la experiencia de hacer justamente eso. Si tú también buscas liberarte, por favor, actúa de la misma manera.

La ley de causa y efecto

La ley de causa y efecto: La raíz de todas las cualidades excelentes y felicidad
Vivir según la ley de causa y efecto es la raíz de toda felicidad y excelencia. Es imprescindible comprender correctamente lo que significa el término "karma". La práctica de tomar refugio te protege de caer en los reinos inferiores en próximas vidas, pero si no observas la ley de causa y efecto, tarde o temprano llegarás a caer en ellos. Este profundo y complejo tema lo estudiaremos dividiéndolo en tres partes:

> Contemplar la ley de causa y efecto en general.
> Contemplar los aspectos específicos de la ley de causa y efecto.
> La manera de practicar disciplina moral después de haberse convencido de la ley de causa y efecto.

Contemplar la ley de causa y efecto en general
> Los resultados de las acciones son definitivos.
> Los resultados de las acciones aumentan.
> Sin crear una acción no se experimenta su resultado.
> Las acciones creadas no pierden su potencial.

Los resultados de las acciones son definitivos
En el *Vinaya*, Buda Sakyamuni decía: "Sea cual sea la acción que hayas cometido, el fruto que experimentarás será similar al acto". Si siembras una semilla de chile, cosecharás chile y, si la siembras de trigo, recogerás trigo.

En la época del Buda Kashyapa, el rey de la zona hizo construir una gran estupa. Mientras duró la construcción, uno de los trabajadores no dejaba de quejarse por tener que hacer un estupa que él consideraba demasiado grande. Pero al verla por fin terminada, había quedado tan bella que se arrepintió de haberla construido con desagrado. Compró una campana de excelente sonido y la colocó encima de la estupa. En su vida siguiente renació en tiempos de Buda Sakyamuni en la persona que más tarde se convertiría en el monje Nyenpga Sangden. El resultado de sus quejas fue que su cuerpo era tan desagradable y feo que la gente no se atrevía ni a mirarle; pero el resultado de haber ofrecido la campana fue una voz increíblemente bonita que todos escuchaban fascinados.

Cuando llevamos a cabo un acto positivo es definitivo que, de ello, surgirá felicidad mientras que de un acto negativo el resultado será dolor.

Los resultados de las acciones aumentan

Un acto positivo, por pequeño que sea, puede producir un inmenso resultado de felicidad y uno negativo un gran dolor. Para entender este punto observa la semilla de un albaricoque. La planta se transforma en un árbol y, cada temporada, crecen en sus ramas flores y frutos. En la India hay un árbol llamado *netoda*, su semilla es tan pequeña como la de la mostaza, pero cuando el árbol crece pueden cobijarse bajo su sombra hasta quinientos carruajes. Si las cosas externas pueden aumentar de esta manera, aplica esto al resultado de tus acciones.

En la época del Buda Kashyapa, un niño brahmán les puso un apodo a dieciocho de los monjes que vivían en un monasterio y como resultado, después de morir renació como un pez con dieciocho cabezas y experimentó este sufrimiento hasta la época de Sakyamuni Buda.

Sin crear una acción no se experimenta su resultado

Si en tus vidas previas no has creado ningún karma virtuoso o destructivo específico, no experimentarás su resultado. Los guerreros tibetanos suelen llevar en una cajita colgada del cuello un amuleto del Dalai Lama muy especial, cuyo poder se cree que les protege de las balas de fusil. Pero si a la persona que lo lleva le ha llegado el momento de morir, el amuleto no será suficiente. En el Tíbet hay muchas historias de personas a las que les han disparado y gracias al amuleto han salido ilesas, pero también algunos han muerto a pesar de llevar el amuleto. Si te disparan y no mueres es debido a que no has creado el karma para morir en esta ocasión. El amuleto puede protegerte o ayudarte a eliminar ciertos obstáculos, pero cuando el karma para morir ha madurado, ni un buda puede cambiarlo.

Hace muchos años, había una reina que era discípula de Buda Sakyamuni, sin embargo, su esposo era seguidor de un tutor no budista que despreciaba al Iluminado. Cuando la reina quedó embarazada, el tutor de su esposo profetizó que el hijo que nacería sería una niña. La reina, por su parte, pidió a Buda Sakyamuni una predicción sobre el niño que había de nacer. Buda le dijo que sería un niño y que le pondrían de nombre "El que Nace del Fuego". Al saberlo, el maestro del esposo, movido por la ira, le ordenó que quemara lentamente a la reina. Después de muchas dudas, el rey hizo lo que su tutor le había ordenado.

El Noble Buda, gracias a su clarividencia, vio lo que estaba ocurriendo. Reunió entonces a todos los Arhats y les dijo: "Tenemos que ir a ese reino para ver un gran acontecimiento". Al llegar al lugar, el Noble Buda salvó al hijo que la reina llevaba en su seno. Tiempo después, el niño fue entregado a otro rey y llegó a convertirse en un Arhat.

Ante estos hechos, un discípulo de Buda le preguntó cuál era la razón por la que ese niño no había muerto bajo el fuego. A lo que el Buda respondió: "Este niño no había cometido ninguna acción concreta, en sus vidas pasadas, que le tuviera que llevar a morir víctima del fuego. En cambio, su madre, la reina, en una de sus vidas anteriores, al encontrarse con un realizador solitario que le pidió un poco de leña para hacer fuego, le dio muy poca. Tan poca, que el yogui le pidió un poco más, ante lo cual ella se indignó y le dijo: "¿Es que piensas hacer una pira para quemar tu cadáver?" Por esta acción, tuvo que experimentar el resultado relatado, en su vida siguiente.

Las acciones creadas no pierden su potencial
Cualquier acción realizada, positiva o negativa, no pierde su potencial, aunque pasen años. Es decir, el resultado tendrá que experimentarse tarde o temprano. Un hombre llamado Kimdra Palke, vivió hasta los ciento ochenta años, y su mujer, sus hijos e incluso sus nietos murieron antes que él. Los familiares con los que vivía estaban ya cansados de él y puesto que no se sentía feliz en aquel ambiente, pensó que ordenándose monje su situación mejoraría. Sin embargo, a quienes solicitó la ordenación lo rechazaron argumentando que ya era demasiado viejo y no podría llevar a cabo las prácticas de un monje: escuchar, contemplar y meditar. Después de mucho buscar, conoció a Shariputra, uno de los discípulos principales de Buda, el cual, movido por su compasión, accedió a ordenarlo. Sin embargo, le dijo: "Para recibir la ordenación has de tener alguna semilla de virtud, que sea causa para llegar al estado de liberación". El anciano intentó recordar algún acto positivo que hubiera hecho a lo largo de su vida, pero se dio cuenta de que en esta vida no había generado ninguna virtud. Shariputra percibió, por medio de su clarividencia, que el anciano no había acumulado ninguna virtud tampoco en sus vidas anteriores y finalmente incluso él le denegó la ordenación. El anciano, desesperado y triste, ya no sabía dónde ir, pero se encontró con Sakyamuni Buda a quien contó lo que le ocurría. Sakyamuni le dijo: "Es cierto que en tus vidas previas no cometiste ninguna virtud, pero, mucho antes, fuiste un insecto de verano y un chaparrón te arrastró haciéndote circunvalar un templo budista". Debido a esta impresión en su mente, Sakyamuni le ordenó monje. La diferencia entre la clarividencia de Shariputra y la de Sakyamuni es que la del primero es la resultante tras eliminar los engaños en la mente, la primera capa de obstrucciones,

mientras que la de Sakyamuni es la que surge de haber eliminado las dos obstrucciones mentales: la de los engaños y la de sus impresiones.

Cada una de las acciones destructivas cometidas a lo largo de todas tus vidas, ha ido dejando una semilla en tu mente que, al encontrarse con las circunstancias apropiadas, madurará en forma de experiencia. Este tema es muy sutil, incluso un bodhisatva puede renacer en un reino inferior. Maudgyalputra, discípulo de Sakyamuni, era un arhat, pero en una ocasión una banda de desalmados le dio una paliza. Shariputra quiso saber por qué no se había valido de sus poderes milagrosos ya que se trataba del arhat con más fuerzas sobrenaturales. Pero Maudgyalputra respondió: "Cuando madura un karma negativo ni tan siquiera los poderes milagrosos pueden ayudarte".

La causa de la paliza que recibió era que en una de sus vidas previas había faltado a su madre, insultándola y peleándose con ella. Cuando alguien llega al estado de arhat, en aquella misma vida, su cuerpo recibe los resultados de los karmas previos.

Nagarjuna, en una de sus vidas previas, mató un insecto mientras limpiaba su habitación, el resultado de esta acción fue que en su vida posterior le degollaron atándole un hilo vegetal alrededor de su cuello.

Hay muchas historias de grandes yoguis, pandits, y practicantes tántricos que renacen en los infiernos. Es importantísimo, si te interesa tu progreso interno, que tengas mucho cuidado en observar el karma. Cuando llegas al estado de arya ya no cometes nuevas acciones kármicas, pero aún tienes que experimentar los resultados de los actos creados antes de llegar a serlo y sólo cuando abandonas ese cuerpo ordinario ya no recibes más efectos de tus actos pasados.

Deseamos evitar el sufrimiento a toda costa, pero vamos derechos a él porque creamos sus causas. Deseamos experimentar felicidad, pero cada vez la tenemos más lejos al no crear las causas que la propician. En realidad, nosotros mismos somos nuestros peores enemigos ya que destruimos toda la felicidad y causamos todo el sufrimiento.

Contemplar los aspectos específicos de la ley de causa y efecto
El karma negativo y sus efectos.
Los factores en el poder de una acción.

Es imprescindible conocer las diez acciones constructivas para practicarlas y las diez destructivas para abandonarlas. Vasubhandhu decía:

Las diez acciones destructivas se pueden dividir en tres del cuerpo, cuatro de la palabra y tres de la mente, cualquier acción realizada sale por una de estas tres puertas.

El karma negativo y sus efectos
Las acciones negativas del cuerpo.
Las acciones negativas de la palabra.
Las acciones negativas de la mente.

Las acciones negativas del cuerpo
Para que una acción destructiva sea completa son necesarios cuatro elementos: el objeto de la acción, la intención, la acción y la consumación del acto.

Matar. Es el primero de los actos negativos realizados con el cuerpo. Si matas, y están presentes los cuatro elementos habrás acumulado lo que se denomina el sendero completo de una acción negativa. El *objeto* de matar puede ser cualquier ser vivo. La *intención* consta de tres ingredientes: motivación, discernimiento y engaño. Cuando matas, tu *motivación* interior es tomar la vida de otro ser. El *discernimiento* entraña identificar claramente el objeto que quieres matar. Supón que quieres matar un gato concreto, pero en la distancia sólo distingues un objeto negro, que en realidad es un perro, y disparas pensando que se trata del gato en cuestión; en este caso, el acto de matar no es completo, tienes la intención, el objeto, pero te falta el discernimiento que debe ser preciso. El tercer componente de la intención es el *engaño mental,* la intención debe estar vinculada a un engaño como el odio, la ignorancia, el apego u otros. Algunos matan por su apego hacia el dinero, otros en un arranque de ira, otros movidos por su ignorancia, como es el caso de ciertas religiones que sacrifican animales en sus rituales. El tercer elemento es la *acción,* y lo mismo da que lo hagas tú como que obligues a otro que lo haga por ti. Si, además, causas mucho dolor a tu víctima, incrementas el peso de este tercer elemento. Cuanto más dolor inflijas a tu víctima más completo será el karma negativo que acumules y más terrorífico el resultado. La *consumación del acto* ocurre si la víctima muere antes que tú. El efecto que madura del acto de matar con todos sus ingredientes es renacer en un infierno. Si la acción careciera de alguno de los elementos, renacerías en el reino de los espíritus hambrientos y si sólo hubiese uno de los elementos citados, lo harías en el reino animal.

Robar. El objeto de la acción es cualquier propiedad que no te pertenezca a ti sino a otro ser. La intención consta de tres componentes. En primer lugar, desear obtener el objeto en cuestión, en segundo lugar, identificar el objeto como perteneciente a la persona a quien pretendas robar y, por último, tu mente ha de estar poseída por un engaño: odio, ignorancia o apego. El tercer elemento es la acción, y significa que tú mismo robas el objeto o dejas que otro lo haga por ti. Por último, la consumación del acto es sentir que el objeto te pertenece. Robar directa o indirectamente, abusar de los demás por tener una posición privilegiada o poderosa para obtener favores, o dejar de pagar tus impuestos, entra en la categoría de robar. En lo que respecta a matar y robar, tanto si lo haces tú directamente como si ordenas a otro que lo haga por ti, el autor de la acción eres tú mismo. Cuando un rey o un primer ministro da la orden para que se empiece una guerra, él será el responsable de todas las muertes, mientras que el soldado será responsable sólo de las muertes que él mismo haya cometido.

Mala conducta sexual. El objeto aquí es el marido o esposa de otro, la pareja de otro ser; literalmente en tibetano aquí se refiere a "alguien que pertenezca a otra persona". Incluso nuestra propia pareja puede ser objeto de mala conducta sexual si la acción tiene lugar, por ejemplo, delante de imágenes de budas y bodhisatvas, en días de observación religiosa, cuando ella está embarazada, o cuando se han tomado votos especiales. La intención ha de poseer la motivación, el discernimiento y el engaño. La acción es el intercambio sexual. La consumación de la acción es cuando experimentas la satisfacción causada por el acto sexual.

Las acciones negativas de la palabra
Mentir. El objeto es la persona o personas a quienes quieres engañar. La intención es engañar al objeto poseyendo la motivación, el discernimiento y el engaño. El acto en sí es decir lo contrario a la verdad intencionadamente. La consumación del acto ocurre cuando la persona o personas se han creído lo que les cuentas.

Calumnia. Es una acción dirigida a crear desunión, discordia entre dos o más personas. El objeto son los que conforman este grupo, tanto si están en armonía como si no. Hemos de tener el deseo de separarlas, identificar correctamente las personas implicadas en cuestión y un engaño mental que te impulse a llevarlo a cabo. La acción es ejercer esfuerzo en separar a personas que estaban unidas, o agravar la situación de las que ya lo estaban. La consumación tiene lugar cuando las personas en cuestión se han separado a causa de tus palabras.

Palabras duras. Son palabras que alteran o incomodan la mente de los demás. El objeto es siempre otra persona. La intención es la misma que en el caso de la calumnia, y el engaño es cualquiera de los tres engaños raíz. El discernimiento es distinguir correctamente a quien se quiere insultar. La acción en sí es abusar o insultar directamente a la persona. La consumación acontece cuando la víctima comprende lo que has dicho.

Palabras vanas. Quiere decir hablar sin sentido. El objeto puede ser cualquier persona o uno mismo. La intención o motivación es el deseo de dejarse llevar por conversaciones vanas, discernir se refiere a identificar la charla vana o tema en el que uno se implica. El engaño puede ser cualquiera de los tres, pero especialmente el apego. La acción se ha completado cuando la charla concluye. Leer libros que hagan surgir engaños también entra dentro de esta negatividad.

Las acciones negativas de la mente

Las acciones negativas mentales no tienen por qué ser necesariamente percibidas por los demás.

Codicia. El objeto de esta acción es la propiedad, la riqueza, la esposa o el esposo de otro ser. La intención de nuevo consta de la motivación o deseo de poseer lo que es de otro, discernirlo claramente y estar impulsado por un engaño. La acción en sí es pensar una y otra vez en el medio que se utiliza para obtener este objeto. La consumación ocurre cuando te determinas a obtener este objeto y aplicas un método para conseguirlo.

La intención dañina. El objeto es cualquier persona. La intención consta de la motivación o deseo vehemente de causarle un perjuicio a esta persona, discernir bien y tener un engaño. La acción en sí se refiere a planear una forma de crearle dificultades y la consumación completa de la acción ocurre cuando uno se determina a perjudicar a la persona en cuestión.

Visión errónea. Este es el peor de todos los actos destructivos. El objeto pueden ser las Tres Joyas, la ley de causa y efecto, las cuatro nobles verdades y otros. La intención es negar la autenticidad de los objetos mencionados y discernir bien el objeto en cuestión impulsados por un engaño, sobre todo la ignorancia. La acción en sí es aferrarnos firmemente a nuestra visión errónea por medio de métodos dogmáticos, usando formas incorrectas de razonamiento. Cuando desde lo más profundo de tu corazón decides que estos objetos de conocimiento verdaderos no existen, habrás consumado la acción.

De cualquier acto negativo completo surgen tres tipos de efecto:
El efecto que madura.
El efecto similar a la causa.
El efecto ambiental.

De la acción de matar se derivan innumerables efectos. *El efecto que madura* de un acto negativo muy grave es renacer en un infierno, de uno menos negativo renacer como espíritu hambriento y mucho menor renacer como animal. *El efecto similar a la causa* puede dividirse en dos: *tendencia similar a la causa* y *experiencia similar a la causa.*

El efecto similar a la causa sería, para quien ha matado, una tendencia en seguir haciéndolo; si renaciera como humano, se deleitaría matando. *La experiencia similar a la causa* sería, por ejemplo, en el caso de matar, tener una vida corta o ser víctima mortal de otro. *El efecto ambiental* sería renacer en un lugar muy pobre donde la comida no es nutritiva y la medicina carece de efectividad.

El resultado que es una experiencia similar a la causa sería, por robar uno será pobre. La mala conducta sexual dará como resultado que en tu vida próxima nunca tendrás seguro a tu marido o esposa y fácilmente te verás separado de amigos.

El efecto de mentir será que nadie creerá en tus palabras. Si calumnias serás apartado de tus amigos. Por haber insultado, la gente será desagradable contigo constantemente. Por hablar sin ton ni son, tu palabra tendrá poco poder de convicción. El efecto de la codicia será que no verás cumplidos tus objetivos. El de las intenciones dañinas que vivirás en un estado de temor y ansiedad. Por último, el efecto de tener visiones erróneas será que te verás separado de la visión correcta por un período de tiempo muy largo.

El efecto ambiental de cometer acciones destructivas es nacer en un lugar inhóspito, seco y poco fértil, en definitiva, en un lugar desagradable.

Para abandonar estas diez acciones sólo tenemos que practicar las diez positivas. En el caso del acto positivo de evitar matar, el *objeto* es otro ser, la *intención* es utilizar distintas razones para darte cuenta de que todo ser estima su vida como lo más precioso y por ello te decides a no matar. La *acción* en sí es no matar y la *consumación* del acto es decidir no hacerlo. El grado de virtuosidad dependerá de si están o no presentes los cuatro ingredientes. Por ejemplo, el acto virtuoso mayor sería realizar alguna acción constructiva con los cuatro componentes y como resultado renacerías en el reino de los devas, el medio es el que consta de dos componentes y el resultado sería renacer como semidiós y, si sólo consta de uno, renacerías como humano. El efecto similar a la causa de estas acciones positivas son respectivamente tener una larga vida, riqueza, buenas relaciones afectivas, la gente creerá en tus palabras, disfrutarás del cariño de tus amigos y familiares, etc. El efecto ambiental será renacer en un lugar hermoso, donde la comida y demás condiciones de vida sean muy favorables.

Los factores en el poder de una acción
Existen cuatro factores que determinan el poder de una acción, sea ella positiva o negativa: 1) El objeto, 2) el sujeto, 3) la

sustancia, 4) la motivación.

Al ofrecer a las Tres Joyas, tus guías espirituales o al ayudar a tus padres, económica, física o anímicamente, estás reuniendo la mayor acumulación de virtud respecto al objeto. El sujeto hace mención a que el peso de una acción depende del nivel de la persona que lo crea. Si la persona ha tomado votos pratimoksha, del bodhisatva o del tantra obtiene siempre un gran caudal de mérito de sus actividades virtuosas. El factor de la sustancia indica que ofrecer o proporcionar Dharma constituye una acción más poderosa que ofrecer objetos materiales. El factor de la motivación se produce si, al llevar a cabo tales acciones, vas pensando: "Dedico esta acción para el beneficio de todos los seres". Imagina tres personas recitando la oración de las Veintiuna Taras. Una de estas personas la recita con el deseo de renacer en un reino superior en su vida futura, otra pensando que será la causa para su liberación y luego, una tercera, la recita movido por el deseo de llegar a la Iluminación para poder ser capaz de llevar a todos los demás a este mismo estado. La acción es la misma para los tres, pero el grado de virtud de cada uno es diferente. El primero acumula un grado de virtud menor que el segundo y el segundo menor que el tercero.

El grado de intensidad de una acción destructiva varía según cómo haya sido cometida. Si consta de los cuatro componentes mencionados se tratará de una acción destructiva mayor. Si solo consta de dos será media y si se hace únicamente con uno de los componentes será menor. No obstante, el efecto que madura de cualquiera de estas acciones es renacer en un reino inferior. En lo que respecta al grado de peso o intensidad kármica de las acciones destructivas del cuerpo, la peor es matar puesto que cualquier ser ama su vida sobre todas las cosas. Con respecto a la palabra, mentir es la más pesada de las acciones. Y en relación con los actos mentales, el peor es mantener visiones erróneas.

La ley del karma es tan sutil que sólo un Ser Iluminado

puede comprenderla en su totalidad. Nosotros hemos de actuar según esta ley, apoyándonos en las escrituras y esforzándonos por evitar la más pequeña de las acciones negativas y acumular el menor de los actos virtuosos, pues el efecto de tales acciones sólo uno mismo puede experimentarlo. Es conveniente tomar refugio en las Tres Joyas una y otra vez, para evitar renacer en los reinos inferiores. Pero ello no será suficiente si no nos comportamos según sus consejos, que son vivir de acuerdo con la ley de karma. Es preciso integrar esta ley en nuestras vidas ya que las acciones negativas son la causa de toda insatisfacción y las positivas la causa de toda la felicidad. Debemos aprender a discernir unas de las otras.

Si observamos disciplina ética y abandonamos las diez acciones destructivas, ponemos las causas para renacer en los reinos superiores, pero esto no es suficiente, lo que necesitamos es un renacimiento a través del cual podamos llegar a la Iluminación. Un cuerpo humano no es bastante para obtener la Iluminación, necesitamos una base corporal dotada con ocho cualidades especiales. Tomemos la determinación a partir de ahora de crear las causas para conseguir un cuerpo con estas características. Una buena cosecha en otoño depende de que hayamos preparado y sembrado la tierra durante la primavera. Estas ocho cualidades son:

> Larga vida.
> Hermosa apariencia.
> Nacer en una posición social elevada.
> Poseer riquezas.
> Tener el don de la palabra, convincente y
> cautivadora.
> Poder e influencia.
> Tener forma masculina.
> Gozar de un cuerpo fuerte y una mente sana.

Si tu vida es larga verás cumplidos tus deseos. Podrás atravesar las etapas del camino, practicar el estado de generación y de consumación del tantra hasta llegar a la Iluminación. Cuando llegas a este estado puedes ayudar a los demás de una manera efectiva. Si deseas vivir largo tiempo en el futuro, evita a partir de ahora matar animales y ayúdales a vivir.

Tener un cuerpo hermoso en el futuro depende de que ahora derrames amor y afectividad hacia todos los seres, de que practiques la virtud de la paciencia cuando alguien descargue su odio contra ti, de que hagas ofrecimientos puros a las Tres Joyas, cambies las vestiduras de las imágenes, etc.

La causa para renacer en una familia de clase alta o bien situada económicamente es mostrar respeto hacia todo ser, evitando especialmente el orgullo. Si te sientes orgulloso de ser atractivo, inteligente o de tener dinero, corta con este sentimiento. Piensa que siempre hay alguien mucho más hermoso, rico o inteligente que tú. Trata de ver las cualidades de los demás y respetarlos por ellas. En ningún momento has de menospreciar a quien está por debajo de ti en el aspecto que sea, y muéstrate respetuoso con los ancianos. Esta actitud frente a los demás hará que acumules mucho mérito.

Renacer como persona rica puede ser algo muy auspicioso. Si uno desea riqueza en el futuro, debe empezar a plantar las causas ahora mismo, practicando la generosidad en todas sus formas; adornando las imágenes de los budas y bodhisatvas, dando limosnas a los pobres, haciendo ofrecimientos a los maestros, devolviendo la amabilidad de los padres. Tener dinero en el futuro te permite beneficiar más a los demás, tanto individual como colectivamente ya que uno puede ayudar económicamente a publicar textos de Dharma, contribuir en la construcción de estupas y templos y ayudar a buenos practicantes, a los pobres y necesitados.

Si eres un orador hábil la gente creerá en tus palabras y confiará en ti. Si deseas conseguir esta excelente cualidad has de abandonar las cuatro acciones destructivas de la palabra y ser amable cuando te dirijas a los demás.

Tener poder e influencia es el resultado de haber mostrado respeto a tus mayores, a quienes tienen más conocimiento que tú o más edad, a los maestros, abades y las Tres Joyas.

Tener un cuerpo masculino es interesante en cierto sentido. Aunque tanto los hombres como las mujeres pueden llegar a la Iluminación, los primeros tienen más fuerza a la hora de meditar en lugares muy aislados. Algunas mujeres lo han hecho también, pero, en general, es más fácil para un hombre. Aunque no siempre es así, un hombre suele ser más valeroso y no teme la soledad y el aislamiento físico. Por otro lado, una mujer corre mayor peligro de ser atacada que un varón. Esto no quiere decir, sin embargo, que la mujer esté incapacitada para esta actividad particular, al contrario, muchas mujeres lo harían mejor que un hombre. En muchos aspectos de la vida, la mujer supera al hombre y ésta no es una excepción. La causa para renacer como hombre es ayudar a evitar la castración de cualquier ser consciente, recitar nombres de grandes bodhisatvas, así como no hablar mal de seres santos.

Finalmente, para renacer con un cuerpo y mente fuertes has de ayudar a partir de ahora a los más débiles. Cuando un maestro posee estas cualidades el poder de sus enseñanzas crea un efecto extraordinario en los demás.

La manera de practicar disciplina moral después de haberse convencido de la ley de causa y efecto
El famoso gueshe kadampa, Ben Gungyel seguía una práctica muy curiosa. Cada vez que tenía un pensamiento negativo ponía una piedra negra en un lado de su cueva, y cuando sus pensamientos eran virtuosos ponía una piedra blanca al otro lado de la cueva. Al final del día, su última actividad antes de acostarse era hacer un recuento de las piedras negras y blancas acumuladas. Si predominaban las blancas se felicitaba a sí mismo, regocijándose por un día tan constructivo, pero si había más piedras negras se regañaba a sí mismo y empezaba a

purificar todas aquellas acciones.

Es importante, después de crear una acción negativa, purificarla inmediatamente. Todas las acciones negativas que venimos creando desde tiempos sin principio podemos destruirlas por medio de la purificación. Sin embargo, esto puede inducirnos a pensar: "Puesto que las acciones destructivas pueden purificarse, si cometo alguna no es muy grave". Cuando alguien se rompe una pierna tiene que llevarla escayolada durante un tiempo para curarse. Aunque los huesos pueden volver a soldarse, nadie se disloca la pierna adrede.

Para purificar nuestras acciones negativas necesitamos aplicar los cuatro poderes oponentes. Estos son:

> El poder del objeto.
> El poder del arrepentimiento.
> El poder de la determinación.
> El poder de la fuerza oponente.

Siempre que realizamos un acto negativo va dirigido contra las Tres Joyas o los seres conscientes. Para purificar las negatividades contra las Tres Joyas, aplicamos el poder oponente de tomar refugio y, para purificar las cometidas contra los seres conscientes, aplicamos el poder oponente de generar la bodhichita. Por supuesto, generar la bodhichita genuina es difícil y lleva tiempo, pero por el momento es suficiente pensar: "Voy a trabajar para llegar a la Iluminación en beneficio de todos los seres".

De los cuatro, el más importante es el poder del arrepentimiento. Si de verdad te arrepientes de tus acciones negativas creadas, de forma natural surgirán los tres poderes oponentes restantes.

Para aplicar el oponente de la promesa o determinación piensa: "Hasta este momento he cometido infinidad de acciones negativas, pero de ahora en adelante no voy a repetirlas". Después de cada acción negativa hemos de generar temor en nuestra mente y determinarnos a no repetir tal acción pensando en los resultados que ella acarrea. Imagina que estás en un restaurante con otros dos amigos. Los tres habéis comido lo mismo. Uno de ellos muere en el acto, el otro empieza a tener vómitos. ¿Cómo te sentirás en estos momentos? con seguridad sentirás una gran desazón por haber ingerido comida en mal estado. Pensarás: "Si me salvo ahora, nunca más volveré a tomar esta comida". Tu poder de determinación frente a las acciones destructivas ha de ser tan fuerte como lo sería frente a una situación similar a la descrita.

Lo que harías a continuación sería tomar un vomitivo para expulsar el veneno. El vomitivo o fuerza oponente para purificar las acciones destructivas consiste en implicarse en alguna de las seis prácticas siguientes: 1) leer o recitar sutras, 2) meditar en la vacuidad, 3) recitar mantras, 4) construir estatuas o imágenes de budas, 5) hacer ofrecimientos y 6) repetir los nombres de los budas.

Ni una sola negatividad, por fuerte que sea, quedará sin purificar si se aplican correctamente estos cuatro poderes. Angulimala, que vivió en tiempos del Buda, cometió a lo largo de su vida muchas acciones negativas, pero tras arrepentirse de ellas y llevar a cabo intensas prácticas de purificación llegó a un estado elevado. Había matado a novecientas noventa y nueve personas y cuando buscaba su víctima número mil, decidió que sería su madre, pero el Buda apareció ante él para evitarlo. Angulimala inició una tenaz persecución con el fin de matarle, pero nunca conseguía atraparlo. Finalmente, el Buda le subyugó y le dio enseñanzas, más tarde se ordenó monje y llegó a convertirse en arhat.

En una ocasión, un príncipe asesinó a su padre que era un arhat. El príncipe se fue haciendo mayor y un día recibió enseñanzas del Buda, entonces sintió un fuerte arrepentimiento por lo que había hecho, lo purificó y más tarde alcanzó el estado denominado "entrar en la corriente".

(12)

El fundamento mejor para la fructífera práctica del camino mahayana es un cuerpo humano perfecto, completamente dotado con las ocho cualidades favorables al estudio y práctica del Dharma, fruto maduro de acciones virtuosas previas. Puesto que tu práctica no avanzará a menos que obtengas este cuerpo, debes practicar aquellas acciones virtuosas que causan el renacer con esta forma ideal. Así mismo, es muy importante hacer un gran esfuerzo para eliminar de tus tres puertas, cuerpo palabra y mente, los obstáculos kármicos que pueden impedir tal renacimiento. Puesto que estas tres puertas han sido polucionadas por el sucio olor de las consecuencias sin madurar de tus acciones sin virtud cometidas anteriormente y del quebrantamiento de tus votos de conducta moral, debes tener siempre gran respeto y estima por los cuatro poderes oponentes, que te pueden purgar completamente para no tener que padecer estas consecuencias inmaduras. Yo, que he recorrido el verdadero camino que conduce a la Iluminación, he tenido la experiencia de hacer justamente eso. Si tú también buscas liberarte, por favor, actúa de la misma manera.

Hasta aquí las prácticas comunes a los seres de capacidad inicial. La señal de que hemos comprendido esta fase de la práctica es manifestar espontáneamente una mente más interesada en las vidas futuras que en la presente. Esta comprensión debe reforzarse y estabilizarse contemplando una y otra vez el perfecto renacimiento humano, la muerte, el sufrimiento de los reinos inferiores, la práctica de tomar refugio y respetar el karma. De todas estas contemplaciones las más significativas son la muerte y la ley de causa y efecto. Si meditas en estas dos las demás prácticas correspondientes a este nivel de capacidad surgirán espontáneamente.

TERCERA PARTE

Etapas del camino comunes
a las personas de capacidad media

Beshamana

Anhelar la Liberación

Adiestrarse en las etapas del camino comunes a las personas de capacidad media
> Generar el deseo de llegar a la liberación.
> Presentación del sendero que conduce a la liberación.

Generar el deseo de llegar a la liberación
> Explicación de la naturaleza insatisfactoria del samsara en general.
> Explicación del sufrimiento específico de cada reino de existencia en el samsara.

Explicación de la naturaleza insatisfactoria del samsara en general
Las enseñanzas de los seres de capacidad inicial nos sirven para evitar renacer en los tres reinos inferiores, o situaciones de mucho dolor, y poder así acceder a los reinos superiores, o situaciones más agradables. Sin embargo, como consecuencia de nuestros engaños y de las acciones que realizamos cuando nos dejamos llevar por ellos, reincidiremos en la creación de las causas para caer de nuevo en los reinos inferiores. No deberíamos pues, darnos por satisfechos sólo con renacer en un reino superior en el futuro porque sin cortar con la raíz del samsara, antes o después volveremos a pasar por situaciones de intenso sufrimiento. Serás como un criminal sentenciado a muerte y que, con la ayuda de un abogado hábil, consigue que la ejecución se retrase unas semanas.

Es importante dedicar toda tu energía a salir de samsara definitivamente porque, en caso contrario, la ignorancia te impulsará a morir y renacer una y otra vez, teniendo que pasar mientras tanto por muchas situaciones de infelicidad. Para salir de esta situación es preciso practicar las enseñanzas comunes a las personas de capacidad media, cuya esencia es cultivar la renuncia o, en palabras simples, despertar el anhelo de liberarse del samsara. Liberación en tibetano es *tharpa*. Lo que nos ata al samsara son las acciones y las aflicciones mentales o engaños. La verdadera libertad sólo se consigue al desatar los nudos que forman las acciones kármicas contaminadas y las aflicciones que las impulsan.

La existencia cíclica, en la que actualmente estamos vagando, consta de tres grandes reinos: el reino del deseo, el reino de la forma y el reino sin forma. Desde el punto de vista de los seres hay seis clases: seres infernales, pretas, animales, humanos, semidioses y dioses. Las posibles formas de nacimiento son cuatro: por el seno materno, huevo, humedad y milagrosamente.

Existencia cíclica en sánscrito es *samsara*, en tibetano es *khorwa*, cuyo significado es, "agregados contaminados resultado del karma y de las aflicciones mentales". Para salir de esta desagradable situación hemos de cortar la corriente de estos agregados contaminados. La característica que define la existencia cíclica es que, quién está inmerso en ella, experimenta insatisfacciones de todo tipo. Es muy importante darse cuenta de que su naturaleza es el malestar, el sufrimiento. Cuando se tiene una comprensión profunda de este hecho, aparecerá la determinación de salir cuanto antes de esta situación, la renuncia, el primer fundamento del sendero a la Iluminación. Si el prisionero se siente feliz en su prisión, nunca pensará en salir de ella, pero si está plenamente convencido de que su vida en ella es un infierno, pondrá todo su empeño en liberarse.

Tras su Iluminación, el Buda enseñó las cuatro nobles verdades: la noble verdad del sufrimiento o *dukha*, la noble verdad de las causas del sufrimiento, la noble verdad del sendero para salir del sufrimiento y la noble verdad de la cesación del sufrimiento.

El Buda habló en primer lugar de *dukha*, el malestar, el dolor, el sufrimiento, con el propósito de hacernos comprender la naturaleza insatisfactoria del samsara para así, de manera natural, dar nacimiento al deseo de conocer sus causas, sólo entonces puede alguien sentirse motivado a buscar un método para cortar con ellas.

El término que usó el Buda en sánscrito por lo que solemos traducir como "sufrimiento" fue *dukha*, que no se refiere *solo* a lo que en occidente se entiende por "sufrimiento" sino que abarca también estados generales de malestar, inquietud, insatisfacción, ansiedad, dolor físico, mental y muchos otros.

Cuando se comprende que para atajar *dukha* se ha de seguir un sendero interior, obviamente uno deseará empezar a practicar. Si una persona enferma desea curarse acude a la consulta de un médico. Tras diagnosticar la causa de la enfermedad, el doctor prescribe un tratamiento que el paciente debe seguir si desea recuperarse. La enfermedad es comparable a la verdad del sufrimiento; la causa de la enfermedad a la verdad de las causas del sufrimiento; la medicina es como la verdad del sendero auténtico y curarse es similar a la cesación de todo sufrimiento y malestar.

La esencia de todas las prácticas comunes a los seres de capacidad media la sintetiza Tsongkhapa en su *Canción del Lam Rim* de este modo:

(13)

*Si no te esfuerzas en reflexionar sobre la primera
noble verdad, el sufrimiento -dukha-, desafortunada
consecuencia de tus acciones sin virtud, no estarás
suficientemente motivado para interesarte en lograr la
liberación del sufrimiento.
Si no haces un esfuerzo por pensar en la segunda noble
verdad, la causa de tus continuos renacimientos en samsara, no
conocerás los medios para cortar la raíz del samsara, que es
ignorar sunyata. Por consiguiente, a fin de generar una
motivación para lograr la liberación debes desarrollar un
aborrecimiento total hacia dukha, y tener una renuncia pura al*

> *samsara. Por esto, es muy importante que conozcas con precisión cuáles son los factores que te atan al samsara. Yo, que he recorrido el verdadero camino que conduce a la Iluminación, he tenido la experiencia de hacer justamente eso. Si tú también buscas liberarte, por favor, actúa de la misma manera*

Es preciso comprender que, si no cortamos con las aflicciones, los engaños, seguiremos experimentando *dukha*, sufrimiento y malestar. Por tanto, debemos tomar la determinación de abandonar las aflicciones y las acciones contaminadas y alcanzar el nirvana. Cuando generas esa mente genuina que aspira a buscar la liberación día y noche, ni por un momento te sientes atraído por la prosperidad de la existencia cíclica.

Antiguamente en el Tíbet corrían extrañas ideas acerca de lo que significaba samsara. Así, cuando alguien se ordenaba monje, algunos decían: "Ya ha abandonado el samsara". Consideraban que las actividades mundanas eran el samsara y alguien que se retiraba a la vida monacal ya estaba libre. Hubo un campesino que a lo largo de su vida había pasado por grandes penurias. Harto de esta situación, fue a ver a un lama para recibir la ordenación de monje. Al principio se sintió muy feliz y relajado por no tener que ocuparse de su trabajo ni de su sustento, llegando a creer que se había liberado del samsara. Entonces fue a ver a un maestro kadampa, para que le diera enseñanzas. El maestro le preguntó: "¿Cuántas enseñanzas has recibido?, ¿quiénes han sido tus maestros?". El recién ordenado monje respondió: "¡Oh!, no he recibido muchas enseñanzas porque acabo de liberarme de la existencia cíclica". El maestro, perplejo, replicó: "¿Cómo te las has arreglado para salir del samsara? Y el monje respondió: "He salido del samsara porque he abandonado todos los duros trabajos de mi casa y he cambiado mis ropas ordinarias por las de un monje".

Samsara no es algo externo a ti. Tus agregados actuales de cuerpo y mente condicionados por tus acciones y engaños mentales son el samsara.

Para entender la naturaleza insatisfactoria en general del samsara basta con estudiar, contemplar y meditar en *dukha* tal como se explica a continuación. Empecemos por los tres tipos de sufrimiento:

El sufrimiento del sufrimiento es lo que comúnmente conocemos como sufrimiento. Abarca todo tipo de dolor físico, enfermedades menores y mayores, preocupaciones mentales, insatisfacciones, depresiones, stress, etc.

El sufrimiento del cambio se refiere a la felicidad transitoria que se experimenta en samsara. Cuando hace mucho frío, todos desean que llegue el calor para ir a la playa. Si esto sucediese y se pudiera ir a la mejor de las playas, al principio sería una experiencia maravillosa. Estar tumbados al sol, sin hacer nada, es delicioso, pero si estuviésemos al sol durante muchas horas, sin hacer nada más, la felicidad se transformaría en un insoportable sufrimiento. Todas las sensaciones agradables contaminadas dan lugar al sufrimiento del cambio. Significa también que ahora mismo, nuestras experiencias de felicidad son inestables.

El sufrimiento que lo impregna todo es el tercer tipo y atañe a todos los seres del samsara; se refiere a nuestros agregados contaminados. Por su naturaleza, este sufrimiento no se identifica como tal. Es como tener una semilla de sésamo en la mano, no parece que pueda producir aceite, pero si se machaca bien éste saldrá. Los agregados que tenemos ahora son el sufrimiento que lo impregna todo. Aparentemente no sufrimos, pero simplemente con que alguien nos pinchara con una aguja podríamos ver con qué facilidad experimentamos sufrimiento. Este cuerpo y mente actuales tienen el potencial para producir malestar y por esto es el sufrimiento que lo impregna todo.

Otra manera de despertar renuncia es reconocer las seis formas de *dukha* o sufrimiento:

> Sufrimiento de la incertidumbre.
> Sufrimiento de la insatisfacción.
> Sufrimiento por tener que abandonar el cuerpo
> una y otra vez.
> Sufrimiento por tener que renacer una y otra vez.
> Sufrimiento por tener que perder el status.
> Sufrimiento de la soledad.

Sufrimiento de la incertidumbre

Toma como ejemplo la propia vida. Quizá hayas sido feliz durante tu infancia, pero en tu edad adulta tienes un problema tras otro. Si en algún período de tu vida has sido o eres feliz, nadie puede garantizar que esta situación durará hasta tu muerte. Hay personas ricas que se arruinan de repente y viceversa. También puede suceder que tu mejor amigo se transforme en tu peor enemigo o al revés.

En un sutra se cuenta la historia que percibió Shariputra, uno de los discípulos principales de Buda Sakyamuni, gracias a su clarividencia. Vio una familia compuesta por un hombre, su mujer y un hijo de pocos años. En la misma casa habían vivido los padres del hombre, ahora muertos. Estos habían tenido un enemigo, también fallecido que les había creado muchos problemas por la atracción que sentía hacia la madre. Shariputra percibió también que el padre había tenido durante su vida una gran afición por la pesca y al morir, renació como pez en el río donde acostumbraba a pescar. Por su parte, la madre estuvo muy apegada a su casa mientras vivió, y por ello renació como el perro que ahora pertenecía a su hijo. El enemigo del matrimonio renació también allí como el nieto de quienes le habían odiado. El hijo, que heredó de su padre la afición por la pesca, se fue al río aquella mañana y pescó al pez que había sido su progenitor, se lo llevó a casa y su esposa lo cocinó. Shariputra observó, bastante divertido, la siguiente escena familiar, el hombre sentó en sus rodillas a su hijo y ambos, comenzaron a comer el pescado que había sido padre de uno y enemigo del otro. Al mismo tiempo, el perro, excitado ante la perspectiva de algo que comer, intentó saltar sobre su amo, y éste le dio unos huesos, pero al insistir, el animal recibió una patada de quien había sido su hijo. Shariputra empezó a reír viendo el funcionamiento del karma y compuso estos versos:

> El hombre se come a su propio padre, golpea a su madre. Esta se come los huesos de su marido. Y tiene al enemigo de ésta en sus rodillas. Las condiciones del samsara me producen risa.

Esta historia ilustra la incertidumbre que hemos de sufrir en samsara. Incluso en el transcurso de una sola vida, todos tenemos ejemplos parecidos a los de esta historia. Una pareja que haya pasado muchos años en común puede divorciarse y acabar odiándose. Incluso es posible que uno de los dos llegue a desposarse con quien haya sido enemigo de ambos. Quizá le hayas dicho unas palabras desafortunadas a tu mejor amigo y en poco tiempo vuestra relación cambia por completo. Por otro lado, alguien puede ser primer ministro de un país hoy y mañana convertirse en refugiado político. Si los sentimientos fueran estables en samsara y las cosas inamovibles, quizás podría afirmarse que se está más o menos a gusto, pero, desgraciadamente no es así.

Sufrimiento de la insatisfacción

Si para calmar nuestra sed bebemos agua salada, tendremos aún más sed. En ocasiones las polillas, que sienten una terrible atracción por la luz, al ver una llama van directamente a ella, y se achicharran en el acto. Otros animales mueren por su atracción hacia los sonidos agradables, que en realidad han sido producidos por el cazador. El hombre que posee dinero desea tener más y si tiene una bonita casa, desea otra mejor. Vamos al cine y disfrutamos de una buena película, pero, realmente estamos llenos de insatisfacción, aunque mientras veíamos la película la hayamos *olvidado*. En realidad, si tú, que estás leyendo este libro, tuvieses a tu alcance todos los placeres y riquezas del universo entero, seguirías insatisfecho. Nuestra capacidad de deseo es ilimitada, y cuanto más poseemos mayor es el ansia para seguir acumulando. En vidas pasadas ya hemos tenido muchos bienes y riquezas y aun así seguimos insatisfechos.

Es imprescindible que aprendamos a contentarnos. Sin este sentimiento nuestros deseos van a quedar siempre insatisfechos. Tal como aconsejaba Nagarjuna, "deberías contentarte con lo que tienes, así será como si lo tuvieses todo". Ling Repa, un gran yogui de la tradición Drukpa Kagyu, decía también: "La persona que se contenta con lo que tiene, vive rodeado de riquezas y prosperidad, pero los ansiosos no se dan cuenta de ello". Si el corazón de un millonario está lleno de ansiedad y ambición, será tan pobre como el que no tiene nada.

En un sutra se cuenta la historia de un pordiosero que encontró una joya de incalculable valor y anunció que se la regalaría al más pobre de su país. Después de mucho buscar decidió dársela al rey. Este le dijo: "¿No pensabas regalar tu joya al más pobre del reino? ¿Por qué entonces me eliges a mí?", a lo que el pordiosero respondió: "Porque tú eres el más pobre, ya que a pesar de que lo tienes todo, sigues ansiando más".

Sufrimiento por tener que abandonar el cuerpo una y otra vez
En nuestras vidas pasadas, hemos tenido cuerpos de dioses como Indra o Brahma, hemos disfrutado lo indecible, aunque ahora no lo recordemos. Hemos renacido también en el reino del deseo, como devas con cuerpos hechos de luz, aunque después hayamos caído en el más profundo de los océanos renaciendo como un animal marino. Hemos sido

reyes, magnates, personas influyentes y poderosas, pero, en definitiva, no importa lo que hayamos sido, la muerte siempre nos ha obligado a abandonar el cuerpo, cualquiera que fuera. Hemos tenido tantos cuerpos a lo largo de nuestras vidas que, si pudiésemos juntarlos todos, este mundo sería pequeño para contenerlos, y si pudiésemos juntar toda la leche que hemos ingerido de nuestras innumerables madres, la cantidad de leche sería mayor que el agua del más grande de los océanos.

Sufrimiento por tener que renacer una y otra vez
Nuestra falta de memoria hace imposible que recordemos los meses pasados en el seno de la madre que tenemos en esta vida. Para darnos cuenta de las innumerables veces que hemos renacido, Buda Sakyamuni dijo en un sutra:

Juntad toda la tierra de este mundo y haced con ella bolitas del tamaño de una semilla de enebro y contad después cuantas hay. El número resultante será menor al número de veces que hemos renacido.

Sufrimiento por tener que perder el status una y otra vez
En el *Vinaya*, Buda señaló los cuatro extremos de los fenómenos compuestos: 1) todo lo que nace muere, 2) todo lo que se acumula se pierde, 3) todo lo que se encuentra, se separa, 4) todo lo que asciende, desciende.

Estamos muy interesados en acumular riquezas, aunque tarde o temprano deberemos separarnos de ellas. Acabas de nacer y ya estás predestinado a morir. Ahora tienes una familia, tus amigos, pero también de ellos tendrás que separarte y los que están ahora ocupando posiciones elevadas en nuestra sociedad las deberán abandonar. Este subir y bajar es la naturaleza del samsara; hoy eres rico y mañana pobre, hoy estás con alguien de quien mañana te separarás, tu amigo se convertirá en enemigo, tu enemigo en amigo, los negocios te van muy bien un día y al otro te arruinas. Cuando la invasión china forzó a muchos tibetanos al exilio, fuesen ricos o pobres, tuvieron que abandonarlo todo. No en balde decía Tsongkhapa que las propiedades mundanas no constituyen garantía alguna.

Sufrimiento de la soledad

En los momentos más críticos, ni tu mejor amigo puede ayudarte. Nacemos solos, debemos sufrir solos nuestras enfermedades y al morir estamos solos también. No puedes repartir tu enfermedad, ni tu vejez, ni tu muerte entre los que te quieren para evitártela a ti. En el capítulo de la Concentración de la *Guía* de Shantideva se dice:

> Al nacer estuve solo y al morir lo estaré también. Puesto que este dolor no puede ser compartido por los demás, ¿de qué sirven los amigos que además causan obstáculos?

Explicación del sufrimiento específico de cada reino de existencia en el samsara

Los sufrimientos de los reinos inferiores.
Los sufrimientos de los reinos superiores.

Los sufrimientos de los reinos inferiores

En este apartado hemos de recordar y contemplar el sufrimiento de los reinos inferiores, tal como se explicó en las prácticas para los seres de capacidad inicial.

Los sufrimientos de los reinos superiores

Renacer en un reino superior es bueno, pero, por su propia naturaleza, estos estados también conllevan una gran carga de sufrimiento, aunque no sea tan intenso como el de los reinos inferiores. Tenemos que meditar en:

El sufrimiento del reino humano.
El sufrimiento del reino de los semidioses.
El sufrimiento de los dioses de larga vida.

El sufrimiento del reino humano
> El sufrimiento de nacer.
> El sufrimiento de envejecer.
> El sufrimiento de la enfermedad.
> El sufrimiento de morir.
> El sufrimiento de verse separado de lo que se desea
> El sufrimiento de encontrarse con lo que no se desea
> El sufrimiento de buscar, pero no encontrar lo que se busca

El sufrimiento de nacer.

En el *Lam Rim extenso* están minuciosamente detalladas todas las formas de sufrimiento desde que entramos en el seno materno, en el momento de ser concebidos y hasta que nacemos al cabo de nueve meses. De forma breve expondremos la condición en la que estamos entonces. El útero de la madre es un lugar húmedo, oscuro, con olores desagradables, incómodo y, a veces, sucio. Lo primero que crece durante la formación del feto son las extremidades y, al hacerlo, el ser experimenta un intenso dolor. Cuando la madre bebe algo caliente, lo sentimos como si estuviésemos ardiendo y, si la bebida es fría la sensación es como andar descalzo sobre el hielo. Si la madre se mueve, el feto siente como si cayese por un precipicio. Al final de la semana treinta y ocho, un aire kármico hace que la posición del feto cambie y se desencadena el parto. Al pasar a través de la vagina, el bebé se siente violentamente empujado contra una pequeña abertura a través de un paso estrecho y duro como el metal. El roce con su piel es tan doloroso como cuando se despelleja a un animal en carne viva. Una vez fuera, el choque con los elementos externos es tan fuerte que por suaves que sean las telas en que se envuelve el recién nacido, es como si estuvieran hechas de espinas. El hecho de que un bebé llore al nacer no es más que una prueba de cuánto sufre. A continuación, empieza el aprendizaje de lo que ya sabía en sus vidas anteriores, desde el simple hecho de leer hasta los conocimientos más sofisticados.

El sufrimiento de envejecer

Desde el momento que sigue al nacimiento ya somos un segundo más viejos. En la vida de una persona se distinguen cinco etapas o ciclos: infancia, juventud, edad adulta, madurez y vejez. El círculo se cierra cuando nos llega la muerte. Cada segundo que pasa, la persona envejece un poco. Con el paso del tiempo nuestra espalda se encorva, el pelo se vuelve cano, el rostro se arruga como el cuero curtido y las piernas empiezan a flaquear. Nos fallan la vista y el oído, cada vez digerimos peor la comida, hablamos con dificultad y el brillo de nuestro cuerpo se va apagando. Nos disgusta ver nuestra propia imagen en el espejo, la gente rehúye la compañía de un viejo. Cuando ya estás muy decrépito, sentarte es como descargar un gran peso en el suelo y levantarte como arrancar un árbol de raíz. Tus piernas apenas te sostienen y debes apoyarte en un bastón. Comprendes claramente que tu futuro es el cementerio, y te sientes triste por ello. Si en lugar de envejecer despacio, lo hiciésemos de un día para otro, no podríamos soportarlo. La vejez nos ataca gradualmente, se va apoderando de uno poco a poco y de manera silenciosa, es como un ladrón que se desliza sin ruido para saquearnos por completo.

El sufrimiento de la enfermedad

No podemos asegurar que la enfermedad le llegará a un anciano antes que a un joven. La enfermedad aparece cuando se produce un desequilibrio entre los cuatro elementos que constituyen nuestro cuerpo. La enfermedad conlleva casi siempre dolor. Además, es probable que el médico te haga cambiar las comidas que más te gustan por comidas insípidas y poco apetecibles. Empiezas a adelgazar, quizá tendrás que pasar por una operación o soportar un tratamiento doloroso. Tu cuerpo está muy debilitado, no puedes hacer nada, te sientes inútil, desearías ayudar a quienes cuidan de ti, pero no eres capaz. Si la enfermedad que te afecta es crónica dudas de si el médico te dice o no la verdad, tal vez a ti te dice que vas recuperándote, pero a tus familiares les cuenta la dura verdad. Las enfermedades pueden ser pasajeras o tener un fatal desenlace. Cuando la persona cae enferma, sea vieja o joven, fuerte o débil, pierde su fuerza vital.

El sufrimiento de la muerte

Cuando entras en la fase terminal de la enfermedad, tus consciencias burdas se van disolviendo, desaparece la fuerza de tu cuerpo, la piel se seca y también la nariz y la boca. A causa de la disolución de las consciencias burdas, ya no recuerdas quién eras, ni a tus familiares. Pasas por diversos sufrimientos, como saber que te vas a separar para siempre de lo que más quieres. En el último instante de tu vida, si has creado muchas acciones destructivas te invadirá un fuerte temor que hará surgir pensamientos negativos. A tu alrededor ya se habla en voz baja de cómo te enterrarán o serás incinerado. La respiración se hace cada vez más difícil hasta cesar y así morir... completamente solo.

El sufrimiento de verse separado de lo que se desea

Al morir, sin libertad alguna por nuestra parte hemos de dejar a nuestro esposo o esposa, hijos, amigos, padres, etc. Hasta el rey más poderoso tendrá que separarse de todo lo suyo. Deberás abandonar tu casa, tu coche, tus libros, en definitiva, todo aquello que has apreciado, incluso tu cuerpo.

El sufrimiento de encontrarse con lo que no se desea

Inevitablemente, en algún momento de tu vida deberás enfrentarte a situaciones desagradables. Puede que enfermes o que te roben todo aquello por lo que has luchado. Pero ésta es la naturaleza del samsara, no puedes evitar el sufrimiento y la insatisfacción que a veces se manifiesta en forma de catástrofes reales como terremotos, huracanes, tormentas, etc. Nada puedes hacer para eludirlas.

El sufrimiento de buscar, pero no encontrar lo que se busca
Según dice Aryadeva en sus *Cuatrocientos,* las grandes personalidades tienen más problemas psicológicos que físicos mientras que la gente normal suele tener más problemas físicos. Un rey, por ejemplo, no tiene que preocuparse por su comida, ropa y demás necesidades, pero hay otras cosas que le quitan el sueño, como la economía o la seguridad de su país, hasta puede que también tema por su vida. Un granjero no tiene este tipo de problemas, pero sufre porque depende de las condiciones atmosféricas. Una simple tormenta puede echar a perder toda su cosecha. Quien tiene mucho, mucho habrá de preocuparse, pero si no se tiene nada, también surgen problemas. El Séptimo Dalai Lama, Kalsang Gyatso decía: "Desde el más poderoso de los reyes hasta el más pobre de los mortales, todos pasan su vida sometidos por distintas insatisfacciones". Externamente, unos son atractivos, otros no lo son tanto; unos son jóvenes, otros más ancianos; pero, en el fondo, todos son iguales porque todos ellos experimentan insatisfacciones. A veces pensamos: "Si puedo conseguir la amistad de esa persona que tanto me gusta, seré más feliz", pero al cabo de un tiempo te das cuenta de que la insatisfacción sigue allí. Tal vez luego trates de ocultarla buscando otro amigo, aunque en el fondo sabes que la insatisfacción sólo puedes vencerla desde tu interior.

El sufrimiento de los semidioses
Aunque los semidioses son seres elevados, están por debajo de los devas ya que no tienen tanto poder ni tanta belleza. En su reino predomina la envidia hacia la belleza y otras cualidades de los devas. Cuando los devas visitan el reino de los semidioses, conquistan a sus mujeres porque se sienten enormemente atraídas por ellos. Los semidioses mantienen una lucha eterna contra los devas, pero nunca ganan. Aunque tienen una inteligencia superdotada sus obscurecimientos kármicos les

impiden practicar el Dharma. Normalmente terminan hechos pedazos en sus enfrentamientos con los devas.

El sufrimiento de los devas

Muchos aspiran a renacer en el reino de los devas pensando que todo allí es prosperidad y armonía. Si bien es cierto que su nivel es elevado, también sufren, aunque sea por otras razones. Temen los ataques de los semidioses y también ellos les envidian, aunque su peor desgracia es el orgullo. Antes de morir experimentan cinco signos especiales. Un dios de larga vida tiene un tiempo de vida muy largo, pero determinado ya que no lo puede prolongar ni un instante. Hay cinco signos muy dolorosos que un deva experimenta cuando va a morir:

1) La luz de su cuerpo se apaga y los que le rodean sienten una gran repulsión hacia él.

2) Le invade una enorme inquietud y tiene que cambiar constantemente de lugar.

3) La guirnalda de flores se seca. El nacimiento de un deva se produce de forma milagrosa y su cabeza está adornada con una hermosa guirnalda de flores frescas que desprende aromas exquisitos.

4) Los delicados vestidos con que cubren sus cuerpos están limpios y perfumados mientras viven, pero cuando mueren se llenan de suciedad y se desgarran.

5) Aunque sus cuerpos siempre están frescos, al morir transpiran y segregan fétidos olores.

Aparecen también otros signos secundarios. Los otros devas expulsan al que va a morir de su entorno y éste se ve forzado a recluirse en un lugar alejado para morir. Es entonces cuando se da verdadera cuenta de que ha llegado su hora, y le invade un intenso dolor. El deva muere siete días después de haber experimentado este último signo, pero un día en el reino de los devas es como cientos de años humanos. Puesto que los devas poseen el don de la clarividencia, perciben el lugar donde renacerán que, al tratarse de un reino inferior, son presa de un terror insoportable viendo el sufrimiento que les espera y el gran cambio a que se verán sometidos. Normalmente, a una existencia de deva le sigue un reino inferior, ya que toda la virtud acumulada en vidas pasadas se agota en este reino. Los devas no sufren físicamente, su sufrimiento es sólo mental, pero éste es mucho mayor que el experimentado en el peor de los infiernos. Cuando comienza su proceso de la muerte, son repudiados por los demás y deben pasar por ese duro trance en completa soledad. Lo máximo que harán sus amigos será cubrir su propia nariz con una tela y obsequiar al moribundo con una guirnalda de flores. Quizá un deva muy especial le aconseje hacer oraciones para renacer como un humano.

Los que renacen tanto en el reino de la forma como sin forma, apenas tienen sufrimientos mentales manifiestos como los tenemos nosotros, pero, puesto que tienen agregados, padecen el sufrimiento que lo impregna todo. Y cuando terminan su vida, tienen que volver a renacer en los reinos inferiores y experimentar los sufrimientos más burdos. Desde que nacen hasta que mueren, pasan todo el tiempo sumidos en profundos estados de concentración, lo cual les hace pensar que se han liberado del samsara, cuando en realidad lo único que han conseguido es un grado de concentración fuerte, aunque insuficiente para cortar con el samsara. Cuando llegan a darse cuenta de que los engaños vuelven a surgir a pesar de su concentración perfecta, caen en la visión errónea de negar la liberación y como resultado renacen en reinos inferiores.

Meditar sobre el sufrimiento es importantísimo para los practicantes mahayana y también para los hinayana. La razón de que el budismo hable tanto del sufrimiento y la insatisfacción, de dukha, no es otra que la de ayudarnos a cultivar la mente de renuncia. Meditando una y otra vez sobre todos estos sufrimientos descritos y los que siguen, la renuncia surgirá en tu continuo mental.

Mientras permanezcamos en samsara, estaremos acosados por todos estos diversos tipos de sufrimientos. En general tenemos una fuerte tendencia 1) a considerar, como agradable lo que, en esencia, es desagradable, 2) nos aferramos a lo transitorio como si fuese permanente y 3) nos aferramos a lo que carece de entidad propia como si tuviese dicho tipo de existencia.

Puesto que tenemos arraigadas en nuestro continuo mental estas visiones distorsionadas de la realidad, se explicaron los dieciséis aspectos de las cuatro nobles verdades[2].

Los cuatro atributos de la noble verdad del sufrimiento son: la impermanencia, el sufrimiento, la vacuidad, la ausencia de existencia esencial. Pensar en ellos contrarresta las visiones erróneas opuestas.

Creemos que nuestros agregados y las cosas en general, son estables y permanentes cuando no lo son y este error nos crea malestar. "Impermanencia" significa que las cosas cambian instante a instante y esto hace que las personas mueran, las cosas se desintegren, las amistades se pierdan, etc. También estamos sometidos a la idea de que las cosas, incluyendo nuestros agregados son agradables y limpias por naturaleza cuando son insatisfactorios. Es así porque al estar sujetos al karma y las aflicciones nuestros agregados están esclavizados por los tres tipos de sufrimiento.

Comprender que los agregados son vacíos contrarresta la visión distorsionada de creer que tienen un poseedor, que aquí se refiere a un yo permanente, singular e independiente, es decir, un alma concreta y sólida que es una entidad diferente

---

2 Una explicación de estos dieciséis se encuentra en los libros *Las Cuatro Verdades Nobles* de Gueshe Tashi, y *Meditación/otra manera de afrontar tus problemas* de Isidro Gordi. www.ediciones-amara.net

de los agregados. "Permanente", significa una entidad eterna, no cambiante. "Singular" significa que no depende de partes, sino que es un todo monolítico. "Independiente" se refiere a que no depende de causas y condiciones. Un yo o ser con estas cualidades no existe, aunque en el fondo creamos que sí existe.

En este contexto, comprender "la ausencia de existencia esencial" contrarresta la visión errónea que se aferra a un yo sustancialmente existente y que se autosostiene. Una persona así sería un yo que controla los agregados, como un rey manda sobre sus súbditos. Un yo así tampoco existe en absoluto.

Los cuatro atributos de la noble verdad de las causas del sufrimiento son: la causa, los orígenes, la producción fuerte, la condición. Y contrarrestan las correspondientes visiones erróneas y así con el resto de los atributos de cada noble verdad.

Los cuatro atributos de la noble verdad del sendero son: el sendero, lo adecuado, el logro y lo liberador.

Los cuatro atributos de la noble verdad de la cesación del sufrimiento son: la cesación, la pacificación, lo próspero y elevado, la emergencia definitiva.

Cuando obtienes la cesación, simultáneamente obtienes lo cuatro atributos antes reseñados. La cesación del sufrimiento no surge sin causas, se obtiene meditando en el sendero auténtico. Sendero también se refiere a un sendero que te ayuda a obtener la auténtica cesación del sufrimiento. "Sendero", en este nivel de la práctica son los tres adiestramientos superiores: la ética, la concentración y la sabiduría. Cuando se estudian los textos budistas mayores se encuentran muchas razones que ilustran cada una de estas dieciséis características.

Si comparamos los reinos superiores con el reino humano, nos daremos cuenta de lo afortunados que somos al haber nacido como tales. Con un perfecto renacimiento humano podemos practicar Dharma y trascender estos reinos samsáricos donde los seres experimentan los tres tipos de sufrimiento. Los seres del reino del deseo, como los animales o los humanos, están afligidos por los tres sufrimientos. Los seres del reino de la forma padecen el sufrimiento del cambio y el sufrimiento que todo lo impregna, a los seres del reino sin forma les aflige el sufrimiento que todo lo impregna. El sufrimiento del sufrimiento es como si te pusieran agua hirviendo sobre una herida. El sufrimiento del cambio es como tomar el sol los primeros días después de un duro invierno, y tener que seguirlo tomando hasta llegar el punto de estar deseando que llegue el invierno. El sufrimiento que todo lo impregna se refiere a los agregados contaminados o a la potencialidad para experimentar los dos anteriores.

Es excelente contemplar una y otra vez estos diversos sufrimientos y darse cuenta de que en samsara te acompañará siempre la insatisfacción. La razón por la que los dioses del reino del deseo, de la forma y sin forma, no pueden entrar en el sendero espiritual, es porque son incapaces de generar la renuncia. Esporádicamente se producen excepciones, como fue el caso de los dioses que estuvieron presentes cuando Buda Sakyamuni dio enseñanzas, pero, en general, no pueden generar la preciosa actitud mental de la renuncia porque dedican toda su energía a experimentar placeres mundanos.

La Rueda de la Vida

El Sendero a la Liberación

Presentación del sendero que conduce a la liberación
    Manera en que surgen los engaños.
    Manera de morir y renacer.

Manera en que surgen los engaños
    Identificar los engaños.
    Secuencia progresiva de cómo surgen los engaños.
    Causas de los engaños.
    Desventajas de los engaños.
    Cómo creamos acciones bajo la influencia de los engaños.

Identificar los engaños

La definición de engaño o aflicción mental es "una mente inquieta y molesta que surge de la aplicación inadecuada y que altera el continuo mental". Hay muchas aflicciones mentales, pero las podemos resumir en los seis engaños raíz: apego, odio o aversión, orgullo, ignorancia, dudas engañosas y puntos de vista engañosos.

Apego. Cuando la psicología budista hace referencia a las tres categorías de engaño define el apego como un factor mental que desea obtener o no separarse de algo que considera agradable. Exagera los aspectos agradables del objeto en cuestión. Este tipo de apego es como una mancha de aceite que lentamente va impregnando una tela. Sin embargo, no hay que confundir el apego con el deseo o aspiración ya que hay deseos positivos y negativos; el apego estaría asociado con los últimos.

    Aversión, enfado u odio. Es un factor mental que desea separarse de aquello que considera desagradable. Exagera los aspectos desagradables del objeto en cuestión y desea perjudicar.

Orgullo. Es un factor mental que hincha algún aspecto propio, físico o mental y considera a los demás como inferiores a uno mismo.

Ignorancia. Hay dos tipos de ignorancia, la que desconoce el funcionamiento de la ley de causa y efecto y la que desconoce la naturaleza última de la realidad.

Puntos de vista engañosos. Son cinco. El primero es *la visión de lo compuesto y transitorio* que es un conocimiento engañoso del yo y lo mío concibiéndolos con una existencia inherente. Desde el punto de vista prasangika, este engaño particular observa el yo, que es meramente imputado en el conjunto de los cinco agregados -por tanto, existe de modo convencional-, pero lo aprehende, lo concibe, erróneamente como si fuese un yo permanente, independiente y con una existencia esencial o inherente.

Lo "compuesto" se refiere a los cinco agregados que son la base de imputación del yo, porque constan de muchas partes transitorias. Según la escuela prasangika se refiere también al yo, porque éste es también compuesto y transitorio.

La visión extrema puede ser de dos tipos: la visión de la permanencia y la visión del nihilismo. Es decir, observar el yo, objeto de la visión de lo compuesto y transitorio, y verlo, bien sea como una entidad permanente o como algo que cesará completamente al morir.

Las disciplinas éticas erróneas como supremas, entraña pensar que el ascetismo extremo u otras visiones parecidas son un sendero a la liberación.

La visión errónea consiste en sostener activamente que no existen las Tres Joyas, la liberación, la continuidad de la consciencia, y otros fenómenos existentes.

Por último, *visiones erróneas como supremas*, sería pensar que las cuatro visiones previas son reales y auténticas.

La duda engañosa. Es uno de los obstáculos a la liberación. Se refiere a dudar acerca de la validez y existencia del karma, las Tres Joyas y de la posibilidad de la liberación.

Secuencia progresiva de cómo surgen los engaños
Cuando pensamos en los seis reinos del samsara nos interesa saber la causa, lo que crea los distintos tipos de dukha, de sufrimiento. ¿Quién crea esta situación? El responsable o la verdadera fuente de estos reinos son dos: las acciones kármicas contaminadas y los engaños mentales. Acción kármica contaminada, se refiere a todas las acciones que cometemos impulsados por el aferramiento a la existencia esencial o inherente. Unas acciones kármicas te dirigen a renacimientos inferiores y otras a renacimientos superiores, aunque todo ello sea dentro del samsara.

Desde tiempo sin principio venimos cometiendo innumerables acciones y todas ellas han depositado una semilla en el campo de nuestra consciencia. Sin embargo, las acciones no se producen sin una causa, van siempre asociadas con un engaño mental.

El engaño activa la acción y la acción crea el samsara. Si depositas una semilla sobre unas piedras no nacerá nada de ella, pero si la dejas en la tierra y además le añades agua y fertilizante te dará un fruto. La semilla es la acción; la tierra es la consciencia mientras que el agua y el abono son los engaños. En nuestra consciencia hay muchísimas semillas sembradas y no podemos saber cuál de ellas germinará cuando surja un engaño. Si al morir, estos engaños mentales activan una semilla virtuosa, el resultado será renacer en un reino superior, pero si ocurre al contrario nacerás un reino inferior.

Aunque el karma y los engaños son los verdaderos orígenes del samsara es muy importante abandonar los engaños. Cuando se eliminan los engaños las semillas kármicas pierden su poder y una vez secas, nada podrá brotar de ellas. La razón por la que los "destructores de enemigos" o arhats no renacen de nuevo en samsara, aunque todavía quedan las semillas kármicas secas, es porque han eliminado todos los engaños de su mente,

Todos engaño o aflicción mental surge como consecuencia de la visión errónea de lo compuesto y transitorio, que hace aferrarnos al "yo y lo mío" como si existiesen de modo inherente o esencial. Después aparece el apego hacia cuanto satisface el yo, y la aversión hacia todo lo que le molesta. En base al apego y la aversión, surgen innumerables engaños.

Causas de los engaños

Para que un engaño mental se manifieste son necesarias seis causas: La base o semilla, el objeto, los compañeros inadecuados, escuchar un Dharma erróneo, la familiaridad y la aplicación inapropiada.

La base o semilla. La semilla aquí se refiere a la potencialidad para generar un engaño y no a las semillas o impresiones kármicas depositadas en nuestra consciencia por nuestros actos. En nuestro continuo mental quedan muchas semillas, producto de engaños pasados, depositadas en nuestra consciencia, que propulsan la generación del engaño al encontrarse con cualquier objeto.

El objeto. Cuando entramos en contacto con un objeto agradable surge el apego y si se trata de un objeto desagradable aparecerá el odio, mientras que un objeto indiferente hará que aparezca la ignorancia. Togme Zangpo, autor de las célebres *Treinta y siete prácticas de los bodhisatvas,* señala que para un principiante es mucho mejor alejarse físicamente de los lugares donde abundan los objetos de los engaños, que aplicar el antídoto. Es así porque es muy difícil aplicar un antídoto cuando se tiene el objeto delante. Cuando el objeto está frente a uno, se dan todas las condiciones necesarias para que aparezca la aflicción mental. Esto es debido, por un lado, a la incapacidad para cortar con los engaños y por otro, a que cuando el objeto está ante un principiante, desencadena la aplicación o atención inapropiada. Lo mejor es apartarse de los objetos o situaciones que desencadenan el engaño, pero, si no es posible, deberíamos recordar las desventajas de los engaños que estos objetos hacen surgir. Si esto tampoco es posible, luego, al encontrarnos con un objeto que haga surgir engaños, no hemos de permitir de ninguna manera que la mente sea subyugada por engaño alguno. Nos hemos de considerar como un trozo de madera, sin hablar ni pensar.

Compañeros inadecuados. No nos deberíamos relacionar estrechamente con personas cuya influencia nos perjudica. Si nos dejamos influenciar por alguien que no cree en la ley de causa y efecto o en la liberación, perdemos nuestra posibilidad de liberarnos. En una ocasión, en un lugar del Tíbet llamado Pempo, vivían dos grandes amigos. A uno le gustaba beber cerveza y el otro ni la probaba. Un día, el primero, cuya conducta no era muy correcta, se fue a vivir a un lugar de la provincia de Reting y allí entabló amistad con un gueshe kadampa. Los consejos del gueshe le hicieron refrenarse de beber y su comportamiento fue mejorando. En cambio, su amigo se fue a Lhasa, donde entabló amistad con personas de mala catadura y, bajo su influencia, llegó a convertirse en un alcohólico. Un mal amigo no es un malvado monstruo con dos cabezas; que alguien sea un buen o mal amigo lo determinan sus consejos. Muchas veces un mal amigo aparece bajo un aspecto muy agradable y su compañía resulta encantadora.

Escuchar un Dharma erróneo. Significa seguir a algo o a alguien que enseña un camino equivocado.

La familiaridad. Todos los engaños son alimentados por la familiaridad. Si alguien es propenso al enfado, puede bastarle una mirada para hacerlo estallar. Su familiaridad con este engaño hace que salga inmediatamente a flote.

La aplicación o atención inapropiada. Se refiere a implicarte con el objeto del engaño sin ningún sentido de consideración hacia uno mismo o los demás. La aplicación inapropiada es un factor mental que exagera los aspectos atractivos o desagradables de un objeto. La aplicación inapropiada es causa de que el engaño aparezca inmediatamente.

Desventajas de los engaños

Maitreya en el *Ornamento de los sutras mahayana* señala que los engaños acaban con la disciplina moral individual y con la colectiva y no sólo destruyen a uno mismo, sino también a los demás. La causa de que dos países se peleen entre sí es el odio que se profesan sus dirigentes. En este mismo texto, Maitreya asegura que cualquier forma de destrucción ha sido causada por los engaños, especialmente por la ignorancia de aferrarse al yo como si tuviese una existencia inherente.

Desde el más poderoso de los reyes hasta el más diminuto de los insectos, todos somos víctimas de los engaños mentales que constituyen nuestro peor enemigo. Un enemigo externo sólo puede perjudicarnos en *esta* vida, mientras que los engaños perjudican tanto ahora como en el futuro. El capítulo de la Rectitud, en la *Guía* de Shantideva señala:

> Pero el poderoso enemigo, mis emociones aflictivas,
> pueden lanzarme en un solo instante a las llamas
> que destruyen incluso las cenizas del rey de las montañas.

Si miramos la historia podemos constatar que la causa de que millones de personas encontrasen la muerte en las dos primeras guerras mundiales fueron los engaños mentales. Hoy en día, casi todos los países cuentan con armas tan sofisticadas, que el más ligero conflicto podría destruir nuestro planeta en cuestión de unos minutos. Pero si buscamos el origen de esta posible destrucción lo encontramos también en los engaños. En definitiva, los engaños son nuestro peor enemigo porque alteran nuestra paz mental inmediata y nos impulsan hacia las migraciones inferiores en el futuro. Gueshe Ben Gungyel decía:

Sólo tengo una responsabilidad, sostener el arma del
poder oponente para eliminar mis engaños. Si el
engaño no surge esta arma descansa, pero cuando
aparece, es implacable.

Es importante identificar con claridad el engaño y luego
luchar contra él, recordando sus muchas desventajas.

Cómo creamos acciones bajo la influencia de los engaños
En general las acciones producidas por los engaños pueden
ser físicas, verbales o mentales, aunque también pueden
clasificarse en tres tipos más según sean sus efectos: acción
meritoria, no meritoria e inamovible.

Meritoria es una acción por cuya causa uno renace
en el reino humano o como dios del reino del deseo y son
producidas por el apego a los placeres de las vidas futuras. Las
acciones no meritorias son las que resultan en renacimientos
inferiores y son producidas por el apego a las cosas de esta
vida. Las inamovibles se refieren a aquellos actos relacionados
con elevados estados de concentración que causan renacer en
el reino de la forma y sin forma. Una acción puede dividirse
en tres categorías más:

1) Acción cuyo resultado se experimenta en esta vida.
2) Acción cuyo resultado se experimenta en la vida futura.
3) Acción cuyo resultado se experimentará después de que
   hayan transcurrido muchas vidas.

Los tipos de acción mencionados aquí son causas para seguir
renaciendo en samsara porque son creadas en dependencia de
una mente en la que subsiste el aferramiento a la existencia
esencial, también conocido como ignorancia que se aferra a la
existencia intrínseca. Un ser superior, (skt: *arya*) alguien que
ha comprendido y experimentado directamente la vacuidad,
no crea actos que produzcan renacer en el samsara, sólo crea

karma no contaminado positivo.

Manera de morir y renacer
>Qué sucede al morir.
>Cómo se entra en el estado intermedio.
>Cómo se renace.

Qué sucede al morir

En general la muerte tiene tres causas: 1) finalizar el espacio de vida kármicamente determinado, 2) agotar el mérito y 3) perder el poder de la fuerza vital. Algunos mueren cuando son viejos y otros de jóvenes; hay quien muere cuando su karma se agota, pero también algunos mueren inesperadamente. Unos mueren envenenados, otros se ahogan, otros son víctimas de terremotos, guerras, enfermedades, fuego y un sinfín de causas. Existe una manera de morir denominada "la muerte inconcebible" (tib *tuk-dam*) a la que sólo acceden seres muy realizados, y que consiste en morir cuando uno lo desea.

En el momento de la muerte, la consciencia puede encontrarse en un estado virtuoso, no virtuoso o neutro. Cuando los veinticinco fenómenos burdos empiezan a disolverse uno debería procurar dirigir su mente hacia un estado virtuoso para asegurar un renacimiento superior[3]. Si ocurre al revés, uno se reencarnará en un reino inferior. Si a lo largo de tu vida has estado familiarizado con la virtud, es muy probable que al morir surja una mente virtuosa. Y si, por el contrario, estás más familiarizado con los estados negativos, este hábito hará más fácil que al morir surja una mente negativa. Suponiendo que hayas pasado el mismo tiempo dedicado a la virtud que a la no virtud, será como una carrera para ver quien llega antes, la mente virtuosa o la destructiva.

Si alguien que haya practicado Dharma seriamente genera una mente negativa a la hora de morir, renacerá en un reino

---

3 Ver mi libro *Muerte y Reencarnación*. www.ediciones-amara.net

inferior, sin embargo, la virtud acumulada por sus prácticas quedará con él. Por otro lado, si una persona pasa su vida actuando negativamente y al morir genera una mente muy virtuosa, esto le basta para renacer en un reino superior.

Los textos señalan que es posible saber si la persona muerta ha generado una mente virtuosa antes de morir si notamos que pierde ardor corporal desde la parte inferior del cuerpo hacia el corazón. Entonces la consciencia saldrá del cuerpo por el corazón o por la coronilla. Si la última mente generada ha sido destructiva el ardor se irá apagando desde la parte superior del cuerpo hacia abajo y la consciencia saldrá por el ombligo, lo cual no es considerado un buen signo.

Antes de que la consciencia abandone el cuerpo, habremos pasado por el estado denominado de luz clara que puede durar un día, dos o incluso más. En este estado todavía nos encontramos en lo que se denomina la "existencia de la muerte", desde el punto de vista mundano, la persona ha muerto, pero su consciencia muy sutil sigue aún en el cuerpo. Cuando la existencia de la muerte cesa, la conciencia sale del cuerpo y entra en el estado intermedio o bardo.

Cómo se entra en el estado intermedio
Los seres del estado intermedio o bardo tienen diversas características:

> 1) Nacen espontáneamente y con todos los órganos sensoriales intactos.
> 2) Pueden percibir a otros seres del bardo.
> 3) Tienen el poder de atravesar paredes o cualquier tipo de objeto material.
> 4) Su forma física es similar a la que tendrán cuando renazcan.
> 5) Su alimentación es el olor.
> 6) Cada siete días experimentan una pequeña muerte.

Si un ser del bardo va a renacer en un reino inferior tiene la visión de algo parecido a un tronco quemado, una luz negra. Los que van a renacer como humanos tienen la impresión de caminar en línea recta y perciben una luz blanca. Los que han de renacer como dioses o semidioses, tienen la sensación de ascender y perciben una luz dorada. Los que renacerán en el reino de la forma tienen apariencias blancas. Los que tienen que hacerlo en el reino sin forma, no pasan por el estado intermedio, al morir se convierten inmediatamente en seres de ese reino. Los seres del bardo viven llenos de terror y de concepciones y apariencias ilusorias, no llegan a darse cuenta de que están en el bardo. La conexión con tu vida futura se determina cuando estás en el bardo.

Si mientras estás en el bardo, tus familiares o maestros rezan por ti, hacen poderosos rituales, recitan mantras, etc, toda esta energía positiva puede cambiar tu posición como ser del bardo. Y si, con seguridad tenías que renacer en un reino inferior, es muy posible que lo hagas en uno superior. En el monasterio de Reting, en el Tíbet, era tradición entre los gueshes kadampas considerarse como miembros de una gran familia. Cuando alguno moría, de manera más especial que de costumbre, se reunían para dedicar sus prácticas y rituales al difunto, esto ayudaba a la persona fallecida.

Cómo se renace
Los seres en el bardo buscan siempre un lugar donde renacer. Tal y como se ha mencionado previamente hay cuatro formas de nacimiento: milagrosamente, de un seno materno, del calor y de un huevo.

Los seres infernales y los devas nacen de forma milagrosa. Los pretas pueden reencarnarse en un útero o nacer milagrosamente, mientras que en el reino animal se dan los cuatro tipos de nacimiento. Los que han de renacer como humanos, no tienen ninguna elección, en el bardo vagan de un lugar a otro impulsados por su karma y no por su propia voluntad. Los humanos nacen siempre de una madre. Si el ser va a nacer varón, en un determinado momento durante la unión sexual de sus padres, siente un fuerte apego hacia la madre y odio hacia el padre, si se trata de una hembra ocurre al revés. Esta mezcla de apego y odio hace morir al ser del bardo, cuya consciencia se mezcla instantáneamente con el óvulo y el semen de sus futuros padres en la cavidad uterina. El primer momento de la consciencia dentro del seno materno se denomina *la existencia del nacimiento*, es un tiempo muy breve y coincide con el fin de su vida en el bardo.

En este punto del *Lam Rim extenso* y otros, aparece la explicación de los doce vínculos de relación dependiente cuya función es ayudarnos a entender la manera en que vagamos por la existencia cíclica. Para estudiar este profundo tema es aconsejable tener a mano un gráfico de la Rueda de la Vida[4].

Los doce vínculos son: la ignorancia, la acción composicional, la consciencia, el nombre y la forma, las fuentes o poderes sensoriales, el contacto, la sensación, el ansia, el aferramiento, la existencia, el nacimiento, la vejez y la muerte.

La ignorancia, el ansia y el aferramiento son engaños. A la acción composicional, que es el segundo vínculo, se la conoce también como el karma que impulsa. El décimo, la existencia, también es acción. Estos cinco vínculos son los máximos responsables de que estemos vagando incesantemente por la existencia cíclica. Los restantes son sufrimientos.

La consciencia, que es el tercer vínculo, tiene dos partes: consciencia causal y consciencia efecto. La ignorancia, la

---

4 Una explicación más detallada de cada uno de los doce vínculos se encuentra en mi libro *Joyas del Budismo*. www.ediciones-amara.net

acción y la consciencia causal son los tres vínculos que nos impulsan y se les conoce como los *tres vínculos que proyectan*. El ansia, el aferramiento y la existencia son denominados los *tres vínculos que actualizan* la consciencia causal. El conjunto de estos seis vínculos se denomina los *vínculos causales*.

La consciencia resultante, el nombre y la forma, las fuentes, el contacto y la sensación son los *efectos o resultados proyectados* por el grupo anterior. El nacimiento, el envejecimiento y la muerte se denominan el *efecto actualizado*. La Rueda de la Vida, se solía poner en las puertas de los monasterios como símbolo de la enseñanza de Buda. En el centro de la rueda encontramos un gallo, un cerdo y una serpiente que simbolizan los tres engaños. Rodeándolos en sentido circular tenemos una secuencia de doce recuadros que escenifican los doce vínculos de relación dependiente. La Rueda de la Vida nos recuerda que los tres engaños junto a los doce vínculos son responsables de nuestro deambular en samsara. Está ideado para que el observador desarrolle renuncia.

En tiempos de Buda hubo dos reyes muy famosos que estaban unidos por una estrecha amistad, a pesar de que nunca se habían visto y sólo se comunicaban por carta. Uno de ellos, Bimbisara, vivía en el centro de la India y el otro, Uddyana, en el este. En una ocasión Uddyana quiso agasajar a su amigo y le hizo llegar una preciosa armadura. Bimbisara, deseoso de corresponderle, fue a pedirle a Buda que le ayudase a encontrar un regalo adecuado. Con su poder de clarividencia, el Buda vio que lo más apropiado era una representación de la Rueda de la Vida. Bimbisara envió la pintura en una caja adornada con bellas incrustaciones de oro y piedras preciosas. Al regalo le precedía una nota en la que Bimbisara decía: "Amigo mío, el presente que te ofrezco es algo muy difícil de obtener en este mundo, te ruego le rindas los honores que merece". Y así se hizo. Para recibirlo se congregó un gran séquito en el palacio. Cuando el rey descubrió el regalo lo observó con detenimiento hasta que, de repente, se hizo una luz en su mente; comprendió que, por culpa de los engaños, los seres circulamos en samsara, impulsados por los doce vínculos de relación dependiente. Pasado un tiempo, el rey Uddyana obtuvo la realización espiritual denominada *entrar en la corriente*. A continuación, sigue una breve explicación de los doce vínculos.

La ignorancia. En general hay dos tipos de ignorancia, la que ignora la ley de causa y efecto y la que ignora la naturaleza última de las cosas, pero aquí se refiere, sobre todo, al segundo tipo, es decir, la ignorancia que se aferra a los fenómenos y a la persona como entidades inherentes. Específicamente ésta última que es sinónimo de la visión de lo compuesto y transitorio que se ha explicado antes, y que funciona como el motivador de la acción composicional o karma que impulsa.

Puesto que se trata de la raíz de todo engaño y del samsara, es vital identificar este tipo particular de ignorancia. En la Rueda de la Vida la ignorancia de la visión de lo compuesto y transitorio es representada por un anciano que se sostiene con un bastón.

La acción composicional. Implica cualquier acción kármica que, motivada por la ignorancia, nos proyecta o impulsa hacia la existencia cíclica. La acción puede ser virtuosa, negativa o inamovible. Es representada por un artesano que hace girar el torno para moldear el barro.

La consciencia. Puede ser de dos clases, la consciencia causal, —la que recibe la impresión o semilla kármica de la acción composicional— y la consciencia resultante o la que experimenta dicha acción, pero aquí se refiere, sobre todo a la primera. La función de este vínculo sería la de mantener la potencialidad de la acción composicional hasta que madura en el efecto. Es representado por un mono subido a un árbol.

El nombre y la forma. Desde el punto de vista de un ser humano, cuando la consciencia entra en el óvulo de la madre ya fecundado por el esperma del padre se produce el nombre. El conjunto de consciencia, factores composicionales, sensación y discernimiento son el nombre. Forma se refiere al feto todavía carente de la suficiente solidez para soportar cualquier presión y las etapas a recorrer durante nuestra estancia en el seno materno. Son los agregados de una persona en la concepción. Viene representado por un hombre en un pequeño bote en medio de un gran océano.

Los poderes sensoriales o fuentes. Hacen referencia a los cinco poderes sensoriales y el mental antes de que las seis consciencias hayan empezado a funcionar. Desde el momento de la concepción un ser ya tiene el poder sensorial corporal y el mental, el resto se desarrollan gradualmente en el seno materno. Este vínculo es representado por una casa vacía con cinco ventanas.

El contacto. Se refiere al encuentro existente entre los poderes sensoriales, una vez desarrollados en el feto sus objetos y las consciencias respectivas. Permite conocer si algo es agradable, desagradable o neutro. Es representado por una pareja que se abraza.

La sensación. Es la experiencia que surge en dependencia del vínculo anterior, es decir el producido debido a la reunión de objeto, poder sensorial y consciencia. El contacto puede provocar tres tipos de sensación: agradable, desagradable e indiferente. La sensación ya existe durante la formación del feto. Es representada por un hombre cuyo ojo ha sido atravesado por una flecha.

El ansia. La mente de apego que se desarrolla en dependencia de la sensación. En general, ansiamos no separarnos de las sensaciones agradables, separarnos de las desagradables y perpetuar las neutras. En este caso específico se refiere al ansia que surge en el momento de la muerte por no desear separarse del cuerpo y propiedades, así como el ansia por liberarse de las desagradables experiencias de la muerte. Es representado por un alcohólico a quien resulta muy difícil resistirse ante un vaso de licor.

El aferramiento. Es una forma de ansia muy poderosa, pero aquí también se refiere a un aferramiento específico que tiene lugar en el momento de la muerte. Tanto el ansia como el aferramiento en el momento de la muerte nutren o activan un potencial kármico y causan que la consciencia sea impulsada hacia su siguiente vida. Es representado por un mono que coge fruta de un árbol.

La existencia. La acción, el segundo vínculo, es activada por el ansia y el aferramiento, esto la vuelve poderosa y lista para dar su resultado. La existencia tiene el poder de producir el siguiente renacimiento y es una causa cercana de la existencia cíclica; la acción composicional, en cambio, es una causa distante. Viene representado por una mujer a punto de dar a luz.

El nacimiento. El primer instante de un renacimiento cíclico cuando la consciencia ha entrado en un cuerpo nuevo. Es la concepción y sucede simultáneamente al vínculo del nombre y la forma. Viene representado por una mujer dando a luz.

La vejez y la muerte. La vejez empieza tras la concepción y dura hasta la muerte. La huella del paso del tiempo es la vejez. La muerte se produce cuando la consciencia se separa del cuerpo. Este último vínculo es representado por un anciano que transporta un cadáver.

La consumación de los doce vínculos puede producirse de dos maneras: pasando por un ciclo de los doce vínculos o por ciclos diferentes. Por ejemplo, en el primer caso, movidos por la ignorancia, creamos una acción que dará como resultado renacer como humanos. En el segundo momento, esta acción queda depositada en la consciencia en forma de impresión o semilla kármica. Antes de morir, el ansia y el aferramiento activan esa impresión confiriéndole el poder que da como resultado el décimo vínculo, la existencia.

En este punto habríamos completado seis miembros de un

ciclo, luego el producto de haber activado aquella acción o karma es renacer como humano, conectando nuestra vida con la de nuestra madre futura. En la siguiente vida se completan los seis miembros restantes. En dos vidas como mínimo se completa un ciclo completo de doce vínculos.

También se puede completar el ciclo de doce vínculos en tres vidas, aunque no necesariamente consecutivas. Por ejemplo, movidos por la ignorancia creamos una acción meritoria para renacer como deva, ésta queda depositada en la consciencia, pero al morir, el ansia y el aferramiento activan otro karma como podría ser el de renacer como animal. La potencialidad para renacer como deva queda allí, en estado latente, en la consciencia causal. En la vida próxima, pues, renaces como animal. Cuando el karma para vivir como animal se agota, mueres y de nuevo el ansia y aferramiento activan otra semilla, quizás la que habías creado en tu vida previa para renacer como deva, y en la siguiente vida renacer como tal.

Así se completa en esta vida ese ciclo que habías empezado vidas antes. En la primera vida completaste los tres vínculos, mientras que al final de la otra vida se completan los tres vínculos actualizadores que te harán experimentar los seis vínculos restantes en la tercera vida.

Los doce vínculos no pueden concluir en una sola vida, son necesarias al menos dos, en este caso, un ciclo de doce puede terminarse en dos vidas, pero también es posible que los vínculos que proyectan y los que actualizan del mismo ciclo sean obstruidos por otros ciclos.

Para cortar en este ciclo, es necesario atacar a la ignorancia que nos retiene en samsara. Contemplar la Rueda de la Vida nos desapega de los placeres mundanos al ver que, en realidad, el samsara es igual a un nido de serpientes venenosas.

Existen varios tipos de karma. Uno es el que se experimenta en esta misma vida; una acción positiva o negativa que haya tenido lugar al principio de esta vida puede experimentarse al final de la misma. No obstante, esta manifestación del karma no se incluye en la explicación de los doce vínculos. Otro tipo de karma es el que se experimenta en la próxima vida; éste se asemeja a la consumación de una rueda de los doce vínculos en dos vidas. El tercer tipo de karma se experimenta después de varias vidas y es como la consumación de las ruedas de doce vínculos en tres vidas.

En esta sección dirigida a los seres de capacidad media, se explica de manera especial cómo el sufrimiento lo causan los engaños y el karma, con ello se pretende estimular el despertar del sentimiento de la renuncia. Todas las acciones que creamos, tanto negativas como positivas e inamovibles, tienen su resultado en samsara. Para crear acciones cuyo resultado sea salir del samsara, éstas han de basarse en la renuncia, la bodhichita o la visión del vacío, conocidos como "los tres aspectos del sendero".

Cómo practicar el sendero que dirige a la liberación
    La base necesaria para superar el samsara.
    El sendero necesario para superar el samsara.

La base necesaria para superar el samsara
La base aquí se refiere a nuestro perfecto renacimiento humano, ya que en base a él uno debe observar disciplina moral. Para liberarnos debemos, en primer lugar, generar una fuerte aversión hacia la existencia cíclica y hacia el sufrimiento que nos produce. Este es nuestro primer paso por el sendero que lleva a la liberación.

El sendero necesario para superar el samsara

El sendero son los tres adiestramientos superiores: disciplina ética, concentración y sabiduría. La disciplina ética es imprescindible y es el primer adiestramiento que se ha de poner en práctica. En cuanto a la sabiduría, es preciso saber que su antagónica, la ignorancia, es la raíz del samsara. Esta ignorancia particular de la visión de lo compuesto y transitorio percibe erróneamente el yo convencional y lo mío y los aprehende como si fuesen fenómenos que existen de modo inherente. La consecuencia directa de ello es que generamos un fuerte apego hacia ambos. Aquí la ignorancia se enfoca en el yo y lo percibe como una entidad independiente de su base de imputación -los cinco agregados. En realidad, este yo no ha existido ni existirá nunca, pero la concepción errónea que se aferra a la existencia inherente, que sí existe, se aferra a esta invención como si en verdad existiese. Para cortar con esta forma de ignorancia, necesitamos la sabiduría que comprende la vacuidad.

La ignorancia y la sabiduría observan el mismo objeto, pero desde una óptica distinta. La ignorancia lo percibe como algo con existencia esencial o inherente y la sabiduría como algo carente de dicha existencia. Por este motivo a la ignorancia no se le puede atacar directamente con el amor ni con la compasión o la fe, ni tan siquiera con la bodhichita, sólo la sabiduría que comprende el vacío sirve como antídoto capaz de suplantar una concepción errónea tan arraigada en nuestro continuo mental. Y es así porque aprehende el objeto de una manera distinta: tal y como existe en realidad.

Para conseguir esta sabiduría tan precisa es necesario haber desarrollado concentración. Y esta concentración, a su vez, necesita del adiestramiento en la disciplina ética superior. La disciplina ética es como un leñador, la concentración es como el fuerte brazo que golpea con el hacha de la sabiduría que realiza el vacío en el lugar preciso, los engaños son las ramas del árbol y la ignorancia su raíz.

Si estas enseñanzas estuviesen exclusivamente dirigidas a los seres de capacidad media, las instrucciones sobre los tres adiestramientos superiores serían más extensas, pero en el Lam Rim, las explicaciones pertinentes a este nivel de capacidad se dan como prácticas preliminares a las personas que practican las técnicas de los seres de capacidad superior. Por este motivo, la explicación sobre el adiestramiento superior en concentración y sabiduría aparecerá detallada en la sección de prácticas relativas a los seres de capacidad superior. Aquí se dará tan solo una breve explicación de la práctica de disciplina ética.

La disciplina ética comprende tres niveles de práctica. El primero de ellos consiste en abandonar las diez acciones negativas en cuyo principio se fundamentan los dos niveles siguientes. El segundo nivel incluye la toma de votos pratimoksha y del bodhisatva. En el tercer nivel se toman los votos del tantra. Los votos pratimoksha pueden ser de ocho tipos, aunque sólo tres de ellos pueden ser observados por laicos; los cinco restantes pueden tomarlos los monjes y las monjas. Los tres votos laicos son: los cinco votos de laico budista para hombre o mujer y los ocho votos laicos que se toman durante un solo día. Constituyen un buen fundamento de disciplina moral para cualquier persona laica que los tome. Los votos laicos se pueden tomar según la capacidad mental del individuo.

En el occidente budista, muchos toman iniciaciones elevadas, y esto es fantástico, pero uno debe tener mucho cuidado porque después de tomarlas se deben observar los votos del bodhisatva y del tantra.

Observar una correcta disciplina ética en épocas degeneradas conlleva más beneficios que hacerlo en épocas afortunadas. En un sutra, Sakyamuni Buda dijo:

> Un solo día de disciplina moral en una época espiritual degenerada, supone mayores beneficios que construir

templos de oro y hacer miles de ofrecimientos a los budas en épocas afortunadas.

Cuando se toman votos deben ser observados adecuadamente, de otro modo el futuro no será nada agradable en un infierno. Aquellos que hayan tomado votos tántricos, han de hacer, tan pronto como puedan una *aproximación* o retiro de número de mantras porque, a partir de entonces, uno mismo puede tomar la autoiniciación restaurando así los votos rotos.

Es preciso cerrar las cuatro puertas a través de las cuales puede salir la negatividad: el desconocimiento, la falta de respeto por las Tres Joyas, la falta de rectitud y el engaño.

El desconocimiento. Por su culpa incurrimos en acciones negativas. Es importante tener conciencia de qué tipo de actividades son correctas y cuáles no lo son. Este conocimiento es, precisamente, lo que nos hace distintos de los animales.

La falta de respeto por las Tres Joyas. Necesitamos tener fe en ellas. La fe que nace del razonamiento lógico es siempre mejor que la fe ciega. Si carecemos de fe y de respeto hacia las Tres Joyas y tampoco creemos en la ley del karma transgredimos nuestros votos.

La falta de rectitud. Es difícil mantener votos sin rectitud ni los factores mentales de la consideración hacia uno mismo o hacia los demás.

El engaño. Nuestra mente está repleta de ellos. Es bueno empezar identificando el engaño o aflicción mental más predominante y vigilarlo sin descanso para no caer presa de él. Cada vez que salga un engaño, aplica rápidamente su antídoto sin dar tiempo a que se produzca la negatividad. Si el engaño que te controla es la ira, el odio, debes aplicar amor y paciencia, si es el apego medita en el aspecto repulsivo del objeto, si se trata del orgullo y la envidia medita en la muerte y la impermanencia de la vida. En la vida cotidiana es vital observar las mentes negativas cuando se manifiestan e intentar cortarlas y en el momento que surge una actitud positiva, familiarizarse con ella profundamente. Toda la disciplina ética que podamos seguir a partir de ahora pongámosla en práctica y hagamos oraciones para que vaya mejorando en el futuro. Perfeccionando los tres adiestramientos desenraizamos el aferramiento a la existencia intrínseca y nos liberaremos de todo engaño. Pero con esto no basta para poder beneficiar a todos los seres. Necesitamos el conocimiento completo que sólo se produce una vez superados todos los obstáculos que aún residen en la mente. Para cumplir los objetivos individuales y colectivos es preciso obtener la Iluminación plena. Desde este estado se puede beneficiar a todos sin esfuerzo y para hacerlo posible, la práctica ha de sostenerse sobre dos pilares -los dos niveles de capacidad explicados hasta ahora como prácticas preliminares. Con esta sólida base uno ya está preparado para cruzar el sendero que lleva a la Iluminación.

CUARTA PARTE

Prácticas de las personas
de capacidad superior

Mahakala

Beneficios de la bodhichita

Adiestrarse en las etapas del camino de las personas de capacidad superior
> Presentación de la bodhichita, única puerta de entrada al sendero mahayana.
> Beneficios de generar la bodhichita.
> Método para generar la preciosa bodhichita.
> Cómo adiestrarse en las seis perfecciones.

Presentación de la bodhichita, única puerta de entrada al sendero mahayana

Los *destructores de enemigos* o arhats, aquellos que ya se han liberado del sufrimiento, conservan aún ciertos defectos en sus mentes y si desean llegar a la Iluminación han de entrar en el sendero mahayana. Son practicantes hinayana porque su práctica está motivada por el deseo de eliminar su sufrimiento y no por la bodhichita que aspira a llegar a la Iluminación para beneficio de todos los seres.

Si deseamos cruzar el océano, es mejor hacerlo de una sola vez y no perdiendo el tiempo en distintas escalas. Del mismo modo, es mejor empezar practicando el sendero mahayana desde el principio. Se dice que cuando un practicante realizado hinayana llega al nirvana permanece en ese gozo durante eones, por lo que le resulta difícil entrar en el mahayana.

En la época de Buda, hubo un monje llamado Kashyapa que instruía con sus enseñanzas a un grupo de sesenta monjes. Todos ellos tenían el potencial para liberarse en una sola vida. No obstante, puesto que con anterioridad habían recibido enseñanzas mahayana de Manjushri demasiado profundas para su capacidad mental, generaron mentes erróneas y como consecuencia, renacieron en reinos inferiores. Kashyapa, que era clarividente, tuvo una visión de todos sus discípulos en el infierno y fue al encuentro del Buda para decirle: "Siguiendo mis instrucciones se hubiesen liberado del samsara, pero las enseñanzas de Manjushri les hicieron generar mentes erróneas y ahora están en el infierno". Sakyamuni replicó: "El trabajo que hizo Manjushri con este grupo de monjes fue magnífico y muy hábil, pues cuando dejen esta situación de sufrimiento, madurarán las impresiones mentales mahayana que hay depositadas en su mente y obtendrán con facilidad no la liberación sino la Iluminación en su próxima vida".

Beneficios de generar la bodhichita

La bodhichita es el requisito para llegar al despertar supremo. En el *Lam Rim* del Quinto Dalai Lama se explican en primer lugar los beneficios de esta preciosa mente para despertar interés en generarla. Los beneficios de generar la bodhichita son diez.

> Es la única puerta para acceder al sendero mahayana.
> Te conviertes en *hijo de los budas*.
> Superas a los oyentes y realizadores solitarios
> Serás merecedor de ofrecimientos y postraciones tanto de humanos como de dioses.
> Fácilmente creas un gran caudal de mérito.
> Destruyes rápidamente obstáculos y negatividades
> Verás cumplidos todos tus deseos.
> No serás perjudicado por obstáculos externos ni internos.
> Rápidamente completas los niveles y los senderos.
> Tu estado mental será fuente de paz y felicidad para todos los seres.

Es la única puerta para acceder al sendero mahayana

Desde el momento en que alguien obtiene la motivación bodhichita genuina, puede considerarse un auténtico practicante mahayana. Si careces de tan preciosa actitud, aunque practiques el *Tantra de Guhyasamaja*, no llegarás a la Iluminación, ni tan siquiera entrarás en el sendero de acumulación tántrico. Sin bodhichita, por más que te esfuerces en practicar una deidad, no te servirá de nada. Es más, te puede hacer renacer en un infierno. Cuando Atisha estuvo en el Tíbet vivía en la India un yogui que practicaba la deidad Hevajra y como resultado de su práctica obtuvo la realización denominada "entrar en la corriente". Cuando la noticia llegó a oídos de Atisha, éste exclamó irónicamente: "Es fantástico, normalmente todos los que practican tantra sin bodhichita caen en el reino de los infiernos".

Si con la actitud de la bodhichita das un puñado de arroz a un pordiosero, estás practicando la primera perfección de un bodhisatva, la generosidad. Pero sin tener esta actitud, aunque uno sea generoso, no la estarías practicando.

Atisha viajó durante trece meses para poder recibir instrucciones sobre la bodhichita y luego estuvo más de doce años adiestrándose en ella. Pensando que esta mente nos abre las puertas del verdadero camino del tantra, tratemos de generar la bodhichita genuina o, en su defecto, la artificial.

Te conviertes en hijo de los budas

Seas un pordiosero o un rey, si posees la preciosa bodhichita te volverás un digno objeto de veneración, un bodhisatva.

Superas a los oyentes y realizadores solitarios

En un sutra se dice que Garuda, rey de los pájaros, supera con su vuelo cualquier otra ave. Un fragmento diminuto de un diamante al romperse tiene más valor que cualquier otra piedra. El rango del hijo de un rey poderoso es siempre superior al de cualquiera de sus ministros; del mismo modo, la persona que ha desarrollado la mente de la bodhichita, entra en un linaje superior al de los oyentes y realizadores solitarios.

Serás merecedor de ofrecimientos y postraciones tanto de humanos

como de dioses

Cuando rindes homenaje a la luna nueva, también lo estás rindiendo a cada una de las fases lunares hasta el plenilunio. Los budas muestran un gran respeto hacia los bodhisatvas. Un sutra señala que sería correcto dejar a un buda tirar el carruaje en que viajaran un grupo de bodhisatvas. Los budas nacen de los bodhisatvas y éstos de la bodhichita.

Fácilmente creas un gran caudal de mérito

Sin grandes esfuerzos reunimos la acumulación necesaria de mérito y sabiduría. La bodhichita es el sendero hacia la Iluminación y el fundamento de todas las acciones de los bodhisatvas.

Con la bodhichita, cualquier mérito acumulado se vuelve causa de Iluminación. Es como el elixir que utilizaban los alquimistas para transformar el metal en oro; como un cofre lleno de tesoros. Ella transforma tu cuerpo impuro en el cuerpo de un bodhisatva. Las semillas de mérito normales son como un platanero que sólo da fruto una vez, en cambio los frutos que proporciona la bodhichita son inagotables. La acción de ofrecer una barrita de incienso con la bodhichita es mil veces más poderosa que ofrecer cientos de kilos del mejor sándalo con una actitud ordinaria.

Destruyes rápidamente obstáculos y negatividades

No importa lo graves que hayan sido nuestras faltas cometidas, con el despertar de la bodhichita quedan eliminadas. Asanga permaneció durante doce años retirado, anhelando tener una visión de Maitreya, pero no pudo conseguirlo a causa de sus obstrucciones mentales. Cuando por fin salió de su cueva se cruzó en su camino con una perra herida cubierta de gusanos. Esta visión activó en él la mente de la gran compasión, desaparecieron sus obstrucciones y pudo percibir a Maitreya.

Verás cumplidos todos tus deseos

Tanto los deseos mundanos como los espirituales serán realizados. Si nuestro caso es que practicamos tantra o hacemos cualquier otra práctica y por más que nos esforcemos, no conseguimos progresar, es debido a nuestra falta de bodhichita. Carecemos del deseo de hacer algo en todo momento por los demás. La actitud de anteponer siempre las necesidades de los demás a las propias, hace posible que se obtengan todos los beneficios mencionados en los tantras.

Hace muchos años hubo en la región de Tsangpo, en el Tíbet, grandes tormentas que hicieron temer una inundación en la ciudad de Lhasa. Sus habitantes, alarmados, corrieron a pedir ayuda a uno de los discípulos principales de Tsongkhapa. El yogui mandó grabar en una piedra la siguiente frase: "Pueda el poder de mi bodhichita impedir que se desborde el río". Se colocó la piedra en la orilla y la inundación no tuvo lugar. El beneficio supremo de tener la bodhichita es que uno obtiene la Iluminación.

No serás perjudicado por obstáculos externos ni internos
Si tienes la bodhichita, los protectores del Dharma velan por ti incluso mientras duermes. Generar amor y compasión es el mejor auspicio del que puedes valerte. Cuando Buda Sakyamuni permanecía sentado bajo el árbol de Bodhgaya, a punto de acceder a la Iluminación, le atacaron diez millones de obstáculos diferentes, pero ninguno pudo extraerle de su concentración sobre el amor. Una vez, en el Tíbet, fuerzas malignas no humanas se propusieron dañar las vidas de todos los habitantes de una aldea. Emplearon conjuros de magia negra y consiguieron la muerte de muchos, otros enfermaron, otros fueron atacados; todos resultaron perjudicados en un sentido u otro excepto el gueshe kadampa Karlungpa. Enfurecidos, los espíritus dañinos se reunieron para discurrir la manera de atacar a Karlungpa, pero se dieron por vencidos cuando uno de ellos dijo: "No podemos causarle ningún daño porque su actitud mental, cuya esencia es cambiarse por los

demás, hace que cuanto más deseemos perjudicarle mayor sea su amor por nosotros".

Rápidamente completas las bases y los senderos
La bodhichita nos permite entrar en el sendero de acumulación y atravesar todas las bases o niveles y senderos hasta llegar a la Iluminación. Si la sabiduría que percibe la vacuidad no es asistida por la bodhichita, no se transforma en la perfección de la sabiduría y, en consecuencia, no obtenemos la budeidad. Con la bodhichita se acumula mérito y sabiduría, sin ella, aunque practiques tantra éste no producirá resultados.

Tu estado mental será fuente de paz y felicidad para todos los seres
La verdadera felicidad se consigue siguiendo las enseñanzas del Buda. En el tercer capítulo de la *Guía,* Shantideva dice a propósito de la bodhichita: "Es el sol radiante que despeja la nube de ignorancia del mundo, es la esencia que, como la mantequilla, surge al batir la leche del Dharma". "La bodhichita es muy profunda y demasiado difícil para mí, y además no es tan excitante como la práctica del tantra", quienes piensan así no llegarán a ninguna parte. Atisha solía decir: "Una concentración tan estable como una montaña, no sirve de mucho sin la bodhichita". Generar la bodhichita es más difícil que comprender la vacuidad, pero vale la pena esforzarse. Después de entenderla perfectamente hemos de familiarizarnos con ella, hasta que un día florezca de forma espontánea. Esperar que se origine de repente, sin conocerla y trabajarla previamente es absurdo. A causa de nuestra gran familiaridad, lo único que ahora surge fácilmente y con naturalidad es nuestra actitud egoísta, estado mental opuesto a la bodhichita.

Es tradicional antes de comenzar una sesión de enseñanzas o de meditación, recitar una oración de bodhichita. Pero no deberíamos hacerlo mecánicamente, obviando el significado de nuestras palabras, sino tratando de transformar nuestra mente en el significado de lo leído. En su *Canción del Lam Rim,* Tsongkhapa dice:

(14)

*Hacer brotar la bodhichita, es el fundamento sobre
el que se estructura todo el camino mahayana. Es el mar
del que se origina el oleaje de conducta iluminada que
observan los bodhisatvas. Como el elixir de los alquimistas
que convierte en oro el simple metal, la bodhichita convierte
todo el mérito y el discernimiento meditativo en verdaderas
causas para el logro de la budeidad. La bodhichita reúne
un tesoro de buen mérito, producto de innumerables hechos
meritorios. Esto es bien conocido por los audaces bodhisatvas,
valerosos ante los obstáculos que impiden la liberación y la
omnisciencia, consideran la preciosa bodhichita como el
centro de sus meditaciones. Yo que he recorrido el verdadero
camino que conduce a la Iluminación, he tenido la
experiencia de hacer justamente esto. Si tú también buscas
liberarte, por favor, actúa de la misma manera.*

Generar la bodhichita

Método para generar la preciosa bodhichita
    Adiestrarse en la bodhichita por etapas.
    Mantener la bodhichita por medio del ritual.

Adiestrarse en la bodhichita por etapas
Son dos las técnicas que podemos utilizar para despertar la bodhichita: las seis causas y un efecto y cambiarse por los demás. El primer método fue practicado por eruditos indios como Asanga, Chandragomin y otros. El segundo método lo practicaron, entre otros, Nagarjuna y Shantideva. Ambos linajes llegaron a Lama Serlingpa, quien depositó en Atisha las enseñanzas referentes a los dos sistemas. Desde el tiempo de Atisha hasta el de Gueshe Chekawa, el sistema de las seis causas y un efecto fue muy conocido, pero el segundo, que era muy profundo, se practicaba en secreto y solo recibían enseñanzas al respecto discípulos selectos. Sin embargo, Gueshe Chekawa empezó a pensar que algo tan valioso no podía mantenerse en secreto por más tiempo, ya que se corría el peligro de perder la tradición. A partir de entonces empezó a impartir enseñanzas de adiestramiento mental –*Lo Yong*– a todo aquel que quisiera escucharlas. Las seis causas y un efecto son:

    Reconocer a todos los seres como tu madre.
    Recordar la amabilidad de todos los seres.
    Desear devolver la amabilidad de todos los seres.
    El amor afectuoso.
    La gran compasión.
    La intención suprema.
    La bodhichita.

Las seis causas y un efecto han de tener como fundamento la mente de ecuanimidad. Si queremos pintar un dibujo en la pared primero tendremos que limpiarla y alisarla, de la misma manera, para generar la bodhichita es necesario preparar nuestra mente desarrollando ecuanimidad hacia todos los seres. Nuestra mente no está equilibrada, es decir, nuestra actitud mental hacia los demás no es imparcial. El desequilibrio consiste en considerar a un grupo reducido de personas como amigos queridos, a otro pequeño grupo como enemigos y al resto formando parte del grupo de personas que nos son indiferentes. Generamos apego con respecto a unos, odio hacia otros, y un sentimiento neutro hacia el resto. Esta es la actitud que tenemos actualmente.

Antes de reconocer a todos los seres como nuestra madre, hemos de meditar y preguntarnos si nuestro enemigo lo es realmente. Si investigamos de manera cuidadosa llegaremos a la conclusión de que, si la característica intrínseca de esa persona fuese ser un enemigo, lo sería también para los demás. Pero no es así, ahora es un adversario para nosotros porque quizá nos ha hecho o dicho algo desagradable. Pero, tal vez, esta misma persona haya sido en otro momento nuestro mejor amigo o quizás lo sea mañana. A lo largo de la vida vemos cómo cambian las relaciones con los demás. Aplicando este tipo de análisis llegarás a comprender que no tienes argumentos para odiar a quien consideras ahora tu enemigo.

Ante la presencia de seres queridos, generas apego inmediatamente. Como antes, si investigas verás que tienes estos sentimientos hacia ellos porque te han ayudado en el pasado y quizá continúan haciéndolo en este momento. Pero ¿son intrínsecamente amigos? ¿Los ve todo el mundo igual que tú? Quizá hayan sido tus adversarios en otras vidas, incluso en la vida presente, hoy tienes un amigo y mañana ya no lo es.

Hacia las personas que no conoces sientes una total indiferencia ya que nada te vincula con ellas. Pero si lo observas detenidamente verás que en un momento dado pueden entrar a formar parte de cualquiera de los dos grupos anteriores.

Al meditar imagina a estas tres categorías de seres frente a ti. Meditando así, analiza hasta llegar a comprender que tanto el amigo, el enemigo como el extraño desean experimentar felicidad y verse lejos del sufrimiento, igual que tú. Por tanto, en este sentido todos son iguales. Y, como unas veces han estado muy próximos a ti y otras muy alejados, no has de generar apego hacia unos, odio hacia otros e indiferencia hacia el resto.

Continúa razonando hasta generar en tu continuo mental un sentimiento de ecuanimidad imparcial hacia los tres grupos y luego concéntrate tanto tiempo como puedas en esta sensación. Debes repetir constantemente dicha meditación pues es la base sobre la cual aplicamos la semilla, el agua y los rayos de sol de la compasión que producirá el fruto deseado de beneficiar a lo demás.

Reconocer a todos los seres como tu madre
Tanto en los sutras como en diversos tratados se afirma que, en uno u otro momento, todos los seres han sido nuestra madre. No obstante, es posible que el simple hecho de que esté dicho en las escrituras no convenza a muchos. Para estas personas es necesario utilizar una línea de razonamientos lógicos que les ayuden a verlo claro. Tenemos un cuerpo y una mente; el origen del cuerpo físico fueron el esperma de nuestro padre y la sangre de nuestra madre, pero ¿cuál es el origen de nuestra mente? La mente de hoy no es más que la continuación de tu mente de ayer que a su vez provenía de la mente de anteayer. Podrías ir retrocediendo hasta el mismo momento de nacer y verías que el origen de aquella mente estaba en el seno materno, pero no se acaba allí. Esa mente se remontaba a la del momento de la concepción que provenía de la mente del momento de morir en tu vida anterior. La mente ha de tener siempre un continuo previo de aspecto similar. Si sigues buscando así el origen de tu mente, no la encontrarás porque

no tiene principio. Y si has nacido cien veces, has necesitado cien madres. Las vidas que hemos tenido como seres humanos han sido innumerables. La causa sustancial de la materia física debe ser física; no puede ser mental. Y a la inversa, la causa sustancial de la mente debe ser mental, y no puede ser física. Por tanto, innumerables han sido nuestras madres. Nagarjuna decía: "Coge toda la tierra de este universo y ponte a hacer con ellas bolitas como semillas de enebro. El número de bolitas será siempre inferior al número de madres que has tenido".

Poco a poco te irás acercando a la idea de que todos los seres han sido tu madre, pero si esto fallara, pregúntate, ¿tengo madre en esta vida? ¿Existen las vidas pasadas? Si investigas ambas preguntas llegarás a la conclusión de que todos los seres han sido tu madre en vidas anteriores. Hubo un caso muy reciente en la India de una niña que recordó su vida previa y cómo había muerto en un accidente de coche. Recordó los nombres de sus padres anteriores y señaló la casa donde había vivido. Tal vez pensemos: "Puesto que yo no recuerdo a la madre que tuve en mi vida pasada, no me lo creo". Pero este razonamiento es incorrecto para refutar la existencia de las vidas pasadas; incluso en esta vida hay muchos casos de hijos abandonados que no pueden reconocer a sus padres y bien los han tenido. Cuando frente a cualquier persona, nazca en ti el sentimiento de que ha sido tu madre, habrás experimentado la primera de las seis causas.

Recordar la amabilidad de todos los seres
Una vez plenamente convencido de que todos los seres han sido tu madre, te darás cuenta fácilmente de lo amables que han sido todos ellos. Toma como ejemplo a tu madre presente. Ella ha sido, sin duda alguna, quien más ha hecho por ti. Durante nueve meses te tuvo en su vientre y ya desde el comienzo de tu gestación estuvo preocupada por ti dejando, quizá, ciertas actividades que podían perjudicarte. Al dar a luz, aunque tuvo

que soportar un gran dolor, su mente estaba volcada hacia ti. Cuando por fin pudo tenerte entre sus brazos, no hacía más que mirarte como si de una piedra preciosa se tratara. Te alimentó, te dio calor con su cuerpo, te lavó y te dedicó todo tipo de cuidados. La mayoría de las madres preferirían morir antes que ver morir a su hijo. Piensa también que, de no haber sido por ella, ahora mismo no te habrías encontrado con el Dharma. También los animales tienen un instinto maternal muy especial hacia sus crías. Las protegen hasta el extremo de entregar su propia vida.

Meditando profundamente en estos puntos, llegarás a comprender la inmensa amabilidad de todos los seres que te rodean. Para generar la bodhichita has de meditar en estos dos primeros puntos intensamente. Cuando contemples el segundo punto, piensa en lo que tu propia madre ha hecho por ti. Cuando percibas su amabilidad, cambia de objeto de contemplación hasta que sientas lo mismo respecto a tu padre de esta vida. A continuación, haz extensivo el mismo razonamiento hacia tus amigos y, gradualmente, ve ampliando el círculo hasta abarcar también a los seres que te son indiferentes y a los enemigos.

Devolver la amabilidad de todos los seres
Supón por un momento que tu madre de esta vida es ciega y la ves acercarse al borde de un precipicio. Si fueses capaz de mirar esta escena, impasible, sin inmutarte siquiera, la gente diría con razón que en tu corazón sólo hay maldad. La relación entre una madre y su hijo es tan estrecha que él echaría a correr para salvarla y guardarla de todo peligro. Del mismo modo, todos los seres conscientes, tus madres, están ciegos a causa de sus engaños mentales. Su ojo de sabiduría está empañado por el humo de la ignorancia, quedando así privados de la capacidad de discernir lo correcto de lo

incorrecto. Así cometen acciones destructivas que les arrastran al abismo de las migraciones inferiores. Tú, en cambio, tienes ahora la fortuna de haber renacido como humano dotado con las dieciocho características necesarias para discernir entre el bien y el mal. Puedes escuchar enseñanzas y cuentas con la ayuda de guías espirituales. Si ante tales circunstancias no proteges a los demás de los sufrimientos que les esperan, eres un desagradecido. Dar de comer al hambriento o de beber al sediento es una gran práctica de generosidad, pero, la mejor manera de ayudarles es liberarles de todo sufrimiento y ayudarles a encontrar la felicidad verdadera.

Aplicar esas tres formas de meditación respecto a tus enemigos es extremadamente difícil. Piensa en la siguiente analogía; te ayudará a conseguirlo. Si tu madre se vuelve loca y con un cuchillo intenta matarte, no vas a reaccionar con más violencia, al contrario, tratarás de aplacar su locura con palabras dulces. Si tu enemigo te hace blanco de su odio, no le devuelvas más, intenta calmarle y darle sosiego.

El amor afectuoso

Cuando una madre se encuentra con su hijo se siente feliz. Esta sensación agradable deberíamos manifestarla siempre ante cualquier ser ya que se trata del amor afectuoso. Si has contemplado en profundidad las tres causas anteriores, espontáneamente manifestarás esta cuarta, el amor afectuoso, el deseo de que todos sean felices. Los beneficios de generar el amor afectuoso son múltiples. Aunque sólo lo sientas durante un instante, te protege de cualquier obstáculo. Es una de las causas directas para obtener la Iluminación. Puesto que el amor afectuoso es extensivo a todos los seres y estos son innumerables, los méritos que se acumulan son también innumerables.

La gran compasión

Se la considera como una de las prácticas más importantes

ya que es la semilla del linaje de la práctica mahayana. Una vez cultivada en tu mente la gran compasión, has activado en ti este linaje. Incluso después de alcanzar la Iluminación, un buda ayuda a los demás movido por la gran compasión. Por esta razón, al principio de numerosos textos se ensalza esta cualidad. El grado o intensidad de la bodhichita depende del grado de compasión al que uno llegue. Lo que impulsa a un bodhisatva a entrar en el camino tántrico es no poder soportar el gran sufrimiento de que son víctimas todos los seres.

Un ejemplo de compasión sería el instinto que nace en una madre que ve quemarse a su hijo. Intentaría por todos los medios aliviar su sufrimiento. Esta actitud mental deberíamos sentirla hacia todos los demás. Para mejorar tu compasión, contempla el sufrimiento en todos los reinos de existencia.

Cuando más profundamente reflexiones sobre estos sufrimientos mayor será tu gran compasión. Meditando en el sufrimiento propio, surge la renuncia, pero meditando en el sufrimiento de los demás lo que surge es la gran compasión: el deseo de que todos estén libres de sufrimiento y dolor.

Los practicantes theravada generan una cierta compasión, pero ésta no incluye a todos los seres. Un mahayana, en cambio, siente gran compasión hacia todos y cada uno de ellos.

La intención suprema

A esta actitud se la llama también superior porque es exclusiva del practicante mahayana. Existe una diferencia notable entre la gran compasión y la intención suprema. Volviendo al ejemplo de la madre, si ella ve a su hijito ahogándose pensará inmediatamente, "debo salvarle". Este sentimiento aplicado a todos los seres sería la gran compasión. Si la madre se tira al agua dispuesta a rescatar a su pequeño, su compasión es más activa. Del mismo modo, al responsabilizarnos de rescatar a todos los seres del samsara, estamos generando la intención suprema. La diferencia entre el amor, la compasión y la intención suprema estriba en que la intensidad de esta última actitud es mayor.

La bodhichita

Después de generar la gran compasión pregúntate si puedes realmente aliviar a los seres de su sufrimiento y llevarlos a un estado de felicidad. Seguramente la respuesta es negativa. Ahora mismo no podrías liberar siquiera a un sólo ser. ¿Quién tiene poder para separar a los seres conscientes del sufrimiento samsárico? Dioses mundanos como Brahma o Indra no lo tienen, ellos también están en el samsara; aquellos que ya se han liberado, los arhats, tampoco lo tienen pues todavía no han superado los obstáculos a la omnisciencia, su liberación es parcial. Un bodhisatva puede ayudar a muchos seres, pero incluso su ayuda, comparada con la de un ser Iluminado no es perfecta. Por tanto, sólo un buda tiene poder total. Después de razonar así, nacerá en ti el siguiente pensamiento: "Tengo que llegar al estado Iluminado para beneficiar a los demás". Esta es la bodhichita que surge tras meditar en las seis causas.

La bodhichita es una mente primaria cuyo objetivo es obtener la Iluminación en beneficio de todos los seres. Esta mente va acompañada de dos intenciones nobles: llegar a la Iluminación y ayudar a los demás. Las cuatro primeras causas cultivan la mente que desea beneficiar a los demás; la quinta, sexta y séptima son las mentes que ya de forma efectiva lo hacen.

Cueste lo que cueste, trabaja para transformar tu mente en la bodhichita innata. Cuando lo consigas entrarás en el sendero de acumulación. Familiarízate una y otra vez con estas seis causas hasta despertar la bodhichita genuina.

En términos de su naturaleza la bodhichita se divide en dos: la bodhichita que aspira y la que se implica. La que aspira es sencillamente obtener la mente que aspira a la Iluminación para beneficio de los demás y la que se implica se refiere a implicarse sinceramente en las actividades del bodhisatva para beneficiar a los demás. La aspiración sería como tener la intención de irse a Mallorca, mientras que la que se involucra es coger el avión y llegar a Mallorca.

En relación con sus límites, la bodhichita se clasifica en cuatro y con respecto a sus ejemplos la bodhichita se puede dividir en veintidós. Todas estas divisiones se hallan detalladas en los grandes textos clásicos budistas.

En función de la manera en que se genera, se divide en las tres siguientes: la bodhichita parecida a un rey, a un pastor y a un barquero. La bodhichita que generó Sakyamuni Buda era la parecida a un rey. Al generarla inicialmente pensó: "Tengo que llegar a la Iluminación y luego ayudar a todos a llegar a mi estado".

Chenrezig generó la bodhichita semejante al pastor, quería que todos los seres llegasen primero a la Iluminación y después él la obtendría.

Manjushri generó la bodhichita parecida al barquero. Quería llegar a la Iluminación al mismo tiempo que todos los demás seres. Estas son las maneras en que generaron bodhichita estos tres grandes seres. Muestra la intensidad del deseo de uno. No significa que, por ejemplo, Chenrezig, aún no se haya Iluminado, sólo indica la intención con que generó la bodhichita.

Cambiarse por los demás

El sistema de cambiarse por los demás es más profundo que el de las seis causas y un efecto. De hecho, estas seis se encuentran en este segundo método. Aunque Atisha era poseedor de los linajes de ambas instrucciones, éste último no lo revelaba abiertamente pues estaba más allá de la capacidad de la mayoría de las personas que le rodeaban en esa época. Fue en tiempos de Gueshe Chekawa cuando empezaron a hacerse públicas estas instrucciones. Viendo la importancia de expandirlas,

Gueshe Chekawa compuso el texto: *Adiestramiento de la mente en siete puntos*. El sistema de cambiarse por los demás tiene cinco divisiones principales:

> Igualarse con los demás.
> Contemplar las desventajas del egoísmo.
> Contemplar los beneficios de estimar a los demás.
> Cambiarse por los demás.
> Tomar y dar.

Igualarse con los demás

Esta práctica es parecida a la ecuanimidad. Dándonos cuenta de que todos los seres desean experimentar felicidad y no sufrimiento, comprendemos que somos iguales. Resulta ilógico pensar exclusivamente en el beneficio propio, ignorando a los demás. Genera el sentimiento de que tus necesidades son las mismas que tienen tus amigos, enemigos y personas que te son indiferentes. Ahora además añades a tu razonamiento la amabilidad que te han mostrado en todas las cosas de la vida cotidiana. Todo lo que comes, todo lo que tienes, todo lo que sabes, se lo debes a otros. Desde el punto de vista espiritual, para generar mentes como el amor, la compasión, la paciencia, la generosidad y otras virtudes, necesitamos a los demás. Se dice que los seres conscientes son tan amables como el mismo Buda para aquellos que buscan la Iluminación. El cincuenta por ciento de los logros dependen de los budas, el resto de las personas que te rodean.

Contemplar las desventajas del egoísmo

El mayor obstáculo a la Iluminación es tu egoísmo. Esta actitud mental nos mantiene sujetos al samsara y nos viene controlando desde tiempo sin principio. De ella surgen engaños como el odio, el apego, la envidia o la avaricia, por culpa de los cuales nos involucramos en acciones cuyas consecuencias son las experiencias en los reinos inferiores. La actitud egoísta nos hace exagerar cualquier experiencia desagradable lo cual empeora nuestro sufrimiento. El egoísmo es el ladrón que roba la riqueza de la virtud y la semilla que produce el samsara. Por culpa del egoísmo sentimos envidia hacia aquellos que están por encima de nosotros, competitividad hacia nuestros iguales y menosprecio hacia los que están por debajo.

La rueda de las armas afiladas de Dharmarakshita, dice que el egoísmo es el principal obstáculo para encontrar felicidad y la condición más propicia para hallar sufrimiento. El mismo texto señala que si tienes algún poder mágico, no lo debes utilizar contra tus enemigos externos sino contra lo que es más perjudicial, tu propio egoísmo.

Contemplar los beneficios de estimar a los demás
Al estimar a los demás se obtienen, de forma natural, toda suerte de logros y satisfacciones. En el *Lama Chopa*, Losang Choky Gyeltsen señala que estimar a los demás es la raíz de toda la felicidad en esta vida y las futuras. En su *Guía*, Shantideva nos habla de cómo el Noble Buda obtuvo la Iluminación a causa de pensar exclusivamente en beneficio de los demás, mientras nosotros, como niños, pensamos únicamente en nuestro beneficio y seguimos en samsara. Observando la diferencia entre nosotros y Sakyamuni Buda debemos motivarnos a practicar.

Maitreya generó la mente de la bodhichita muchos eones antes que Sakyamuni, pero fue la perseverancia de Sakyamuni la que le permitió llegar antes a la Iluminación. Esto prueba la intensidad de su estima por los demás. En una de sus vidas previas, cuando era sólo un bodhisatva, se declaró una epidemia en el lugar donde vivía. Tan solo había un remedio para curar a los enfermos, se trataba de una medicina preparada con un pez denominado *rohita*, muy escaso en la región. El bodhisatva que un día sería Sakyamuni, murió voluntariamente para renacer innumerables veces como dicho pez. Gracias a su generosa acción la epidemia fue aplacada.

Cambiarse por los demás

Después de contemplar los dos puntos anteriores, determínate a cambiar el objeto de tu aprecio. Hasta ahora, el objeto has sido tú, cambiarse por los demás significa poner a los demás en tu lugar. Este cambio es el antídoto perfecto para tu actitud egoísta. De la misma manera en que te estimabas a ti mismo estimas a los demás. Al principio puede resultarte difícil, pero en cuanto te hayas familiarizado, dejará de serlo. Nada es imposible si se desea con intensidad.

Tomar y dar

Estas dos prácticas están íntimamente relacionadas con la compasión y el amor. Movidos por la compasión tomamos el sufrimiento de los demás y con nuestro amor hacia ellos les damos toda la felicidad imaginable, temporal y última. Es mejor *tomar* primero su sufrimiento, y cuando ya están libres de él, les podemos *dar* toda felicidad. En este contexto la meditación de la compasión y del amor es más profunda que en la técnica de las seis causas ya que se combina con la práctica de *tomar el* sufrimiento y *dar* felicidad.

Para hacer esta práctica imagínate rodeado por todos los seres conscientes, los hombres bajo el aspecto de tu padre y las mujeres tomando la forma de tu madre. Piensa que todos ellos son víctimas del sufrimiento del samsara, particularmente del que afecta a los tres reinos inferiores y genera compasión. Empieza a tomar todo su sufrimiento visualizándolo en forma de luz negra que entra por tu orificio nasal derecho y llega hasta tu corazón donde sitúas tu actitud egoísta bajo el aspecto de una llama a punto de apagarse. Cuando la corriente de luz negra llega hasta tu corazón, el sufrimiento de todos los seres se disuelve en la llama hasta apagarla por completo. Tu egoísmo desaparece durante un rato. Haz este ejercicio un buen rato y luego imagina que todos los seres se han liberado del sufrimiento y están cerca de la budeidad. Medita en ello.

Quizá el principiante pensará que esta práctica es difícil, si es así puede empezar tomando su propio sufrimiento, el que experimentará mañana, la semana próxima, el año próximo, hasta estar familiarizado. Luego irá incluyendo el sufrimiento de sus padres, hermanos, amigos, conocidos, seres indiferentes y enemigos. Quien tenga una experiencia de esta práctica será capaz de tomar verdaderamente el sufrimiento ajeno. Aunque ahora mismo no seamos capaces de hacerlo, con esta práctica acumulamos mucho mérito. En una ocasión, en el Tíbet, un hombre pegó a un perro delante de un experimentado meditador en la práctica del *tomar y dar* y la marca de la herida del perro apareció en la espalda del lama.

El sufrimiento en forma de luz negra puede absorberse también por el orificio izquierdo o incluso por ambos a la vez. Este último método se explica en la *Liberación en la Palma de tu Mano* de Pabongkha Rimpoché. La explicación dada aquí se basa en el sistema de Lama Tobden Rimpoché.

La práctica de *dar* debe estar precedida por una actitud amorosa hacia todos. Pensando en lo faltos de felicidad que están todos los seres, te desprendes de todas tus posesiones, de tu cuerpo y tus virtudes. Es fácil generar amor hacia los amigos y familiares, pero aquí este amor debe hacerse extensivo hacia todos los seres sin excepción. Si tenemos facilidad para ver a todos los seres como a nuestra madre, generar amor hacia ellos es fácil. Aquí imaginamos que hacemos entrega de nuestro cuerpo, bienes y virtud a todos los seres que nos rodean. Transforma tu cuerpo en una forma física capaz de conceder todos los deseos. Imagina que todos los seres conscientes quedan saciados cuando desde tu orificio nasal izquierdo sale luz blanca que llega a todos ellos. Imagina que a los que sufren en el infierno caliente, la luz les llega en forma de aire fresco y agradable. A los infiernos fríos llega una suave y cálida brisa. A los que habitan en el reino de los espíritus hambrientos, la luz blanca les alivia de su sed y hambre. A los animales les libra de su ignorancia y sus constantes peligros. De este modo vas aliviando el sufrimiento en los distintos reinos samsáricos. Gracias al caudal de luz que de ti emana, los seres ven cumplidos sus objetivos tanto materiales como espirituales. Esta práctica puede hacerse en conexión con la oración de Lama Chopa:

> ¡Oh venerable y bondadoso gurú, puedan todas las faltas, sufrimientos y obstáculos de los innumerables seres conscientes, madurar ahora mismo en mí y bendíceme para que al dar mi virtud a los demás, pasen a morar todos ellos en la felicidad más completa y duradera!

Estas líneas pueden recitarse en cualquier momento del día, mientras se realizan actividades tan cotidianas como caminar, comer, trabajar o estando ociosos, y al mismo tiempo, recordar la visualización. Cuando Tobden Rimpoché daba estas enseñanzas en Kham, Tíbet, miles de discípulos le escuchaban y a todos ellos aconsejaba memorizar estos breves versos, para recitarlos durante su vida cotidiana. Cuando yo era todavía un niño, recibí enseñanzas de este gran maestro y me sorprendió la lentitud con que sus discípulos entonaban el verso; lo hacían así para que todos, incluyendo ancianos, niños y analfabetos pudieran memorizarlo. Cuando alguien le pedía a Tobden Rimpoché oraciones para un enfermo o un moribundo, él aconsejaba la práctica de *tomar y dar*. Daba pocas iniciaciones tántricas y concedía una importancia suprema al *tomar y dar* y a la bodhichita.

Cuando estamos más habituados a esta práctica podemos unirla a nuestro proceso respiratorio. Al inhalar se toma el sufrimiento en forma de luz negra y al exhalar se da felicidad en forma de luz blanca. Esta práctica es similar a la *recitación vajra* del tantra. Se acumula mucho mérito debido a que nuestro objeto de contemplación son todos los seres y a que la actitud es la de proporcionar felicidad y aliviar del sufrimiento. Kedrub Je, discípulo de Tsongkhapa, le dijo a su maestro: "Si sólo respirando beneficias a todos los seres, ¡cuán beneficiosas habrán de ser tus otras actividades!" Después de esta práctica se despertará la intención suprema y la preciosa bodhichita.

Mantener la bodhichita por medio del ritual
Es costumbre en la sociedad tibetana que cuando un maestro da enseñanzas de *Lam Rim*, al terminar el texto, conceda los votos del bodhisatva ritualmente. Se divide en dos partes:

> La manera de recibir los votos del bodhisatva
> para aquellos que aún no los tienen.
> La manera de proteger los votos para que no degeneren.

La manera de recibir los votos del bodhisatva para aquellos que aún no los tienen

> Preliminar.
> Manera de tomar los votos.
> Conclusión.

Para la práctica de tomar los votos del bodhisatva se suelen extraer oraciones de la *Guía* y del *Lam Rim extenso.* En primer lugar, hemos de visualizar en el espacio, frente a nosotros, a todos los budas, maestros, bodhisatvas, etc, y a nuestro alrededor a todos los seres conscientes. Hacemos ofrecimientos materiales y mentales, pensando que el maestro de quien recibimos los votos es inseparable de Sakyamuni Buda que se halla en el centro de la asamblea que visualizamos. Imaginas que junto con él recitas el ritual tres veces y generas la mente de la bodhichita, pensando que tomas los votos para beneficio de todos los seres. Al final de la tercera recitación piensa intensamente que los has recibido. La oración que se suele recitar es la siguiente:

> ¡Oh budas, bodhisatvas y gurús!, por favor escuchadme. Al igual que los sugatas del pasado generaron la mente de la Iluminación y desarrollaron gradualmente los adiestramientos del bodhisatva, también yo me implicaré en estas actividades para el beneficio de los migradores.

Llevar a cabo este ritual es una forma muy auspiciosa de manifestar la bodhichita. A veces, cuando el maestro que concede los votos es un experimentado meditador, los discípulos elevados generan la bodhichita genuina, o se producen signos tan espectaculares como temblores de tierra.

Una vez obtenidos los votos ritualmente, se han de observar las instrucciones sobre la bodhichita y procurar no romperlos. Es preciso observar cuidadosamente nuestra conducta. En una ocasión Dukhang Gelek Gyatso estaba preparando a un grupo de monjes para recibir los votos del bodhisatva y aconsejó a sus discípulos que solamente los tomasen aquellos cuya confianza en sí mismos era estable, y el resto se abstuvieran de tomarlos, pues romper los compromisos era causa para renacer en los reinos inferiores. Puchok Ngawang estaba entre la audiencia y le dijo a un compañero: "Desde tiempo sin principio he estado renaciendo constantemente en los infiernos, son mi hogar, sin embargo, nunca he renacido allí por culpa de haber tomado los votos, sino a causa de mis engaños, por tanto, voy a tomar los votos del bodhisatva ahora sin preocuparme de caer en los infiernos ya que es la primera oportunidad que tengo de mantenerlos".

Los que hayan recibido iniciaciones tántricas ya tienen estos votos del bodhisatva. En teoría su práctica es superior a la del *Lam Rim*, por ello, los compromisos tomados durante una iniciación han de seguirse inmaculadamente.

La manera de proteger los votos para que no degeneren
Adiestrarse para que no degenere la bodhichita en esta vida.
Adiestrarse para no verse separado de la bodhichita en las vidas futuras.

Adiestrarse para que no degenere la bodhichita en esta vida
Estos cuatro consejos nos ayudarán a que la bodhichita no degenere en esta vida:

Recordar los beneficios de la bodhichita tres
veces durante el día y tres veces durante la noche.
Generar la bodhichita tres veces durante el día y
tres veces por la noche.
No abandonar a ningún ser consciente.
Acumular mérito y sabiduría.

El verso de cuatro líneas que recitamos al principio de las sadhanas o sesiones de enseñanzas lo compuso Atisha y al recitarlo se puede reflexionar sobre el refugio y la bodhichita. Al pensar: "¡Oh no puedo hacer nada para el beneficio de los demás!", estaríamos abandonando uno de nuestros votos y el resultado kármico es renacer en los reinos inferiores. Esta es la oración que deberíamos tener siempre en nuestro corazón:

Me refugio en Buda, el Dharma y la Sangha hasta que
alcance la Iluminación. Que por los méritos que acumule
con la práctica de la generosidad y otras perfecciones,
pueda alcanzar el estado de buda para poder beneficiar
a todos los seres conscientes.

Aunque veas algo que te disguste en los demás, no dejes de estar a su lado. Recuerda que la esencia de la bodhichita es trabajar para beneficio de *todos* los seres. Hasta ahora no has podido generar la bodhichita, pero en esta vida eres afortunado por tener la ocasión de hacerlo. Aprovecha todas las ocasiones que tengas de hacer ofrecimientos, por simples que sean, con la actitud de bodhichita.

Adiestrarse para no verse separado de la bodhichita en las vidas futuras

Esta explicación tiene ocho partes, las cuatro primeras presentan las cuatro transgresiones destructivas que hemos de abandonar y las cuatro siguientes son sus oponentes, que han de cultivarse. Los cuatro fenómenos positivos son el antídoto a las cuatro transgresiones.

Mentir a tu maestro, abad o al preceptor que te haya concedido votos. Hemos de evitar mentir incluso cuando bromeamos.

Que los demás se arrepientan de sus buenas acciones, creándoles dudas sobre la validez de dichos actos. El antídoto a esta actitud es tratar hábilmente de que quienes nos rodean entren en el sendero correcto.

Criticar, movidos por el odio, a quien ha entrado en el sendero mahayana. El antídoto es pensar que quien desea llegar a la Iluminación es tan precioso como un buda.

Engañar a los seres conscientes en general pretendiendo tener cualidades de las que carecemos. La sinceridad en todo momento es el antídoto perfecto a esta fea actitud.

Deberías exhortar a quienes confían en ti a sostener la bodhichita e interesarte por conocer las dieciocho transgresiones raíz y las cuarenta y seis secundarias para evitar romper los votos. (Una explicación de todos estos votos se encuentra en mi libro *El Yoga del Gurú*).

La bodhichita es el núcleo del sendero mahayana. Cuando tu práctica esté íntimamente mezclada con esta preciosa mente, todo lo que hagas se convertirá en causa para obtener los dos cuerpos de un buda. La bodhichita es como el elixir que produce el oro del mérito y la sabiduría. Para que algo sea una perfección del bodhisatva debe estar apoyado en la bodhichita. Así, algo tan simple como dar de comer a un pajarillo es una práctica mahayana. Puesto que la bodhichita puede transformar todas tus actividades ordinarias en supremas prácticas mahayana, debes considerarla como un tesoro de infinita virtud.

Una vez generada la mente de la bodhichita en el ritual, nos vemos impulsados a implicarnos en las actividades de un bodhisatva, que de manera condensada son estas dos: acumular mérito y sabiduría. La bodhichita unida al mérito es la causa necesaria para obtener el Cuerpo de la Forma de un Buda, mientras que la bodhichita unida a la sabiduría se convierte en causa para obtener el Cuerpo de Verdad de un buda.

Las seis perfecciones

Cómo adiestrarse en las seis perfecciones
> Adiestrarse en las seis perfecciones para madurar el propio continuo mental.
> Adiestrarse en las cuatro maneras de reunir discípulos para que madure el continuo mental de los demás.

Adiestrarse en las seis perfecciones para madurar el propio continuo mental
> Práctica de las seis perfecciones en general.
> Práctica específica de las dos últimas:
> concentración y sabiduría.
> Cómo adiestrarse en el sendero tántrico.

Práctica de las seis perfecciones en general
Las seis perfecciones son: generosidad, disciplina ética, paciencia, esfuerzo, concentración y sabiduría. Por medio de su práctica nos vamos más allá del samsara. Las tres primeras causan obtener el cuerpo de la forma de un buda y las dos últimas el cuerpo de verdad; la perfección del esfuerzo es necesaria en ambos casos.

La perfección de la generosidad
La generosidad es la intención virtuosa de dar. El acto de dar motivado por la bodhichita es la perfección de la generosidad.

Para desarrollar generosidad, en primer lugar, hay que abandonar la avaricia. En vidas anteriores hemos sido ya inmensamente ricos, incluso hemos sido dioses de la categoría de Brahma o Indra, pero ninguna de estas situaciones tan privilegiadas nos ha aportado nada significativo, pero ahora ha llegado el momento de hacer una práctica pura de generosidad, sin desear nada a cambio, impulsados solamente por la mente de la bodhichita. La práctica sincera de generosidad produce riqueza material en vidas futuras. La generosidad puede ser de tres tipos:

Dar Dharma.
Dar objetos materiales.
Dar protección a los demás.

Dar Dharma. Si con la bodhichita das a otra persona tan solo una palabra de Dharma, ya llevas a cabo una auténtica práctica de generosidad. Para dar Dharma no hace falta ser un maestro elevado. Las oraciones deberían recitarse en voz alta, de este modo, si a tu alrededor hubiese seres conscientes inferiores, podrían oír tus palabras y forjar una impresión o semilla positiva en sus mentes. Esto, por supuesto, forma parte de la práctica de este tipo de generosidad.

Dar objetos materiales. Incluye ofrecer dinero, ropa, comida, cobijo o cualquier cosa que otro ser necesite. Se dice que la principal forma de caridad para los monjes es dar Dharma y para los laicos dar objetos materiales lo cual no significa que un laico no pueda practicar el primer tipo de caridad o viceversa. Es así porque para un monje es más fácil acumular Dharma mientras que para un laico es más fácil acumular dinero.

El objeto de cualquier práctica de generosidad son siempre los demás seres conscientes, pero los clasificaremos según categorías distintas. 1) Los maestros, budas y bodhisatvas, dotados con excelentes cualidades, 2) tus padres, familiares y amigos por su increíble amabilidad contigo y 3) los necesitados, enfermos, o afectados por cualquier forma de sufrimiento. El mérito que se acumula practicando generosidad hacia estos tres objetos es muy grande. Hay tres sustancias que podemos ofrecer al objeto de nuestra generosidad: el cuerpo, las riquezas propias y las virtudes acumuladas en los tres tiempos. Por supuesto, esto no significa que debamos ofrecernos físicamente ya que esto sería imposible, pero sí podemos adiestrarnos dando cosas. Gradualmente, a medida que la mente se vaya familiarizando con la generosidad, llegaremos incluso a ser capaces de ofrecer nuestro propio cuerpo si es necesario. No deberían darse cosas que perjudiquen a los demás como armas, alcohol o drogas.

Dar protección. Significa ayudar a resolver situaciones de peligro para los demás, como ayudar a un animal que está a punto de morir ahogado o salvar a alguien de una muerte segura. Hemos de tratar de proteger a los demás de los peligros causados por el fuego, las inundaciones o los terremotos.

La perfección de la generosidad, en sí misma, debe incluir las cinco perfecciones restantes. Es decir, si eres generoso, entregas el mérito de tu generosidad y no te apegas a él, estarás practicando la perfección de la generosidad con generosidad. Cuando eres generoso evitando perjudicar a los demás, estás practicando la perfección de la disciplina ética. Si eliminas todas las inconveniencias y penalidades que implica el dar, estás practicando la perfección de la paciencia. Si dejas a un lado la pereza y pones entusiasmo en ser generoso estás practicando la perfección del esfuerzo. Cuando te concentras en los beneficios de la generosidad y las desventajas de la avaricia, practicas la concentración. Si al dar piensas que los tres círculos, es decir, el que da, lo que se da y a quien se da, son objetos carentes de existencia intrínseca, estás practicando la perfección de la sabiduría. Cualquier virtud que practiquemos debe estar bañada por la sabiduría que comprende la vacuidad y de este modo nada podrá destruirla. Así pues, tenemos treinta y seis perfecciones, conocidas en su conjunto como el sendero de la armadura.

Una perfección mahayana además debe poseer seis excelencias. En el caso de la generosidad serían éstas:

1) Excelencia de la base. Se refiere a la motivación bodhichita.
2) Excelencia del objeto. El objeto debe haber sido

conseguido de manera adecuada y ser de buena calidad.

3) *Excelencia del propósito.* Significa dar con el fin de ayudar a los demás a nivel temporal y último.

4) *Excelencia de los medios hábiles.* Aquí se refiere a practicar la generosidad apoyándose en la sabiduría que realiza la vacuidad.

5) *Excelencia de la dedicación.* Se refiere a dedicar u ofrecer los méritos obtenidos con la práctica de la generosidad, para que sean causa de tu Iluminación y de la de los demás.

6) *Excelencia de purificación.* Aquí significa haber acabado con el aspecto opuesto a la generosidad: la avaricia.

En su *Canción del Lam Rim,* Tsongkhapa decía:

(15)

*La generosidad es la joya que satisface todos los deseos,
con ella puedes colmar las esperanzas de todos los seres
conscientes. Es la mejor arma para cortar la atadura egoísta
de la avaricia. Puesto que fomenta el espíritu abnegado y
valiente de ayudar a todos los seres conscientes a alcanzar
la Iluminación, es la base de la conducta iluminada de los
bodhisatvas. Es la razón de que tu buen nombre se extienda
en las diez direcciones. Los sabios maestros, conocedores
de tantas ventajas han mostrado el camino para ofrecer
a los demás, cuerpo, riquezas y el mérito de las acciones
virtuosas. Yo, que he recorrido el verdadero camino que
conduce a la Iluminación, he tenido la experiencia de hacer
justamente eso. Si tú también buscas liberarte, por favor,
actúa de la misma manera.*

La perfección de la disciplina ética
Desear evitar cualquier acción que pueda perjudicar a los demás forma parte de la disciplina ética. Pero, cuando de manera espontánea actuamos así en todo momento y lo hacemos

motivados por la bodhichita, hemos alcanzado la perfección de la disciplina ética. Una correcta disciplina ética es la causa principal para renacer en los reinos superiores. Tenemos tres formas de disciplina ética:

La disciplina ética del refrenamiento.
La disciplina ética de reunir virtud.
La disciplina ética de beneficiar a los seres conscientes.

La disciplina ética del refrenamiento. Tanto si hemos tomado votos como si no, hemos de evitar las acciones destructivas de cuerpo, palabra y mente. Tenemos tres tipos de votos: los de la liberación individual, los del bodhisatva y los del tantra. De los primeros hay varios tipos; unos son observados por monjes y otros por laicos. Se han de mantener cuidadosamente. Al tomar los votos del bodhisatva, uno debe evitar las dieciocho transgresiones raíz y las cuarenta y seis secundarias. Los votos del tantra deben mantenerse también a toda costa, pero, aparte de los votos que hayan podido tomarse, es preciso no cometer ninguna de las diez acciones negativas; esta práctica es la disciplina moral de evitar las acciones negativas.

La disciplina ética de reunir virtud. Existen muchísimas formas de acumular virtud: hacer ofrecimientos a las Tres Joyas, ser caritativo y practicar Dharma para beneficio de los demás. No obstante, si los ofrecimientos se hacen habiendo tomado votos previamente, el mérito es mucho mayor que si no se tienen.

La disciplina ética de beneficiar a los seres conscientes. Esta forma de disciplina consiste en ayudar a los seres conscientes, con cuerpo, palabra y mente. En el *Lam Rim Extenso,* Lama Tsongkhapa menciona distintas formas de beneficiarles. Nosotros podemos practicarlas todas, excepto una que consiste en ayudarles de forma milagrosa.

Como en el caso de la perfección de la generosidad, aquí encontramos también las perfecciones restantes. Para practicar disciplina ética es preciso valernos de los factores mentales de la atención, la vigilancia y la rectitud. Una persona que practica disciplina ética no necesita hacer uso de métodos violentos para subyugar a los demás, sino que, simplemente, les transmite su calma.

(16)

> *La disciplina moral en uno mismo es como el agua que limpia las acciones sin virtud. Es el rayo de luz de luna que refresca el ardor provocado por tus engaños. Esta disciplina te mantendrá victorioso como el Monte Meru, situado por encima de las multitudes de seres conscientes. Sin ningún esfuerzo, influirás positivamente sobre los demás. Los sabios maestros, conocedores de todas estas ventajas, han protegido con esmero los votos que han jurado mantener con tanta pureza como harían con sus ojos. Yo, que he recorrido el verdadero camino que conduce a la Iluminación, he tenido la experiencia de hacer justamente eso. Si tú también buscas liberarte, por favor, actúa de la misma manera.*

La perfección de la paciencia

La paciencia es un estado mental virtuoso capaz de soportar sufrimientos y perjuicios sin alterarse. Practicarlo con la bodhichita es la perfección de la paciencia. Ella es la causa principal para obtener una forma hermosa en el futuro. La paciencia puede ser de tres tipos:

La paciencia de no vengarse.
La paciencia de aceptar voluntariamente el sufrimiento.
La paciencia de pensar en el Dharma.

La paciencia de no vengarse. Si alguien te odia profundamente, no merece la pena que reacciones con odio. A través de razonamientos lógicos intenta comprender que, a causa de tu karma anterior este ser trata de perjudicarte. No te ayuda nada responder al odio con más odio, por el contrario, empeora la situación. En el caso extremo de que acabes con su vida, sus amigos y familiares querrán vengarle. Cuanto más te esfuerces en subyugar a tus enemigos con la fuerza del odio, más enemigos tendrás. La mejor respuesta es intentar calmar su aversión. Si piensas en la amabilidad de todos los seres, no encontrarás ninguna razón para odiar a nadie. En el peor de los casos, el odio debería ser dirigido hacia el odio que siente tu enemigo, ya que este sentimiento le priva de libertad para reaccionar de otra manera.

Cuando te quemas al poner la mano en el fuego, no te enfadas con el fuego pues sabes que su naturaleza es quemar, y si lo haces eres tonto. Del mismo modo, odiar a la persona que intenta perjudicarte es absurdo ya que carece de control sobre si misma porque el odio la esclaviza. Se dice que el odio es el peor de todos los engaños y la paciencia la mejor de todas las virtudes. El odio es tan devastador que puede extinguir toda tu virtud. Si una persona ordinaria genera odio hacia un bodhisatva, la virtud que haya podido acumular durante cien eones es consumida en un instante debido al fuego del odio. Cuando te encuentres en una situación ante la cual responderías con odio, piensa en las desventajas de generarlo. Intenta ponerle freno hasta llegar a acabar del todo con él. Para practicar esta primera forma de paciencia, necesitas alguien que manifieste su odio hacia ti.

La paciencia de aceptar voluntariamente el sufrimiento. Significa aceptar cualquier circunstancia adversa que nos sobrevenga, ya sea de salud, económica o de relación con otras personas, comprendiendo que la causa sustancial de ellas es nuestro propio karma negativo. Cuando alguien se encuentra con este tipo de situaciones, debe intentar convertirlas en condiciones favorables para su práctica de Dharma. Cuando queremos curarnos de una enfermedad, hemos de soportar un sufrimiento menor, como ayunar o que nos pongan una inyección. Del mismo modo, al experimentar una situación desfavorable deberíamos sentirnos contentos viendo madurar un karma negativo que ya no va a incordiarnos en vidas próximas. En situaciones así deberíamos pensar: "Puedan todas las acciones negativas madurar ahora sobre mí y evitar que renazca en los reinos inferiores". Tratemos de ver el lado positivo de una situación adversa. Si alguien intenta dañarnos y ello nos deprime, pensemos que, al mismo tiempo, esta contrariedad nos ayuda a cortar con el orgullo. Estas situaciones pueden utilizarse para generar compasión pensando que los demás están sufriendo también y quizá mucho más que uno mismo. Por tanto, cada vez que algo o alguien nos perjudique, veámoslo como una instrucción del maestro sobre la paciencia.

La paciencia de pensar en el Dharma. Cuando ya conocemos las cualidades de las Tres Joyas, las actividades del bodhisatva y el significado de las dos ausencias de entidad, debemos familiarizarnos con todas ellas. Las dificultades que surjan de ello deben soportarse con buena motivación. Escuchar, contemplar y meditar en el Dharma no es tarea fácil.

Es preciso diferenciar entre la perfección en sí y la práctica excelente de la perfección. Las perfecciones se obtienen cuando se llega al estado iluminado mientras que la práctica excelente de las perfecciones se obtiene en los diferentes niveles del bodhisatva tal y como se explica en mi libro *Tesoros de la meditación. Segunda Parte*. Tsongkhapa nos recuerda a propósito de la paciencia:

(17)

Para los fuertes, la paciencia es el mejor adorno que lucir.
Es la mejor arma para aquellos que están adormecidos por
el sufrimiento de las contaminaciones. Como enemigo de la
serpiente de la aversión es parecido al pájaro Garuda que se
remonta muy alto. Es la armadura más resistente contra las
armas del lenguaje abusivo. Los sabios maestros, conociendo
esto, han desarrollado de distintas formas el hábito de
llevar la mejor armadura, la paciencia. Yo, que he recorrido

*el verdadero camino que conduce a la Iluminación, he
tenido la experiencia de hacer justamente eso. Si tú también
buscas liberarte, por favor, actúa de la misma manera.*

La perfección del esfuerzo

Generalmente, entendemos como esfuerzo implicarnos en cualquier forma de trabajo duro, pero el esfuerzo al que nos referimos aquí es el que tiene como objetivo perseverar en algo virtuoso. Hacerlo con la motivación bodhichita es la perfección del esfuerzo. Según Maitreya en el *Ornamento para la clara comprensión,* el esfuerzo alegre es deleitarse en llevar a cabo acciones constructivas. Del esfuerzo dependen todas las cualidades virtuosas, sin él no podemos generar ninguna de las perfecciones. Para llegar a la Iluminación, hemos de eliminar las obstrucciones mentales y para lograr este fin el esfuerzo es imprescindible. En primer lugar, para poder esforzarnos en algo hemos de eliminar la pereza que es el principal obstáculo a esta virtud. Hay tres tipos de pereza:

> La pereza de la indolencia.
> La pereza de sentirse atraído hacia lo negativo.
> La pereza del desánimo.

La pereza de la indolencia. Se refiere a posponer la práctica perdiendo el tiempo. Para acabar con ella hemos de pensar en la impermanencia, en la incertidumbre del momento de la muerte y en lo difícil que es obtener un cuerpo humano.

La pereza de sentirse atraído hacia lo negativo. Consiste en estar excesivamente atraídos hacia actividades como ver la televisión, jugar, bailar, escuchar música, charlar en vano, dormir más de lo necesario o incluso trabajar demasiado, impulsados por una actitud negativa como el apego. Para cortar con esta forma de pereza hay que meditar en las desventajas del samsara y pensar que, desde el rey más poderoso hasta el más diminuto de los insectos, todos los seres experimentan infelicidad.

La pereza del desánimo. Surge cuando uno se subestima pensando que no es capaz de seguir el camino mahayana. El antídoto a esta manifestación de la pereza es pensar en las palabras de Shantideva:

Si aplican el debido esfuerzo, incluso las moscas,
los mosquitos, las abejas y demás insectos obtendrán
la insuperable Iluminación. Por tanto, si no dejo de lado
la forma de vida del bodhisatva,

¿Por qué un ser humano como yo que distingue entre lo
que es perjudicial y beneficioso
no podrá obtener el despertar?

Todos los seres conscientes poseen la semilla para obtener el estado de buda, sólo les falta poner el esfuerzo necesario para que germine.

Una vez superadas las tres formas de pereza, aplicamos el esfuerzo, que es también de tres tipos:

El esfuerzo de la armadura.
El esfuerzo de acumular virtud.
El esfuerzo de beneficiar a los demás.

El esfuerzo de la armadura. Este esfuerzo no es físico, entraña tomar la determinación de soportar cualquier dificultad con el objeto de beneficiar a los demás. Esta determinación debe ser tan fuerte y poderosa que quien la toma ha de sentirse capaz de renacer en el peor de los infiernos si con ello beneficia, aunque sea a un solo ser. Gueshe Chekawa, gran practicante de dar y tomar tenía una oración muy particular y sincera que decía así: "Pueda yo renacer en el peor de los infiernos para beneficio de todos los seres". No obstante, cuando murió, en lugar de renacer en un infierno lo hizo en una tierra pura.

El esfuerzo de acumular virtud. Consiste en deleitarse

haciendo ofrecimientos a las Tres Joyas y practicando las perfecciones.

El esfuerzo de beneficiar a los demás. Cualquier actividad motivada por la bodhichita forma parte de esta última forma de esfuerzo. Si para obtener sólo un poco de felicidad mundana, que es inestable, se necesitan grandes dosis de esfuerzo, no hace falta ni mencionar el gran caudal de esfuerzo que es necesario para experimentar la felicidad inmutable. Lo que hizo posible que Sakyamuni Buda llegase a la Iluminación antes que otros, fue su intenso esfuerzo. Por otro lado, la razón de que nosotros sigamos hundidos en samsara es nuestra pereza. Je Tsongkhapa nos recuerda:

(18)

Cuando vistes la armadura de la perseverancia entusiasta resueltamente y sin vacilación, consigues el conocimiento de las escrituras. Y el discernimiento sobre su significado aumenta como la luna creciente. Todas tus acciones para el logro de la budeidad tendrán su efecto y cualquier acción que hayas emprendido dará el resultado que deseas. Los bodhisatvas conocedores de todas estas ventajas se han ejercitado en la perseverancia, eliminando toda pereza. Yo, que he recorrido el verdadero camino que conduce a la Iluminación he tenido la experiencia de hacer justamente eso. Si tú también buscas liberarte, por favor, actúa de la misma manera.

La perfección de la concentración

Estabilización meditativa y concentración son términos que describen la misma idea. Es una mente cuya naturaleza es la de estar unipuntualizadamente emplazada sobre un objeto virtuoso. Cuando se practica con la motivación bodhichita es la perfección de la concentración. La naturaleza de la concentración puede ser mundana y supramundana y su dirección puede ser permanencia apacible, la visión superior y la unión de ambas. En términos de su función tenemos concentraciones que producen el gozo de la flexibilidad física y mental, las que nos ayudan a experimentar la renuncia, la bodhichita y la vacuidad y aquellas que nos proporcionan los medios para beneficiar a los demás. Los principales oponentes a la concentración son la excitación mental y el hundimiento mental. Para obtener la concentración perfecta, uno debe haber abandonado estos dos obstáculos.

Con una fuerte concentración puedes conquistar tu mente. Ahora mismo, la mente es tu amo y, en consecuencia, te dominan los engaños mentales. Pero, cuando desarrollas la concentración, se invierten los papeles, te conviertes en dueño y señor de tu mente. Puedes emplazarla donde desees, tanto tiempo como quieras sin que nada ni nadie pueda interferir. La concentración te permite implicarte fácilmente en actividades virtuosas. Recuerda que:

(19)

La concentración meditativa es el rey que gobierna
tu mente. Si la enfocas en un punto, permanece en
él, inamovible como el Monte Meru. Si así lo deseas,
puedes proyectarla sobre cualquier objeto virtuoso
que escojas. Ser capaz de mantener tu cuerpo y mente
atentos en todo momento y bajo tu control, llena de gran
alegría y bienaventuranza. Conocedores de todas estas
ventajas los yoguis que han llegado al control total de
sus mentes, superando las contaminaciones, se consagran
a la concentración sobre un punto. Han subyugado a
los enemigos de la divagación e inactividad mental. Yo,
que he recorrido el verdadero camino que conduce a la
Iluminación, he tenido la experiencia de hacer justamente
eso. Si tú también buscas liberarte, por favor, actúa de la
misma manera.

La perfección de la sabiduría
Es un factor mental virtuoso cuya función es la de eliminar dudas por medio de entender su objeto claramente; llega a

distinguir el Dharma auténtico a través del poder del análisis. Practicar esta sabiduría con la motivación bodhichita es la perfección de la sabiduría. La palabra sabiduría engloba:

La sabiduría que comprende la realidad última.
La sabiduría que comprende la realidad convencional.
La sabiduría que beneficia a los seres conscientes.

Sin la primera forma de sabiduría, la que comprende la realidad última, es imposible liberarse del samsara y obtener la Iluminación ya que es el antídoto directo a la raíz misma de los engaños. Sin arrancar de cuajo esta raíz, no es posible salir del samsara. Por tanto, la sabiduría es el arma que acaba con todo engaño y tanto en el sutra como en el tantra se la ensalza; es la luz que ilumina la oscuridad de nuestra ignorancia, causada por el aferramiento a la existencia esencial. Todas las enseñanzas de los tres vehículos están ideadas para ayudarnos a cortar con la ignorancia, la raíz del samsara.

(20)

La sabiduría es el ojo con el que verás el significado de sunyata y es el instrumento que corta la ignorancia, raíz del samsara. Es el tesoro de conocimiento, elogiado en todas las escrituras. Se la conoce como la lámpara que ilumina las sombras en una mente poco lúcida. Los maestros que han querido alcanzar la liberación, no han escatimado esfuerzos para avanzar en este camino. Yo, que he recorrido el verdadero camino que conduce a la Iluminación, he tenido la experiencia de hacer justamente eso. Si tú también buscas liberarte, por favor, actúa de la misma manera.

Puesto que la concentración y la sabiduría son temas sumamente importantes, se explican detalladamente y por separado a continuación.

Práctica específica de las dos últimas perfecciones: concentración y sabiduría

En la *Esencia del oro puro* y la *Canción del Lam Rim* las explicaciones sobre estos dos temas son breves. Lo que viene a continuación surge de *La liberación en la palma de tu mano:*

> Cómo adiestrarse en la permanencia apacible: la naturaleza de la concentración.
>
> Cómo adiestrarse en la visión superior: la naturaleza de la sabiduría.

La permanencia apacible (samatha, shine)

Cómo adiestrarse en la permanencia apacible: la naturaleza de la concentración
   Condiciones necesarias para generar la permanencia apacible.
   Manera de desarrollar la permanencia apacible.
   Las nueve etapas y los seis poderes.
   Cómo desarrollar la permanencia apacible a través de los cuatro empeños.
   Obtención de la verdadera permanencia apacible.

Condiciones necesarias para generar la permanencia apacible
Apacible implica pacificar las distracciones y *permanencia* quiere decir que la mente se estabiliza sobre el objeto de meditación. El estado de permanencia apacible pues, es común tanto a practicantes budistas como a no budistas. Si esta práctica está motivada por renuncia, se convierte en causa para obtener la liberación. El factor que hace de la permanencia apacible una práctica muy especial en el budismo es la motivación con la que se lleva a cabo. La mente de refugio es la puerta de entrada al Dharma, la mente de renuncia es la de la liberación y la bodhichita nos lleva al umbral del mahayana, el recipiente en el que se guardan todas las cualidades de las diferentes concentraciones mencionadas en los sutras y tantras. Para cortar con la raíz del samsara es imprescindible tener una comprensión directa del vacío que, a su vez, depende de la permanencia apacible. Cuando se alcanza la permanencia apacible ya no hay más distracciones en la mente, ésta se dirige suavemente hacia las experiencias y realizaciones según los tres vehículos. Aunque la explicación sobre permanencia apacible aparezca ahora, al final del texto, ello no significa que deba practicarse al final del camino, al contrario, ya en las prácticas correspondientes a las personas de capacidad inicial ha de

empezar a cultivarse.

Se requieren seis condiciones para obtener este sublime estado mental. Sin ellas, aunque el esfuerzo sea grande, los resultados no serán los esperados.

> El lugar de retiro debe ser tranquilo y sano.
> Tener pocos deseos.
> Contentarnos con lo que tenemos.
> Liberar la mente de las distracciones.
> Mantener disciplina ética.
> Eliminar concepciones molestas.

El lugar de retiro debe ser tranquilo y sano
El lugar donde se practica la concentración debe ser un paraje adecuado que reúna las siguientes características:

> Alimento y vestido fáciles de conseguir.
> Idealmente, debe ser un lugar bendito por maestros y budas del pasado.
> No estar expuesto a las molestias causadas por humanos ni por no humanos.
> El lugar debe estar limpio y tener cerca agua potable.
> Estar próximos a un buen amigo espiritual.
> El sitio escogido habrá de ser silencioso tanto por la noche como durante el día.

Durante el retiro, entre sesiones, es bueno leer instrucciones sobre el tema para disipar dudas.

Tener pocos deseos. Si ansiamos más de lo que tenemos aparecerán los obstáculos. No hemos de comer en exceso.
Contentarnos con lo que tenemos. El vagabundeo interno es uno de los principales obstáculos a la concentración y para cortarlo es preciso empezar controlando el vagabundeo externo hacia

los objetos de deseo.

Liberar la mente de las distracciones. Se ha de evitar implicarse en actividades como negocios, deporte, encontrarse con mucha gente. Estas actividades harán aumentar tus distracciones.

Mantener disciplina ética. Es necesario cuidar especialmente las acciones de cuerpo y palabra. Ello favorece una mejor concentración.

Eliminar concepciones molestas. La cuarta condición se refería principalmente, a distracciones externas, aquí se trata de distracciones internas como el apego y otras concepciones molestas.

Manera de desarrollar la Permanencia Apacible
En el *Ornamento de los sutras mahayana* de Maitreya, en el *Grupo de los cinco fundamentos* de Asanga y en *Etapas de la Meditación* de Kamalashila se habla, fundamentalmente, de la concentración. Shantideva en su *Guía,* nos instruye acerca de cómo mantener atención y vigilancia. Tsongkhapa sintetiza todas estas instrucciones, extendiéndose en la explicación de la permanencia apacible, en su *Lam Rim extenso.*

Para generar permanencia apacible hemos de apoyarnos en textos auténticos, de otro modo correríamos el grave peligro de confundir el hundimiento mental sutil con la concentración. Para desarrollar permanencia apacible, es bueno conocer, en primer lugar, las cinco faltas y los ocho oponentes. Las cinco faltas son:

Pereza.
Olvidar las instrucciones.
Hundimiento y excitación.
No usar el antídoto.
Usar indebidamente el antídoto.

Los ocho antídotos se enumeran a continuación para posteriormente dar una breve explicación de todos ellos.

La fe.
La aspiración.
El esfuerzo.
La flexibilidad.
La atención.
La vigilancia.
La aplicación.
La no aplicación.

La pereza. Es la peor de las faltas. Es un factor mental que nos induce a no desear entrar en la práctica. De los ocho poderes oponentes, cuatro van dirigidos a eliminarla, son: la fe, la aspiración, el esfuerzo y la flexibilidad.

El antídoto directo a la pereza es el esfuerzo, pero a éste lo suscita la aspiración que, como un recipiente, contiene en si misma al esfuerzo. La aspiración surge de la fe. La fe es, entonces, la causa de la aspiración. El resultado de poner esfuerzo en la permanencia apacible es que se desarrolla una flexibilidad mental especial que acaba directamente con la pereza. El esfuerzo y esa flexibilidad son los oponentes más contundentes contra la pereza, pero, puesto que ahora mismo no los tenemos, es muy importante tener fe en el poder de la concentración. Para mejorar tu fe piensa que, cuando hayas logrado la permanencia apacible, podrás penetrar y comprender cualquier tema del *Lam Rim*. También tendrás éxito en las prácticas tántricas.

Olvidar las instrucciones. Cuando surge el olvido, recurrimos a la atención. Nuestra mente es como un elefante desbocado y para dominarla necesitamos los mismos instrumentos de que se valdría un domador. La atención vendría a ser como la cuerda que mantiene el elefante amarrado. La estaca clavada en el suelo sería el objeto en el que meditar y la vigilancia el cayado punzante con el que guiaríamos al elefante, nuestra mente, hacia la dirección deseada. Primero se estabiliza la mente sobre el objeto, para generar claridad sobre el mismo.

La atención debe tener las tres características siguientes: familiaridad con el objeto, recordarlo firmemente y eliminar y prevenir distracciones.

Hundimiento y excitación. Una vez la mente se enfoca sobre el objeto con atención, pueden aparecer los obstáculos del hundimiento y la excitación. Para generar permanencia apacible necesitamos fijar la mente en el objeto, por ello, si caemos en el olvido, contrarrestamos con la atención. Para empezar escogemos un objeto material –pero también podemos elegir temas como la muerte, la renuncia, el amor, etc–, lo observamos detenidamente y luego generamos una imagen mental del mismo. Esta imagen mental –y no lo que vemos con la consciencia visual–, es el objeto de nuestra concentración. A partir de ahora mantenemos la mente fija sobre él, firmemente y sin distracciones. Al principio resulta difícil, por ello, es necesario poner mucho esfuerzo para evitar que la mente se distraiga.

El hundimiento mental no es tener la mente pesada o adormecida, más bien sucede que ésta hace surgir el hundimiento. La mente pesada nos produce un sopor físico y mental que causa el percibir el objeto de forma oscura. El hundimiento mental puede ser burdo y sutil. En el primer caso, la mente se estabiliza sobre el objeto, pero no hay claridad y en el segundo, hay claridad y estabilidad, pero no intensidad, la intensidad de la concentración decrece. El hundimiento mental sutil es peligroso, porque, dadas sus características, a menudo se confunde con la concentración de la permanencia apacible. Mientras no se identifique esta forma de hundimiento como tal, uno no llegará al estado de permanencia apacible. Tomando como ejemplo un rosario, la claridad sería como sostenerlo, mientras que la intensidad sería sostenerlo firmemente.

La excitación es distinta del vagabundeo mental o

distracción que tiene lugar cuando la mente deja el objeto, impulsada por pensamientos diversos. La excitación tiene cuatro características: surge en dependencia de una mente que se engancha a un objeto agradable, es una porción de apego, altera la mente y su función es obstaculizar el desarrollo de la permanencia apacible. Cuando surge, suele durar bastante tiempo ya que cuando nos sentimos atraídos hacia un objeto agradable, permanecemos sobre él. La excitación es de dos tipos, burda y sutil. La primera se da cuando pierdes el objeto, como si lo hubieses olvidado y la segunda, cuando la casi totalidad de la mente mantiene el objeto, pero una pequeña parte se va hacia un objeto de apego.

Para combatir ambos obstáculos aplicamos la vigilancia, que no actúa exactamente como un antídoto sino más bien como lo haría un espía en el campo de batalla, observando al enemigo. No obstante, debe aplicarse sólo en los momentos adecuados, de otro modo corremos el riesgo de tener obstáculos o perder la concentración. La vigilancia es una forma de sabiduría encargada de juzgar nuestro estado mental.

La excitación está causada por un excesivo deleite mental. Para combatirla meditamos en la impermanencia, la muerte o el sufrimiento. Una técnica específica sería concentrarnos en el proceso de respiración y contar hasta veintiuno. Si llegáramos hasta este número sin distracciones, sería señal de que estamos en la primera etapa mental. Si no conseguimos nada dejamos la sesión y nos relajamos. Es mejor hacer sesiones cortas y no ser demasiado insistentes, debemos parar aun cuando desearíamos seguir. La mente ha de estar siempre fresca al abandonar la sesión, no hay que llegar al agotamiento.

El hundimiento mental se produce cuando la mente está espesa o es víctima del desánimo. El antídoto es cualquier cosa que levante nuestra moral como meditar en el perfecto renacimiento humano, las cualidades de las Tres Joyas, o en los beneficios de una mente concentrada. Una técnica específica para hacer frente al hundimiento es visualizar nuestra mente bajo el aspecto de una bola de luz blanca que sale disparada desde el corazón hacia la coronilla por donde sale al exterior. Acompañamos la visualización gritando la sílaba *"phe"* y nos sentimos fundidos con la inmensidad del espacio. Este método corta el hundimiento mental de manera violenta. Si aun así no podemos acabar con el hundimiento, se interrumpe la sesión y se camina por un lugar elevado, se toma un poco el aire o se refresca la cara. Para contrarrestar el hundimiento sutil hemos de reforzar la intensidad con que sostenemos el objeto de meditación.

No usar el antídoto. El antídoto a la no aplicación a los problemas mencionados en la sección previa es aplicar la medicina apropiada.

Usar indebidamente el antídoto. El antídoto a la aplicación indebida es dejar de aplicar antídoto alguno cuando no es necesario.

Las nueve etapas y los seis poderes
Los objetos de meditación para lograr la permanencia apacible son variados y cada uno de ellos se adapta a las diversas capacidades de los seres. Si escogemos un objeto con forma hemos de observarlo, después reproducirlo mentalmente y contemplar esta reproducción con la consciencia mental, este sería el caso de contemplar una deidad. Cuando la atención mantiene el objeto con intensidad, sin olvidarlo, se convierte en el antídoto para el hundimiento y la excitación; mantener el objeto con la intensidad justa supera el hundimiento y no olvidarlo corta la excitación. Estas instrucciones deberíamos guardarlas siempre en el corazón.

Si alguien desea generar la permanencia apacible utilizando como objeto la mente misma, debe seguir las instrucciones del mahamudra y basarse en el texto de Panchen Losang Chokyi

Gyaltsen[5]. Una vez escogido el objeto hemos de trabajar para atravesar las nueve etapas con la ayuda de los seis poderes que a su vez se apoyan en los cuatro empeños mentales.

Las nueve etapas son: 1) emplazar la mente, 2) emplazamiento continuado, 3) volver a emplazar, 4) emplazamiento cercano, 5) controlar, 6) pacificar, 7) pacificación completa, 8) emplazamiento en un punto, 9) emplazamiento en equilibrio.

Los seis poderes son: 1) escuchar, 2) contemplar, 3) atención, 4) vigilancia, 5) esfuerzo, 6) familiaridad completa.

Y los cuatro empeños mentales: 1) atención firme, 2) atención interrumpida, 3) atención ininterrumpida y 4) atención espontánea.

Estas nueve etapas, seis poderes y cuatro empeños se van a explicar brevemente a continuación.

Antes de dar comienzo a la práctica de la permanencia apacible, en primer lugar, te sientas cómodamente en la posición de Vairochana. A continuación, visualiza frente a ti, a ocho o nueve palmos de distancia y a la altura de tu entrecejo una imagen de Sakyamuni Buda de la medida de un dedo pulgar. Al principio la imagen no será clara, pero esfuérzate gradualmente en percibir una imagen aproximada. (Cómo se ha mencionado, el objeto de meditación podría ser también cualquiera de los temas desarrollados en *Senda de luz,* como la muerte, la renuncia, la bodhichita o la vacuidad)

1. *Emplazar la mente.* En esta etapa apenas podemos mantener el objeto de meditación durante breves instantes, por ello, hemos de aplicar atención una y otra vez hasta eliminar las diversas distracciones y conseguirlo. Algunos principiantes se sorprenden al ver los muchos pensamientos que surgen en la mente en esta etapa. Ello no significa que fuera de la

5 Ver su texto raíz y auto-comentario del Mahamudra en *Senda hacia la Serenidad* publicado por www.ediciones-amara.net

meditación no haya distracciones, sino que ahora, al observar nuestro interior, nos damos cuenta, quizá por vez primera, del descontrol de nuestra actividad mental. Este primer paso lo obtenemos gracias al poder de escuchar.

2. *Emplazamiento continuado.* En esta etapa las concepciones molestas aparecen y desaparecen. Llegamos a ella si conseguimos mantener el objeto durante el tiempo que dura la recitación de un rosario del mantra *om mani padme hum.* La concentración en las dos primeras etapas no es auténtica ya que predominan más las distracciones. Por ello utilizamos el primero de los cuatro empeños, la atención firme. Para poder enfocarnos sobre el objeto necesitamos mucha insistencia. En esta etapa aplicamos el poder de contemplar.

3. *Volver a emplazar.* Ejercitándonos constantemente en la etapa anterior llegamos a la tercera etapa en la que nuestra atención hace que la mente regrese al objeto cuando lo ha perdido. Ya no hay tantas distracciones como en las dos etapas precedentes. La atención se da cuenta de que hemos perdido el objeto de meditación y hace que la mente regrese de nuevo sobre el mismo.

4. *Emplazamiento cercano.* En esta fase la atención se desarrolla por completo, pero es cuando aparecen el hundimiento y la excitación burdos. Las etapas tercera y cuarta se experimentan mediante el poder de la atención. Para acabar con el hundimiento y la excitación debes aplicar un antídoto fuerte para ambos. El poder de la atención hace que tu mente se estabilice sobre el objeto y ello puede provocar el hundimiento. Por otro lado, el hecho de que tu mente obtenga claridad sobre el objeto puede causar excitación. Por ello cuando la mente se estabiliza, cuida de que no surja el hundimiento y, cuando hay claridad, controla la excitación. Sin embargo, en una buena meditación debe haber estabilidad y claridad, el arte está en mantener estas dos cualidades sin que aparezcan los obstáculos.

5. *Controlar.* El resultado de aplicar intensamente la atención es que la mente se vuelca hacia dentro y puede aparecer el hundimiento mental sutil. Para levantar de nuevo la mente contemplemos las excelentes cualidades de la concentración. Debemos usar la vigilancia para no caer presa de este obstáculo. La diferencia fundamental entre la cuarta y la quinta etapa es que, hasta llegar a la anterior surgían el hundimiento y la excitación mental burdos, mientras que ahora ya no aparecen.

6. *Pacificar.* Aquí es difícil que aparezca la excitación burda o el hundimiento de cualquier clase, pero debido a que previamente hemos aplicado el remedio al hundimiento mental corremos el riesgo de una aplicación indebida y caer presa de la excitación sutil. Por ello, hemos de aplicar una vigilancia poderosa y observar si este obstáculo surge o no. Las etapas quinta y sexta se experimentan por el poder de la vigilancia, completándose el poder de la vigilancia en la sexta etapa.

7. *Pacificación completa.* Durante la séptima etapa, el poder de la atención y la vigilancia se han desarrollado al máximo y es muy difícil que surjan el hundimiento o la excitación, no obstante, todavía hay posibilidades de que surjan el hundimiento o la excitación sutiles. El practicante aún no ha superado del todo estos dos obstáculos, pero no debe preocuparse en demasía si surgen, pueden ser eliminados por el poder del esfuerzo. De la primera hasta la séptima etapa, hemos tenido que aplicar la atención interrumpida porque, aunque podamos sostener el objeto durante un cierto período de tiempo, la concentración es aún interrumpida por la excitación y el hundimiento.

8. *Emplazamiento en un punto.* Ahora ya se ha superado por completo el hundimiento o la excitación, podemos mantener la mente sobre el objeto sin interferencias y ya no es necesaria la vigilancia. Con poco esfuerzo uno puede morar en concentración durante largos períodos de tiempo. Aplicamos

la atención ininterrumpida. Las etapas séptima y octava se experimentan gracias al poder del esfuerzo.

9. *Emplazamiento en equilibrio.* Aquí la mente permanece sobre el objeto sin esfuerzo, se obtiene una concentración similar a la permanencia apacible y puede experimentarse gracias al poder de la familiaridad.

En la primera etapa identificamos concepciones molestas, en la segunda comprendemos que estas concepciones, cesan temporalmente; en la tercera vemos lo pesadas que resultan estas concepciones; en la cuarta ya no perdemos el objeto. En la quinta ya no surge el hundimiento mental burdo; en la sexta se supera prácticamente el hundimiento y la excitación sutiles y en la séptima ya no es necesario usar la vigilancia para ver si los obstáculos surgen o no. En la octava ya no queda rastro de hundimiento ni de excitación y en la novena nos emplazamos sobre el objeto sin esfuerzo.

La primera etapa se alcanza por medio del poder de escuchar, la segunda por el poder de contemplar, la tercera y cuarta por el poder de la atención, la quinta y sexta por el de la vigilancia, la séptima y octava por medio del esfuerzo y la novena por medio de la familiaridad. El poder de escuchar consiste en escuchar las instrucciones de la permanencia apacible de un maestro cualificado. El poder de contemplar consiste en dirigir la mente a tu objeto de meditación de manera repetida analizando y pensando en sus características. El poder de la atención es regresar al objeto de meditación una y otra vez. El poder de la vigilancia consiste en detectar el surgimiento del hundimiento y la excitación. El poder del esfuerzo te capacita para superar el hundimiento y la excitación sutiles. El poder de la familiaridad surge tras haberse concentrado repetidamente en un objeto.

Cómo desarrollar la permanencia apacible a través de los cuatro empeños

Para desarrollarse a través de estas nueve etapas, es necesario el uso de los cuatro empeños o tipos de atención. En la primera y segunda etapas teníamos más distracciones y menos concentración, por ello nos hacía falta el primer empeño, denominado atención firme.

Desde la tercera etapa hasta la séptima, ambas inclusive, la atención firme ya no es necesaria puesto que predomina la concentración sobre las distracciones, aquí necesitamos la atención interrumpida. La llamamos interrumpida porque al fijar nuestra mente sobre el objeto aparecen el hundimiento y la excitación. Ello causa que con frecuencia hayamos de llevar nuestra mente desde la distracción hasta el objeto de meditación, es decir, la concentración no es constante. En la octava etapa, al principio nos hace falta un poco de esfuerzo, pero gradualmente la concentración fluye con suavidad. Ahora aplicamos la atención ininterrumpida. En la novena etapa, uno deja la mente sobre el objeto sin esfuerzo; la atención aquí es espontánea.

Obtención de la verdadera permanencia apacible

En la novena etapa, la mente descansa sin esfuerzo sobre el objeto. Cuando este equilibrio meditativo va unido a la flexibilidad extraordinaria, gozamos de la permanencia apacible auténtica. ¿Qué es la flexibilidad extraordinaria? Es de dos tipos: física y mental. Primero se produce la flexibilidad mental y a ésta le sigue la física. Cuando te has familiarizado suficientemente con esta novena etapa, aparecen determinados signos, como el de una pesadez en la cabeza y, paulatinamente se empieza a sentir la flexibilidad mental, la cual permite implicarte en cualquier actividad virtuosa, durante tanto tiempo como desees. La flexibilidad mental provoca el movimiento de un aire especial, responsable de que experimentes la flexibilidad física. Esta flexibilidad contribuye a la observación de objetos virtuosos. Sientes el cuerpo relajado y ligero como una bola de algodón y tu mente está siempre en un estado feliz.

La flexibilidad extraordinaria hace que uno experimente un gozo físico y mental irresistible, hasta parece que la mente no va a ser capaz de sostener el objeto. Pero esta sensación va declinando y, en ese momento, uno se enfoca sobre el objeto; la concentración entonces es tan estable como una montaña. Aunque el meditador estuviese en medio de un ruido atronador, nada alteraría su concentración. Cuando tu concentración se estabiliza así, obtienes la flexibilidad inamovible y al mismo tiempo la permanencia apacible auténtica. Ahora has completado los preliminares llamados "superar la incapacidad" que sirven como preparación para la primera, segunda, tercera y cuarta concentración pertenecientes al reino de la forma y las cuatro absorciones del reino sin forma. Estas concentraciones y absorciones mundanas se alcanzan abandonando los engaños burdos del reino del deseo, de la forma y sin forma. Así se llega a la última absorción del reino sin forma, denominado la cima de la existencia cíclica. Pero esta realización no es muy significativa, ya que sólo experimentas los reinos superiores del samsara de los cuales puedes volver a caer a reinos inferiores. Muchas escuelas no budistas sostienen que este estado es la liberación y se esfuerzan en alcanzarla. En una ocasión el meditador no budista, Lhakchoe, pasó muchos años profundamente absorto en la concentración de la cima de la existencia cíclica. Este yogui ataba su pelo en una especie de moño, pero al estar tanto tiempo absorto en esa profunda concentración, las ratas hicieron un nido entre su pelo. Cuando abandonó la absorción meditativa y vio a las ratas corriendo por su cabeza, se enfadó muchísimo y como resultado del enfado su concentración degeneró y renació en uno de los infiernos. Ashvagosha dijo en uno de sus textos:

Aunque sigas las instrucciones externas y generes auténtica concentración, caerás en los reinos inferiores; mientras que, siguiendo las enseñanzas del Buda, aunque no obtengas el estado de estas concentraciones tan elevadas, si escuchas, contemplas y meditas en la vacuidad podrás salir del samsara.

Por esta razón los budistas, utilizan la permanencia apacible para generar la visión superior. Con el apoyo del refugio, la renuncia y la bodhichita, el desarrollo de la permanencia apacible se transforma en Dharma y se vuelve la causa de la liberación o la Iluminación. Simplemente con tener permanencia apacible y las diferentes concentraciones superiores uno no se libera del samsara. El objetivo de que un budista logre la permanencia apacible es para generar la visión superior que observa la naturaleza última de la realidad.

(21)

*Para cortar la raíz del samsara, no basta la concentración
meditativa en un punto. No es posible abandonar las
contaminaciones sólo examinándolas con la sabiduría.
Es preciso montar sobre el caballo de la quietud mental
que no divaga, la sabiduría que acaba con todas
las dudas. Así lo han hecho los maestros, tratando
de desplegar su inteligencia para entender sunyata
con la sabiduría que lo abarca todo y examinar las
cosas de acuerdo con la manera en que éstas existen
verdaderamente. Provistos para ello con el arma afilada
del camino medio, carente de extremos, han destruido
incluso el rastro de la idea de que pueda haber algo
que exista independientemente. Yo, que he recorrido
el verdadero camino que conduce a la Iluminación,
he tenido la experiencia de hacer justamente eso. Si tú
también buscas liberarte, por favor actúa de la misma
manera.*

La visión superior (vipasana, lak-tong)

Cómo adiestrarse en la visión superior: la naturaleza de la sabiduría

Los practicantes no budistas cuando han logrado la permanencia apacible siguen el sendero mundano apoyándose en la visión que considera los estados de concentración más elevados como más pacíficos y los estados de concentración inferiores como muy burdos. Para obtener la primera concentración del reino de la forma, abandonan todos los engaños burdos del reino del deseo. Afianzados ya en esta primera concentración, perciben dicha concentración como muy burda y consideran la segunda concentración como un estado más apetecible. Así, van desarrollando su concentración de un nivel a otro hasta entrar en el reino sin forma y terminar en "la cima de la existencia cíclica", estado en el cual experimentan sensaciones agradables durante eones.

No obstante, este sendero no sirve como antídoto a la ignorancia que se aferra a la existencia esencial -intrínseca, inherente, independiente, verdadera-, por tanto, con el tiempo estos practicantes llegan a caer en los reinos inferiores.

Es preferible seguir el sendero supramundano, el de la visión superior, único capaz de liberarnos del samsara, desde el principio. Para cortar con el aferramiento a la existencia intrínseca o inherente es preciso cultivar la permanencia apacible que observa el vacío y para generar esta unión, se ha de generar la visión superior.

Para llegar a la Iluminación es necesario acumular método y sabiduría. Como un pájaro que, para volar, necesita dos alas. "El método" significa el desarrollo de cualidades como el amor, la compasión y la bodhichita; "la sabiduría" alude a la mente que comprende, directa o indirectamente, el vacío de todo fenómeno, su carencia de entidad propia, de autoexistencia. Sin la unión de ambos elementos es imposible obtener la Iluminación. Sean nuestras prácticas de sutra o tantra, faltándonos la comprensión del vacío no podremos cortar la raíz del samsara. El objetivo que persiguen las ochenta y cuatro mil enseñanzas del Buda no es otro que despertar en la mente del practicante la sabiduría que comprende la vacuidad. En todas ellas se describe explícita o implícitamente, cómo experimentar la vacuidad.

Sakyamuni Buda mostró diversos niveles de vacuidad, teniendo en cuenta los distintos grados de capacidad de los practicantes. Por ello surgieron en la India cuatro escuelas filosóficas budistas. La visión de la escuela madhyamaka es superior a las tres restantes -la chitamatra, la sautrantika y la vaibhashika. Aunque los cuatro sistemas de filosofía budista son válidos, para llegar a ser un buda el practicante ha de experimentar la visión del vacío que sostiene la escuela prasangika-madhyamaka. Pero para alcanzar esta máxima experiencia de la ausencia de existencia esencial o inherente, es importante conocer la visión que ofrecen las demás escuelas inferiores. Para tener una experiencia de la vacuidad necesitamos:

1)   Escuchar, contemplar y meditar en las enseñanzas.
2)   Acumular mérito confiándonos adecuadamente en un guía espiritual.
3)   Purificar obstáculos.
4)   Considerar al yidam inseparable del maestro.
5)   Hacer oraciones de súplica.

Para entender este complejo tema hemos de apoyarnos en los textos de Nagarjuna, que fue profetizado por Sakyamuni Buda como el propagador de las enseñanzas sobre la vacuidad. Si no sostienes la misma visión que Nagarjuna, aunque te consideres un yogui, no habrás ni tan siquiera visto la puerta de la liberación. Chandrakirti en su *Madhyamakavatara* manifiesta que aquellos que sostienen una visión del vacío en desacuerdo con la visión de Nagarjuna, no alcanzarán la liberación ni la Iluminación.

En el Tíbet hubo dos períodos de propagación diferenciados; en el primero la gente seguía la visión de Nagarjuna y obtenía grandes realizaciones, pero después vino una época en que se empezó a malinterpretar el significado de las enseñanzas de Nagarjuna haciendo una presentación del vacío totalmente equivocada.

En la época de Tsongkhapa había pocos textos fiables sobre la materia, por lo que éste decidió viajar a la India con la esperanza de aprender bajo la guía de maestros verdaderamente cualificados como Mitrazoki y Nagabodhi. Su gurú, Lhodak Dubchen Namkha Gyaltsen, sin embargo, le persuadió para que se quedara en el Tíbet, donde sería de mayor beneficio.

Su deseo de comprender el vacío era tan grande que, pasado un tiempo, Tsongkhapa tuvo visiones directas de Manyushri el cual le impartió enseñanzas sobre la realidad última. Al principio, Lama Tsongkhapa se desanimó porque no entendía algunos aspectos profundos del vacío, pero Manyushri le aconsejó hacer prácticas de purificación, acumular méritos, escuchar, contemplar y meditar en el vacío y, sobre todo, ver a su deidad de meditación indistinguible de su gurú. Lama Tsongkhapa realizó, en un momento de su adiestramiento, más de tres millones de postraciones y ofrecimientos de mandala destinados a eliminar los obstáculos mentales que le impedían entender el verdadero significado de la vacuidad.

En otra ocasión, Tsongkhapa tuvo una visión del erudito indio Budhapalita y llegó a sus manos un texto escrito por el mismo Budhapalita. Al leerlo desaparecieron todas sus dudas y, gradualmente, llegó a tener la percepción directa del vacío. Después de esta gran experiencia compuso un texto de instrucciones, *La Esencia de las buenas explicaciones,* del que extrajo otro más breve, *Alabanza a la relación dependiente*. A lo largo de su vida escribió un total de dieciocho volúmenes, y todos ellos han servido para dar luz a las generaciones posteriores de meditadores. Toda su enseñanza merece la más absoluta confianza, pues recibía instrucciones directamente de Manyushri.

Sus textos sobre el vacío no son fáciles de entender, han de leerse una y otra vez para extraer toda su esencia. En su *Lam Rim extenso* explica los puntos de vista de las escuelas filosóficas budistas en la sección de la visión superior.

En este libro, *Senda de luz*, me basaré en un sistema más simple para presentar la vacuidad, extraído de la *Liberación en la palma de tu mano*. A continuación, sigue la explicación según la escuela prasangika-madhyamaka.

Para cortar la ignorancia innata que se aferra a la existencia esencial, inherente, verdadera, a la auto-existencia, hemos de entender claramente la sabiduría que comprende la ausencia de dicho tipo de existencia. Esta sabiduría puede ser de dos tipos: la ausencia de existencia esencial de la persona y la ausencia de existencia esencial del fenómeno.

Como veremos, se explicará en primer lugar la ausencia de existencia esencial o intrínseca del yo, por ser más fácil de experimentar.

Existen dos formas de ignorancia: la que ignora la causa y efecto, cuyo antídoto se ha explicado en las etapas anteriores del *Lam Rim*, y la que ignora la visión última, que es la vacuidad -la ausencia de existencia esencial o inherente. Para eliminar esta última han de integrarse la permanencia apacible y la visión superior. Pero antes de generar esta unión es necesario comprender la visión superior que observa el vacío. Para adiestrarnos en la visión superior hemos de estudiar los tres apartados siguientes:

Presentación de la ausencia de existencia inherente o esencial del yo.

Presentación de la ausencia de existencia inherente o esencial del fenómeno.

Manera de hacer surgir la visión superior.

Presentación de la ausencia de existencia inherente o esencial del yo
Cómo mantener el equilibrio meditativo semejante al espacio.

Cómo mantener el logro ilusorio subsiguiente.

Cómo mantener el equilibrio meditativo semejante al espacio
Determinar el objeto de negación.
Determinar la implicación.
Determinar la ausencia de singularidad.
Determinar la ausencia de pluralidad.

Determinar el objeto de negación
El objeto de negación es de dos tipos: el objeto de negación del sendero y el objeto de negación de los razonamientos lógicos. *El objeto de negación del sendero* se refiere a la ignorancia que se aferra a la existencia inherente o esencial, y a los dos tipos de obstrucciones mentales -*kleshavarana* y *jñanavarana*. Se les conoce como objetos de negación del sendero porque mientras formen parte de nosotros mismos, impedirán que surja en nuestro interior el sendero que lleva a la liberación o a la Iluminación. Así pues, este objeto de negación existe.

El objeto de negación que se refiere a los razonamientos lógicos se trata de un objeto de negación que no existe en absoluto. Sin comprenderlo va a ser imposible entender y experimentar la ausencia de existencia inherente del yo y de los fenómenos. Si queremos disparar una flecha, primero tenemos que situar el blanco. Del mismo modo, para refutar el objeto de negación hemos de saber qué es la existencia inherente o esencial.

El término existencia esencial es sinónimo de existencia

verdadera, existencia independiente, existencia por su propio lado, existencia inherente, existencia intrínseca, auto-existencia. Pero conocer estos términos no es suficiente, es preciso experimentarlos en meditación. La diferencia entre la ausencia de existencia inherente de la persona y la del fenómeno está en la base sobre la cual se refuta el objeto de negación: el yo o el fenómeno.

¿Qué es el yo o persona? Tan solo un yo que es imputado sobre el conjunto de los cinco agregados, denominado "el mero yo". Aunque de modo ignorante nos aferramos al yo como si tuviese una existencia esencial, inherente, en realidad no es más que una etiqueta -es decir un fenómeno que *depende* de los cinco agregados. Todo ser consciente tiene un fuerte sentimiento del yo y lo mío, es el aferramiento innato al yo falso, también denominado "la visión errónea de lo compuesto y transitorio".

El objeto de este aferramiento ignorante es nuestro yo convencional, el mero yo -que de modo *convencional* existe, pero que no es más que la mera imputación del pensamiento sobre los cinco agregados. Esta mente ignorante se aferra a algo inexistente, se enfoca en el yo convencional y lo malinterpreta, lo aprehende como algo que existe por su propio lado.

El yo no examinado –voy al mercado, voy a pasear, a trabajar– existe, es el yo convencional. El problema es que no lo comprendemos así, sino que nos aferramos a él como algo que existe por su propio lado.

La base de todas las acciones es el yo que realmente funciona, el mero yo, pero la ignorancia innata que se aferra al yo esencial o inherente nos impide percibirlo como tal. Para vivir en armonía con el yo convencional, hemos de comprender la manera en que el yo existe de modo convencional, lo cual es incluso más difícil de entender que el vacío. Sin embargo, empezar a dudar de la existencia inherente del yo por medio del análisis, ya empieza a minar la raíz del samsara.

"Persona", "yo" o "ser" son sinónimos y cuando analizas la visión de lo compuesto y transitorio, la definición de este engaño innato es "un tipo de ignorancia que se aferra al yo como si existiera de un modo inherente". El yo imputado en base a cualquiera de los cinco agregados es correcto, pero la mente que se aferra al yo o lo mío como "una entidad independiente de los cinco agregados" es la ignorancia básica o visión engañosa de lo compuesto y transitorio; es la raíz del samsara y de donde surgen todos los engaños mentales. Puesto que esta visión impide la liberación debe ser abandonada. Es una mente errónea porque aprehende y se aferra a un objeto que, en realidad, no existe y dicho objeto es, en realidad, el objeto de negación.

Esa ignorancia innata acerca de la naturaleza del yo ha existido desde tiempos sin principio en nuestro interior y es la causa de que malinterpretemos la naturaleza real del yo. Por ello, reconocer el objeto de negación es difícil.

Cuando alguien nos acusa falsamente de haber robado, rápidamente aparece un sentimiento muy fuerte del yo; en ese momento te aferras al yo desde lo más profundo de tu corazón; se trata de un yo que no parece depender en absoluto de los agregados. Este yo al que te aferras con tanta vehemencia es *precisamente* el objeto de negación, el yo con una existencia inherente o esencial.

Por regla general, aunque no podemos reconocerlo, este yo falso está siempre con nosotros. Pero en situaciones como la descrita, en que nos sentimos agredidos de algún modo, se manifiesta muy claramente y podemos percibirlo: es el yo inherente. Y si estuviéramos a punto de caernos de un precipicio tendríamos una percepción idéntica del objeto de negación. Changya Rolpe Dordge señalaba:

Hoy en día muchos lógicos tibetanos no prestan atención al objeto de negación, aunque se manifiesta claramente ante ellos. Tratan de encontrarlo hablando sobre el mismo. Pero sus palabras son vacías:

el objeto de negación no es un animal con cuernos en la cabeza. Si hablan de la Anciana Madre –el vacío– sin conocer sus puntos esenciales, ésta se les escapará.

Para comprender y tener una experiencia de la vacuidad necesitamos condiciones externas como apoyarnos en un guía espiritual, y condiciones internas como acumular mérito y eliminar obstáculos. Sobre esta base escuchamos, contemplamos y meditamos una y otra vez en las instrucciones de nuestro maestro espiritual. Es bueno recordar que una vez identificado correctamente el objeto de negación, parte del trabajo ya está hecho; después utilizamos los razonamientos lógicos para refutarlo y una vez negado, experimentamos la vacuidad.

Determinar la implicación

La finalidad de la meditación anterior era manifestar la imagen conceptual del objeto de negación, el yo inherente, el que existe de modo esencial. A partir de este punto empieza la investigación para averiguar si dicho yo existe realmente o no de ese modo. Si existe así deberá ser uno con los agregados, que son su base de imputación; o completamente diferente de ellos; no hay una tercera alternativa. Algo que no exista en ninguno de estos dos planos, es completamente inexistente. Este segundo punto debe ser investigado hasta penetrar en su significado.

Determinar la ausencia de singularidad

Aquí manifestamos el objeto de negación, la imagen mental del yo inherente, esencial. En general, percibimos el yo y los agregados como si fuesen una sola cosa, pero si el yo existiera realmente de esta manera, no debería manifestarse ante la mente separado de los agregados. Si algo existe inherentemente, la manera de percibirlo debería estar en armonía con la manera en que el objeto existe en realidad. Si el yo fuese inherentemente uno con los agregados surgirían muchas contradicciones absurdas.

1. Por ejemplo, puesto que estamos compuestos de cinco agregados la persona debería tener cinco "yoes", cuando en realidad sólo tenemos un yo.
2. Por el contrario, puesto que sólo tenemos un yo deberíamos estar compuestos de un agregado y no de cinco.
3. Al incinerar el cuerpo el yo también sería destruido y, en este caso, la persona o el yo no se podría reencarnar.
4. El yo no puede ser uno con el cuerpo porque claramente decimos, "mi cuerpo", lo cual indica que creemos que el yo lo posee; el poseedor y lo poseído no pueden ser lo mismo.
5. El yo tampoco puede ser uno con la mente porque también decimos, "mi mente", indicando que, en realidad, observamos a la mente como una posesión del yo.

Después de razonar así, medita profundamente en el reconocimiento de que el yo *no es inherentemente uno* con los agregados.

Es crucial comprender que, aunque en la mente aparezca un yo con existencia esencial o inherente, esto no implica en absoluto que realmente exista. Es posible imaginar un conejo con cuernos, pero todo el mundo sabe que no existen. La mente errónea que percibe un yo inherente sólo puede corregirse con una mente válida que perciba correctamente su realidad.

Determinar la ausencia de pluralidad
Tras ver que el yo no puede ser uno con los agregados, hemos de examinar, a continuación, si es inherentemente distinto de ellos. De ser así surgirían también muchas contradicciones absurdas.

1. Al igual que podemos identificar individualmente a tres animales y denominarlos, una cabra, una vaca y un caballo, deberíamos poder señalar el yo como algo totalmente separado de cada uno de los cinco agregados. Esto es imposible porque no se puede señalar al yo como algo aparte o separado del cuerpo y la mente. Si el yo fuese inherentemente diferente de los agregados podríamos separarlo de los agregados y ser capaces de señalarlo. Pero no es el caso.

2. Si el yo es una entidad diferente de los agregados, éste no experimentaría los sufrimientos básicos que experimentan los agregados como nacer, enfermar, envejecer y morir, del mismo modo que el sufrimiento de un caballo no afecta a una vaca.

3. Otra contradicción es que podríamos tener un sentido del yo sin necesidad de la existencia de los agregados.

4. También sería absurdo decir: "He visto una flor hermosa, he oído una música preciosa, he saboreado un manjar exquisito", ya que quien experimenta todas estas sensaciones son las conciencias sensoriales, que forman parte de los agregados.

Además de éstas, se plantean otras muchas consecuencias absurdas afirmando que el yo es inherentemente distinto de los agregados. Si las contemplas, llegarás a convencerte de que el yo *tampoco es inherentemente diferente* de los agregados.

Después de un profundo análisis te darás cuenta de que el yo no es inherentemente uno con los agregados ni existe aparte y separado de los agregados. En tu meditación tendrás la experiencia de la *no* existencia inherente o esencial del yo.

El objeto aprehendido por la ignorancia innata, el yo falsamente concebido, parecía un objeto tan concreto que casi podíamos tocarlo, pero, al investigar, este yo falso ha desaparecido por completo. Cuando sientas, de manera natural, que el yo al que te aferrabas no existe, habrás comprendido la visión correcta prasangika.

Antes de llegar a esta etapa, percibías el yo como algo muy sólido, pero cuando, a través de razonamientos lógicos, comprendas que este yo no se puede tocar, ni ver, experimentarás un sentimiento de vacío. Esto es el punto de partida para experimentar la vacuidad.

La experiencia meditativa a la que llegaremos gracias a los razonamientos previamente expuestos tiene dos características: *la apariencia* es la de un vacío como el espacio y *lo que aprehendes* o comprendes de manera intensa es que este vacío, en realidad *es* la ausencia de cualquier tipo de existencia inherente o esencial.

Cuando la intensidad de esta experiencia decrece, habrás de recurrir de nuevo a los razonamientos previos para volver a percibir dicha ausencia. Sostener el vacío con concentración en un punto es la manera de mantener el equilibrio meditativo que es semejante al espacio.

Hay personas que al experimentar la vacuidad por primera vez se sienten muy dichosas, como si hubiesen encontrado una joya preciosa, pero otros se sienten atemorizados, como si de repente perdieran algo muy valioso. Lama Tsongkhapa estaba en una ocasión dando un discurso sobre el vacío, cuando un discípulo, Je Sherab, comprendió la vacuidad por primera vez. Su reacción fue de miedo, se sintió perdido y, pegando un grito, se agarró instintivamente al cuello de su camisa. Tsongkhapa se dio cuenta de ello y le dijo: "Je Sherab, has colocado tu existencia convencional en el cuello de tu camisa".

(22)

Cuando hayas desarrollado la concentración en un sólo punto, y creado el hábito de tu pensamiento con una sola intención, valiéndote para ello de la meditación de la permanencia apacible, dirige esta concentración hacia

un análisis de la naturaleza de todos los pensamientos
conceptuales –que lleva implícito un examen apropiado
de los mismos a través de la sabiduría de sunyata–.
Así serás testigo del desarrollo de una concentración
firmemente enfocada en la verdadera existencia de todas las
cosas. Teniendo presente cuán admirables son todos los
esfuerzos para establecer la unión de la permanencia apacible
y la visión superior y penetrante de sunyata, esfuérzate
para ser capaz de conseguir esta unión, haciendo
tantas oraciones y súplicas como te sea posible. Yo, que
he recorrido el verdadero camino que conduce a la
Iluminación, he tenido la experiencia de hacer justamente
eso. Si tú también buscas liberarte, por favor, actúa de la
misma manera.

Cómo mantener el logro ilusorio subsiguiente

Cuando sales del equilibrio meditativo parecido al espacio y analizas lo que queda una vez rechazado el objeto de negación, descubrirás que el yo tan sólo es una mera imputación del pensamiento sobre una base de imputación correcta. Este es el yo convencional, el que comete acciones y experimenta resultados, el mero yo.

"Logro ilusorio subsiguiente", se refiere a nuestra actitud ante los fenómenos una vez hemos salido del equilibrio meditativo en la vacuidad. La razón de que este apartado se denomine "ilusorio" se clarifica a través del siguiente ejemplo.

Un mago es capaz de transformar, valiéndose de distintos medios, un trozo de madera en un elefante. El animal es visto por la audiencia, pero no es real y el mago lo sabe. Del mismo modo, el yo convencional funciona, aunque no exista inherentemente.

No nos contradecimos al afirmar que algo es vacío y al mismo tiempo existe como relación dependiente, es decir, de modo convencional. Al carecer el objeto de existencia esencial alguna, se puede afirmar que solo existe de una manera dependiente.

El hecho de que un objeto exista gracias a su relación dependiente prueba que es vacío. Cuando comprendes que todos los fenómenos carecen de existencia intrínseca superas el extremo de la permanencia –exagerar la naturaleza del fenómeno– y cuando comprendes que existen sólo en base a una relación dependiente, eliminas el extremo del nihilismo.

El presidente de un país era, antes de ser nombrado, un hombre ordinario. Después de las elecciones se le etiqueta con el nombre "presidente", y a partir de entonces funciona como tal. Esta es una manera simple de explicar cómo algo que es tan sólo una imputación del pensamiento y un mero nombre puede funcionar en nuestro mundo. El presidente no existe inherentemente sino a causa de la relación dependiente –causas, condiciones, nombre, pensamiento.

Cuando uno comprende que la relación dependiente no se contradice con el vacío, presta mayor atención a la ley de causa y efecto, evita crear acciones negativas y se esfuerza en acumular karma positivo. Practicar así es integrar la inseparabilidad de método y sabiduría. Algunos piensan que tener en cuenta el karma sólo atañe a los seres de capacidad menor; esta concepción errónea bloqueará todo progreso espiritual.

Así pues, cuando salimos del equilibrio meditativo parecido al espacio y percibimos objetos, nos adiestramos en el pensamiento de que, aunque aparezcan vívidamente carecen de existencia esencial o inherente.

Ahora mismo, nuestro equilibrio meditativo no está todavía plenamente cualificado. En el sendero de preparación, el equilibrio meditativo se enfoca en una imagen mental del vacío. Pero en el sendero siguiente, el de la visión, la imagen mental desaparece y uno percibe directamente la vacuidad. Si llegas a unificar la mente que percibe el vacío con la bodhichita, la tuya será una auténtica práctica mahayana.

(23)

Habiendo conseguido en tu meditación, unir la
permanencia apacible y la visión superior debes enfocar
tu concentración en el vacío como el espacio. Durante los

períodos entre meditaciones, debes enfocarla sobre el vacío que es como una ilusión. Integrando ambos niveles de práctica podrás reunir los medios hábiles y efectivos con la sabiduría de entender sunyata. Así, lograrás la perfección completa en tu conducta como bodhisatva y conseguirás la completa Iluminación de la budeidad —logro muy encomiable—. Habiendo comprendido completamente la importancia y necesidad de seguir este camino, el de unir los medios hábiles con la sabiduría, y no dejándote deslumbrar por caminos que conducen hacia otras direcciones, no escatimes ningún esfuerzo para seguir este sendero y emular así a quienes fueron afortunados y consiguieron la budeidad. Yo, que he recorrido el verdadero camino que conduce a la Iluminación, he tenido la experiencia de hacer justamente eso. Si tú también buscas liberarte, por favor, actúa de la misma manera.

Presentación de la ausencia de existencia inherente o esencial del fenómeno

Cómo establecer la ausencia de existencia inherente o esencial del fenómeno.

Cómo establecer la ausencia de existencia inherente o esencial del no fenómeno.

Cómo establecer la ausencia de existencia inherente o esencial del fenómeno

Cómo establecer la ausencia de existencia inherente o esencial de la forma.

Cómo establecer la ausencia de existencia inherente o esencial de la consciencia.

Cómo establecer la ausencia de existencia inherente o esencial de los productos no asociados.

Cómo establecer la ausencia de existencia inherente o esencial de la forma

Si comprendemos la ausencia de existencia esencial del yo,

utilizando los razonamientos lógicos anteriormente explicados, debemos aplicarlos también a los fenómenos.

Este es el consejo de Buda Sakyamuni para comprender la ausencia de existencia inherente de los fenómenos. En este contexto "forma" se refiere a aquellas cosas que pueden ser vistas con los ojos y sentidas con las demás consciencias sensoriales.

Nuestra fuerte ignorancia hace que los objetos de las cinco consciencias sensoriales aparezcan de modo inherente y los concibamos también de ese modo. Esta falsa percepción es el objeto de negación. Por mucho que las cosas aparecen con este tipo de existencia en absoluto existen de ese modo. Los objetos no existen tal y como los perciben las conciencias sensoriales y asiente la consciencia mental, son sólo apariencias dependientes. Existen en dependencia de causas y condiciones, de sus partes, y de una base de imputación y el nombre. Utilizando este razonamiento lógico eventualmente dejaremos de ver el objeto con una existencia esencial o inherente.

Puesto que nos aferramos a los objetos como si fueran inherentes, surgen engaños como la ira, el odio, el apego y otros. Como se ha mencionado en repetidas ocasiones, si deseas eliminar cualquier engaño o aflicción desde su raíz es preciso eliminar la visión engañosa de lo compuesto y transitorio, el factor mental que se aferra al yo y lo mío como si existiesen por su propio lado, de modo inherente. Para ello tienes que bloquear el objeto de negación, en este caso la existencia inherente de los fenómenos.

Madhyamaka es "camino medio", cuyo sentido es que no cae en ninguno de los dos extremos. Cuando una persona ordinaria oye que los fenómenos no existen por su propio lado, de modo esencial o inherente, interpreta que significa que *no existen* en absoluto. Pero como ya se ha mencionado en el caso del yo, esto sería caer en el extremo del nihilismo. Pensamos que para que algo exista debe existir de modo inherente. Cuando ocurre al contrario y la persona cree que todos los fenómenos existen por sí mismos cae en el extremo de la permanencia. Saber que los objetos carecen de existencia inherente o esencial, pero que surgen en dependencia nos coloca en el camino medio y nos aparta de ambos extremos.

Todos los objetos dependen de las partes que los componen. Un coche es un conjunto de ruedas, motor, asientos, chasis, etc. Sobre esta base imputamos el término "coche". Y este nombre "coche" es el fenómeno imputado, diferente de la base de imputación -sus partes. Pero al mirar un coche, parece que la base de imputación y el objeto imputado sean una sola cosa: vemos y nos aferramos a la existencia inherente del coche. Esta apreciación viene a través de la consciencia sensorial, pero, para descubrir si es o no correcta, debemos utilizar la consciencia mental.

Investigamos el coche inherente por medio de los cuatro puntos esenciales anteriormente descritos. Recapacitemos sobre si la base de imputación y el objeto imputado son inherentemente uno o diferente.

Si el objeto imputado –el coche- fuese inherentemente uno con su base de imputación, tendría que ser forzosamente lo mismo que el chasis, el motor, la rueda, etc. ¡Habría muchos coches dentro de un coche!

Si analizamos bien la base de imputación, ruedas, frenos, motor, veremos que ninguna de estas partes puede ser identificada como el coche.

Pero tampoco podemos decir que el coche no exista porque existe, aunque sólo de modo convencional. La existencia de todos los fenómenos se establece sobre sus respectivas bases de imputación seguida de una mente válida que los imputa.

Si el coche existiese siendo inherentemente diferente de sus diferentes partes, podríamos separarlas y apartarlas y el coche debería poder señalarse en algún lugar, cosa que es absurda.

Esto indica que cualquier fenómeno es una relación dependiente. En base a ésta, podemos afirmar que cualquier fenómeno carece de existencia esencial alguna. Analizar la relación dependiente es el mejor de todos los razonamientos lógicos para comprender que los fenómenos son vacíos ya que supera y contrarresta los dos extremos -eternalismo y nihilismo.

Cómo establecer la ausencia de existencia inherente o esencial de la consciencia
Consciencia se refiere a la mente cuya definición es *claridad* -ausencia de átomos físicos y capacidad de reflejar-, y que tiene la función de *aprehender*. La consciencia que surge en relación con los poderes sensoriales se denomina "consciencia sensorial" y la que surge en dependencia del poder o facultad mental que actúa como condición dominante, se denomina "consciencia mental". Pero ninguna de las dos existe de modo inherente, también son producto de una relación dependiente.

La mente tiene diversas variaciones: mentes primarias y secundarias o factores mentales. Estos últimos tienen diversos nombres, pues distintas son también sus funciones. Algunos reciben su nombre en función de cómo aprehenden los objetos, otros porque experimentan las diferencias entre objetos, etc.

Aunque parezca que la mente existe de modo esencial o inherente, el análisis demuestra que depende de instantes muy sutiles de consciencia. El término "mente" se imputa sobre el conjunto de momentos muy breves de consciencia. Ni uno solo de estos momentos existe por su propio lado.

La consciencia depende siempre de su momento previo. La consciencia de hoy se imputa sobre la base de diferentes momentos de consciencia transcurridos. Encontramos conciencias de por la mañana, de por la tarde y de por la noche.

Podríamos dividirla también en momentos de consciencia que surgen cada hora, cada minuto, y todos ellos formarían parte de la consciencia de hoy. Todas las consciencias dependen de la imputación del pensamiento y del nombre. La concepción de la existencia inherente la tenemos de una manera innata y las consciencias deben ser analizadas igual que la persona y los fenómenos por medio de razonamientos lógicos.

Si la conciencia existe de modo inherente, debería ser una con estas partes, o completamente diferente de ellas.

Si las partes y la consciencia principal fuesen una sola cosa, la consciencia de la noche se manifestaría al mismo tiempo que la de la mañana. Por tanto, la consciencia no es inherentemente una con sus partes.

Si es inherentemente diferente de sus partes o momentos, significa que no hay relación entre la consciencia y los momentos que la forman. Es decir, la consciencia de la tarde desconocería lo que le ha sucedido durante la mañana.

Y también deberíamos poder señalar una parte de la mente y decir, "esta es la consciencia de hoy", sin que dependiera de los momentos de consciencia de por la mañana, por la tarde o por la noche.

Debe tenerse en cuenta así mismo que la consciencia es la mente subjetiva, denominada también "poseedor del objeto". Es decir, necesita un objeto para poder percibirlo y conocerlo. La consciencia pues no existe inherentemente porque depende de un objeto. Consciencia implica directamente un objeto. El objeto "casa", por ejemplo, produce la consciencia visual que la percibe; sin esta forma externa no se desarrollaría la consciencia visual.

Por esta razón, la consciencia poseedora del objeto, el objeto en sí y la acción de percibirlo carecen de existencia esencial o inherente porque necesitan de la base de imputación y del nombre imputado por el pensamiento.

Es preciso meditar sobre estos puntos hasta comprender que la mente de hoy no puede existir separada de los distintos momentos de consciencia que se han sucedido a lo largo del día.

Cuando nos convenzamos plenamente de esta realidad, experimentaremos la carencia de existencia esencial o inherente de la mente. Hemos de meditar profundamente en cada una de estas etapas hasta morar en el vacío que viene al descubrir el vacío de existencia esencial.

Cómo establecer la ausencia de existencia inherente o esencial de los productos no asociados

Un producto no asociado se refiere a un fenómeno que no es materia ni consciencia. Se distinguen dos grupos: producto no asociado relativo a la persona y producto no asociado relativo a lo que no es una persona. La carencia de existencia esencial de los primeros se ha establecido ya en la sección de la ausencia de existencia inherente de la persona. En cuanto al segundo grupo, pueden ser innumerables, pero aquí tomaremos como ejemplo un período de tiempo como el año.

Un año es un fenómeno imputado y su base de imputación son los doce meses que lo componen. Los meses y los años no existen inherentemente, establecemos su existencia en base al conjunto de partes que lo forman; sin embargo, el "año", *no parece* depender de doce meses. Si el año existiese de modo inherente, si existiese de su propio lado, debería ser inherentemente uno o diferente de los meses.

Si fuese idéntico significaría que, si los meses son doce, doce deberían ser los años contenidos en un año.

Si fuesen diferentes no habría relación entre los meses y el año, separando los meses debería encontrarse algo concreto que poder señalar y denominar año, pero nunca lo encontraremos.

Medita hasta que te convenzas plenamente de que el año no es inherentemente uno ni separado de su base de imputación, sino que depende por completo del pensamiento, del nombre y de su base de imputación, y por tanto carece de existencia esencial.

Cómo establecer la ausencia de existencia inherente o esencial del no fenómeno
El no fenómeno también es denominado "no producto" porque no está vinculado a causas ni condiciones y es permanente. El espacio, la vacuidad, las cesaciones verdaderas son ejemplos de no productos. "El espacio" (tib: *namkha*) aquí se refiere a una negación no afirmativa que impide el contacto. Este tipo de espacio no existe inherentemente porque depende de sus bases de imputación, que son sus diez direcciones. Basándonos en ellas podemos imputar espacio y darle una existencia convencional.

Aquí aplicamos de nuevo los razonamientos lógicos para comprobar si este espacio es inherentemente uno con sus bases de imputación o diferente de ellas.

Si fuese uno con sus partes debería ser irrevocablemente uno con el espacio que impregna, las diez direcciones. Entonces el espacio del norte sería idéntico al del sur y cuando el sol brillara en el este debería brillar también en el oeste. Esto indica que el espacio no es uno con sus partes.

Tampoco es inherentemente diferente de sus partes porque, de serlo, deberíamos poder señalar un punto concreto aparte de las diez direcciones y decir, "esto es el espacio".

Contempla y medita en ello hasta experimentar que el espacio no existe inherentemente.

Muchos creen erróneamente que la vacuidad sí existe de modo inherente, pero se equivocan. Buda Sakyamuni dijo: "La concepción de que el vacío existe de modo inherente no puede rectificarse". Es peor considerar al vacío como inherente o esencial que considerar de ese modo al resto de los fenómenos porque la segunda visión puede rectificarse, mientras que la primera no.

El vacío es también una relación dependiente ya que depende de su base de imputación. La vacuidad en sí misma está vacía de existencia intrínseca y, por tanto, el vacío actúa como la base de imputación de la carencia de existencia intrínseca del vacío. En términos de su base la vacuidad puede ser dividida en cuatro, en dieciséis o en veinte.

Manera de hacer surgir en nuestra mente la visión superior
Para que surja la visión superior empezamos la meditación en la novena etapa de la permanencia apacible. Como ya se ha explicado, estando en equilibrio meditativo se genera una flexibilidad especial indicativa de que has alcanzado la permanencia apacible. A partir de este punto te introduces en el sendero supramundano y valiéndote de la permanencia apacible, meditas en la ausencia de existencia intrínseca de la persona a través de los cuatro razonamientos lógicos anteriormente explicados. Esta meditación analítica debe estar unida al estado de permanencia apacible.

La aplicación del análisis de los cuatro puntos esenciales te convence plenamente de que el yo no existe inherentemente, esta experiencia ha de ser sostenida con la atención y vigilancia, superando la distracción y el hundimiento. Cuando la intensidad con que sostienes el vacío disminuye, aplicas de nuevo el análisis y, una vez recuperada, meditas de nuevo en ello. Puesto que ya habías obtenido permanencia apacible no experimentas la cantidad de dificultades que experimentabas mientras intentabas desarrollarla.

Con el paso del tiempo, llega un momento en que la meditación analítica es igual que la de emplazamiento o concentración. Antes de llegar a este estado, la meditación analítica alteraba la de emplazamiento, pero ahora ocurre al contrario, una ayuda a la otra. La mente en este estado es como un gran océano en calma, cuyas aguas no se alteran si un pez nada en él. Igualmente, cuando la meditación analítica se vuelve de la misma naturaleza que la meditación de emplazamiento, habremos obtenido la visión superior enfocada en el vacío, se habrán fundido la permanencia apacible y la visión superior.

Esta ha sido una explicación muy breve sobre el vacío y cómo generarlo. Para completarla debe leerse el capítulo noveno de la *Guía* de Shantideva, la sección de la vacuidad de *Cambia tu corazón, Transforma tu Vida,* según comentario de Jorte Namkha Pelsen, así como los trabajos de Chandrakirti, Nagarjuna y Tsongkhapa.

El sendero tántrico

Cómo adiestrarse en el sendero tántrico
El último punto de las etapas del camino es adiestrarse en el sendero del vajrayana o tantra. A propósito de este, Je Tsongkhapa dice:

(24)

El gran sendero mahayana se desarrolla por medio de los elevados caminos del vehículo de perfección (sutrayana) y del vehículo de dureza diamantina (tantrayana). Si consigues manejar el vehículo de perfección, podrás también valerte del vehículo diamantino. El éxito en el manejo del vehículo diamantino depende siempre de haber dominado el vehículo de perfección. La renuncia, la bodhichita y un entendimiento verdadero de sunyata, son estados necesarios en esta parte del camino; por medio de estos tres temas de las enseñanzas del Buda, los dos vehículos mahayana podrán viajar en común. Puesto que ya has estudiado estos tres en las perfecciones de la conducta de los bodhisatvas, concéntrate ahora en desarrollar correctamente la esencia de estos tres sujetos yendo todavía más allá, en el vehículo diamantino y cruzando el gran océano de las cuatro clases de tantra. Para ello debes apoyarte en la ayuda de un experto navegante, esto es, un maestro tántrico plenamente cualificado. En resumen, aprovecha la oportunidad que se te ofrece. Dale sentido a tu cuerpo humano completamente dotado, confiándote plenamente en las explicaciones de la tradición oral de un maestro tántrico, desde el comienzo del camino —devoción al gurú—, hasta la completa consecución de la budeidad. Yo, que he recorrido el verdadero camino que conduce a la Iluminación, he tenido la experiencia de hacer justamente eso. Si tú también buscas liberarte, por favor, actúa de la misma manera.

Tanto en el *Lam Rim extenso* como en la *Canción del Lam Rim* de Tsongkhapa, el tantra se menciona muy brevemente porque es un nivel de práctica ideado para personas con un importante grado de preparación y experiencia de los puntos esenciales del *Lam Rim* y que, además, hayan recibido las iniciaciones pertinentes. El *Lam Rim* es el Dharma de todos los practicantes y no hacen falta iniciaciones para practicarlo. Para practicar tantra, en cambio, uno debería tener una experiencia estable de renuncia, bodhichita y sunyata o, en su defecto, al menos una fuerte comprensión intelectual. A ello se le debe añadir un sincero interés, fe y respeto por el *Lam Rim*.

Sin estos requisitos entrar en el camino del tantra puede ser más perjudicial que beneficioso. Seríamos como un bebé subido a lomos de un caballo salvaje. Pero si posees los tres requisitos, sin duda alguna debes entrar en el vehículo tántrico porque se trata de un sendero especial y muy poderoso.

Se dice que es más fácil encontrarse con un buda que con auténticas enseñanzas de tantra. Prueba de ello es que, en este eón, aparecerán mil budas, pero, sólo tres de ellos darán enseñanzas de tantra. Uno de los beneficios más poderosos de practicar tantra es que se puede llegar a la Iluminación en un solo espacio de vida, mientras que con el vehículo del sutra tardaríamos unos tres grandes eones.

Para practicar tantra, además de los tres requisitos mencionados uno debe entrar, de la mano de un maestro vajra cualificado, en el *mandala* de cualquiera de las deidades pertenecientes al tantra más elevado como pueden ser Yamantaka, Guhyasamaja, Heruka o Vajra Yoguini. Así sembramos las semillas de los cuatro cuerpos de un buda.

No deberíamos contentarnos con recibir sólo un "permiso subsiguiente" (tib, *jenang*) para practicar las deidades de tantras iniciales como el kriya tantra y otros.

Quien recibe las cuatro iniciaciones puras, entra en el *mandala* y adquiere ciertos compromisos que deberá guardar como a sus ojos, pero que le capacitan para practicar las etapas del estado de generación y de consumación con éxito.

Manteniendo tus votos, practica todas las etapas del camino, desde la devoción al maestro hasta el estado de unión del tantra. Así estarás integrando las ochenta y cuatro mil enseñanzas del Buda. Poder obtener la experiencia de todos estos senderos sería maravilloso, pero, si ello no es posible, debemos al menos comprender el significado de todas las instrucciones. Así daríamos a nuestro perfecto renacimiento humano un significado pleno.

Adiestrarse en las cuatro maneras de reunir discípulos para que madure el continuo mental de los demás

La bodhichita es primordial cuando practicamos las seis perfecciones y las cuatro maneras de reunir discípulos. Las cuatro maneras son:

> Hacer ofrecimientos materiales a los demás.
> Enseñar el Dharma y dirigirse a los demás de manera gentil.
> Hacer que los discípulos practiquen las enseñanzas recibidas.
> Practicar aquello que se enseña.

Una vez madurado tu continuo mental debes empezar a reunir discípulos si tienes todas las cualificaciones necesarias y, en principio, darles aquello que necesiten, comida, ropa, etc. Tener las necesidades básicas cubiertas les ayudará a abrir su mente y entrar en el sendero espiritual.

Al enseñarles debemos hacerles sentir a gusto, tratando de conocer su temperamento y disposición. Hábilmente daremos las enseñanzas que necesiten. Si las enseñanzas fuesen demasiado profundas, podríamos resultar más perjudiciales que beneficiosos.

Hemos de persuadir a los estudiantes para que practiquen según su nivel de capacidad. Por último, has de practicar aquello que enseñas, en caso contrario los discípulos rehusarán tus consejos y carecerán de la inspiración necesaria para practicar.

Las etapas del camino se pueden explicar muy brevemente. Según la enseñanza sakya denominada *Separarse de los cuatro apegos:*

> Separarse del apego hacia esta vida.
> Separarse del apego hacia el samsara.
> Separarse del apego hacia los objetivos propios.
> Separarse del apego hacia la visión errónea del aferramiento a la existencia inherente.

Separarse del apego hacia esta vida

Si vives apegado a esta vida, no eres un practicante de Dharma, no eres un ser espiritual. Hace muchos años alguien le preguntó a un gueshe kadampa cuál era la diferencia entre un ser espiritual y un ser ordinario. La respuesta del gueshe fue: "Quien se preocupa más de las vidas futuras que de la presente es un ser espiritual y la que sólo piensa en las cosas de esta vida, es una persona mundana".

Según el baremo budista, para valorarnos como seres espirituales es preciso que aspiremos, como mínimo, a un renacimiento superior en nuestra próxima vida. Vivir la espiritualidad plenamente implica dedicar toda nuestra energía al logro del nirvana y la Iluminación.

Separarse del apego hacia el samsara

Mientras sigas apegado hacia las maravillas de la existencia cíclica, no podrás liberarte. La naturaleza de todas estas maravillas es producir insatisfacción y la causa de tal insatisfacción son los engaños mentales y el karma. Para salir del samsara necesitamos renuncia, y el apego es su antídoto. Por lo tanto, si consentimos en el fuerte apego que produce el samsara, estamos yendo en contra de la idea de nirvana, que significa liberación de todo engaño.

Separarse del apego hacia los objetivos propios
Si sigues pensando exclusivamente en ti mismo y dedicas tu energía a obtener felicidad solo para ti, sin importarte la de los demás, no tienes la menor posibilidad de alcanzar la Iluminación que es un estado de plenitud total, superior al nirvana.

Separarse del apego hacia la visión errónea del aferramiento a la existencia inherente
Si nos aferramos a este profundo engaño y no ponemos esfuerzo para cortar tal actitud, nunca llegaremos a experimentar la naturaleza última de la realidad o vacuidad. Esta experiencia es imprescindible para liberarnos del samsara.

Je Tsongkhapa termina su *Canción del Lam Rim* diciendo:

> *Por la virtud de mi explicación del camino completo*
> *en palabras fácilmente comprensibles, escritas con la*
> *intención de complacer a todos los budas y al mismo*
> *tiempo habituar mi propio pensamiento, y de permitir*
> *que otros afortunados se encuentren con un gurú*
> *verdadero y sean capaces de practicar el Dharma puro,*
> *ruego para que ningún ser consciente se vea jamás*
> *separado del camino puro que combina los tres temas*
> *principales de las enseñanzas del Buda. Yo, que he*
> *recorrido el verdadero camino que conduce a la*
> *Iluminación, he ofrecido mis plegarias precisamente para*
> *este fin. Si tú también buscas liberarte, por favor, ofrece*
> *tus oraciones de la misma manera.*

Imagina que Lama Tsongkhapa está en el espacio ante ti y te dice: "Yo, el yogui he practicado así. Si tú buscas liberarte, por favor, actúa de la misma manera". Finalmente debes dedicar los méritos de haber estudiado, contemplado y meditado en las etapas del camino, para que sean causa de tu budeidad. Para que así sea no tomes las enseñanzas como una simple fuente de conocimiento intelectual, sino como una práctica capaz de transformar tu mente.

Glosario

Acciones y sus efectos. (skt. *karma*). La palabra sánscrita *karma* literalmente significa acción. El factor mental "intención" es el *karma* auténtico. Por la fuerza de la intención creamos acciones con nuestro cuerpo, palabra y mente. El efecto de las acciones virtuosas es felicidad y el resultado de las acciones negativas es sufrimiento.

Agregado. Los diversos componentes físicos y mentales de los que consta una persona: forma, sensación, discernimiento, conciencia y factores composicionales.

Arya. Literalmente, "Un Ser Noble". Alguien que ha progresado en el sendero espiritual hasta el punto en que ha obtenido una comprensión o realización directa de la vacuidad.

Arhat. "Destructor de Enemigos". Un ser liberado que está libre de los engaños y ha obtenido el nirvana.

Bardo. Estado intermedio entre la muerte y el renacimiento.

Bendiciones. Oleadas de inspiración. Gracia. La influencia que emana de un ser iluminado y que inspira al practicante.

Bodhisatva. Un ser que ha generado la mente espontánea de la bodhichita. Desde el primer momento en que el practicante genera la bodhichita no artificial o genuina, se vuelve un bodhisatva y entra en el sendero de acumulación. Un bodhisatva ordinario es alguien que aún no ha realizado la vacuidad directamente; un bodhisatva superior es quien ha obtenido una realización directa del vacío.

Buda. Un ser que ha abandonado completamente todos los engaños y sus impresiones. Buda Sakyamuni es el cuarto de los mil budas que aparecerán en este mundo. Los primeros tres fueron Krakuchchhanda, Kanakamuni y Kashyapa. El siguiente será Maitreya.

Budeidad. Iluminación. nirvana superior.

Chitamatra. Esta es, junto a la Madhyamika, una de las dos escuelas mahayana de principios filosóficos. También es conocida como "solo mente", ya que según dicha escuela todos los fenómenos son de la misma naturaleza que la mente que los aprehende. Para ellos los fenómenos dependientes son verdaderamente existentes, pero no existen como una entidad externa a la mente.

Cuerpo de Verdad. Dharmakaya. El estado puro interno de los seres iluminados, que tiene dos aspectos: sabiduría pura y la naturaleza última pura de la mente de un ser iluminado.

Cuerpo de Deleite. Samboghakaya. Cuerpo de la forma sutil de un Buda que sólo puede ser percibido por seres ordinarios.

Cuerpo de Emanación. Nirmanakaya. Cuerpo de la forma de un Buda que puede ser percibido por seres superiores mahayana.

Deidad. (skt; yidam). El término deidad se utiliza principalmente para referirse a budas y bodhisatvas que se visualizan bajo forma divina durante la práctica tántrica. Representan un aspecto específico del estado iluminado.

Dharma. Se refiere a las enseñanzas de Buda y a las realizaciones internas que se generan practicando estas enseñanzas.

Deva. El más elevado de las seis clases de seres en el *samsara*.

Engaño. Cualquier emoción o concepción que altere y distorsione la conciencia.

Estado de Generación. La realización de un yoga creativo obtenido como resultado de una concentración pura en llevar los tres cuerpos al sendero (en los que uno mentalmente se genera como deidad tántrica y el medio ambiente como el mandala de la deidad).

Estado de Consumación. Las realizaciones del Yoga Tantra Superior que son alcanzadas al completar un método especial que causa que los aires entren, permanezcan y se disuelvan dentro del canal central.

Existencia inherente, esencial, verdadera. La aparente existencia de los fenómenos, independiente de partes, causas o del proceso de imputación conceptual. Lo que es negado por la vacuidad.

Existencia cíclica. (skt. *samsara*) Es el ciclo de muerte y renacimiento descontrolado que es impulsado por la fuerza de los engaños y las acciones contaminadas. Es la base para experimentar sufrimiento.

Eón. (skt. *kalpa*). Espacio de tiempo muy largo, intraducible en cifras.

Guelugpa. El sistema de enseñanzas completas de Buda, tanto en sutra como en tantra, establecido por Lama Tsongkhapa en el siglo catorce. "Guelug" significa un sistema de práctica inmaculado y completo.

Gueshe. Originalmente se refería a alguien cualificado como guía espiritual. En la tradición guelug ahora se usa como título para quien ha dominado la filosofía y técnicas de meditación budistas.

Gurú raíz. El guía espiritual principal de quien hemos recibido iniciaciones, instrucciones y transmisiones orales de nuestra práctica principal.

Hinayana. Theravada. Vehículo espiritual para aquellos que buscan la propia liberación del sufrimiento.

Ignorancia. Raíz de la existencia cíclica. Desconocimiento de la manera en que las cosas existen o de cuál es su función.

Iluminación. Omnisciencia, budeidad, nirvana superior. Estado perfecto del ser. Estado iluminado

Impresión. Semilla kármica o semilla de los engaños. Las primeras son las tendencias positivas, negativas y neutrales depositadas en la mente por la fuerza de las acciones. Son comparadas a semillas que en el futuro madurarán en forma de felicidad o sufrimiento. Las segundas permanecen en la consciencia incluso después de que los engaños han sido abandonados. Son la obstrucción a la omnisciencia y sólo se abandonan en la budeidad.

Iniciación. Transmisión de poder. Un poder especial potencial para obtener cualquiera de los cuatro cuerpos de un buda. Un practicante tántrico la recibe de su maestro, o de otros seres santos, por medio de un ritual tántrico. Es la puerta de entrada para practicar el tantra.

Liberación. Nirvana menor, estado de libertad personal completa del sufrimiento y sus causas.

Lam Rim. Etapas del Camino a la Iluminación. Enseñanzas orales y escritas que describen las diferentes etapas en el sendero a la Iluminación y los métodos para atravesarlas.

Monte Meru. Según la cosmología budista, montaña gigante que se halla en el centro del universo. Es considerablemente mayor que esta Tierra y el hogar de las dos clases de dioses inferiores del reino del deseo.

Nirvana menor. Liberación personal del sufrimiento.

Madhyamika. Junto a la Chitamatra, la segunda escuela mahayana de principios filosóficos. Fue enseñada por el Buda durante el Segundo Giro de la Rueda del Dharma y desarrollada posteriormente por Nagarjuna, Chandrakirti y otros. Aunque tiene dos divisiones, la madhyamika svatantrika y la madhyamika prasangika, esta última contiene el pensamiento final del Buda.

Mahayana. El vehículo mayor para aquellos que buscan la

Iluminación completa para beneficio de los demás.

Mantra. Un grupo de sílabas que expresan de manera condensada y simbólica las cualidades esenciales de una deidad.

Meditación. Proceso de familiarización profunda con estados mentales virtuosos.

Meditación analítica. Examen conceptual constante del objeto de meditación. Precede a la meditación de emplazamiento en la que la mente, sin analizar, está enfocada absolutamente y sin distracción sobre el objeto de meditación.

Mérito. Es la buena fortuna que se crea a través del poder de las acciones virtuosas y que tiene el poder potencial de aumentar las buenas cualidades y producir felicidad.

Método y sabiduría. El sendero espiritual hacia la Iluminación tiene dos aspectos: método y sabiduría. Método es la causa principal de que madure nuestro linaje de buda. Las prácticas de la gran compasión, el amor, la bodhichita y las perfecciones de la generosidad, disciplina moral, paciencia, esfuerzo y estabilización mental constituyen las prácticas del método. La sabiduría es la causa principal de que nuestro linaje de buda se libere de los engaños y sus impresiones. Las prácticas para desarrollar una comprensión correcta de la naturaleza de las dos verdades, convencional y última, constituyen las prácticas de la sabiduría.

Oyente. Uno de los dos tipos de practicante hinayana. tanto los oyentes como los realizadores solitarios son hinayanistas. Difieren en su comportamiento, motivación, mérito y sabiduría. En todos estos respectos los realizadores solitarios son superiores a los oyentes.

Reino del deseo. Uno de los tres reinos de existencia cíclica mencionados en las escrituras budistas. Es el reino en donde los seres disfrutan los cinco objetos de los sentidos: forma, sonido, olor, tacto y gusto. Hay seis reinos en este reino: el de los dioses, semidioses y humanos (los reinos superiores); y el de los animales, espíritus hambrientos y el de los infiernos (los reinos inferiores).

Reino de la forma. Uno de los tres reinos de la existencia cíclica, más allá del reino del deseo. Los seres allí han renunciado al disfrute de los objetos sensoriales externos, pero aún así todavía tienen apego a la forma interna, es decir, su propio cuerpo y mente.

Reino sin forma. Este reino está incluso más allá del reino del deseo y de la forma. Aquí los seres han renunciado incluso a la forma y existen sólo como corriente de conciencia. Aunque, temporalmente han abandonado el apego a los placeres de la forma, su mente aún está esclavizada por el deseo y apego sutiles a los estados mentales y ego, por tanto, están dentro del samsara.

Rueda del Dharma. El Buda enseñó tres grandes bloques de enseñanzas conocidas como "los tres giros de la Rueda del Dharma". En el primer giro, el Noble Buda enseñó las cuatro nobles verdades, en el segundo enseñó los Sutras de la Perfección de la Sabiduría y reveló el punto de vista prasangika madhyamika, en el último giro presentó el punto de vista chitamatra. El punto de vista real del Buda es el seguido por la escuela prasangika madhyamika.

Sautrantika. Una escuela hinayana de principios filosóficos que acepta que tanto los autoconocedores como los objetos externos tienen existencia esencial.

Ser de compromiso. Un buda visualizado o uno mismo visualizado como tal. Un ser de compromiso es denominado así porque en general es un compromiso de todo budista visualizar o recordar a Buda, y en particular es un compromiso de aquellos que han recibido una iniciación en el tantra superior o más elevado el generarse como deidad.

Ser de sabiduría. Un buda real, especialmente el que se invita para unirse con el ser de compromiso visualizado.

Sutra. Enseñanzas del Buda que están basadas en los tres adiestramientos de moralidad, concentración y sabiduría y las seis perfecciones.

Tierra pura. Es un medio ambiente puro sin sufrimiento. Hay muchas tierras puras, Sukhavati es la de Amitabha y Thagpa Kacho la de Vajra Yoguini.

Tantra. Mantra secreto. Las enseñanzas más elevadas del Buda. Nos dirigen rápidamente a la Iluminación. Estas enseñanzas se distinguen de las del sutra porque revelan métodos para adiestrar la mente a llevar el resultado futuro, o budeidad al sendero presente. Mantra indica que es una instrucción especial del Buda para proteger la mente de apariencias y concepciones ordinarias. Para superar las apariencias y concepciones ordinarias los practicantes tántricos visualizan su cuerpo, disfrutes y actividades como las de un buda. Secreto indica que las prácticas deben hacerse en privado y sólo por los que han recibido una iniciación tántrica.

Pabongkha Rimpoché (1878–1941). Un gran lama tibetano de finales del siglo diecinueve y principios del veinte, además de ser una emanación de Heruka era el sustentante de muchos linajes de sutra y tantra.

Tsongkhapa (1357–1419). Fundador de la escuela guelug. Nació en Amdo, en lo que más tarde sería el monasterio de Kum Bum. Escribió más de doscientos textos, de los cuales, el más ampliamente estudiado es el *Lam Rim extenso*.

Vacuidad. (skt. sunyata). Vacío. La mera ausencia de existencia inherente, esencial o intrínseca. La naturaleza última de los fenómenos.

Vaibhashika. Escuela de principios filosóficos hinayana. Esta escuela no acepta los autoconocedores, pero sostiene que los objetos externos existen de modo esencial.

Yidam. La deidad, que es un aspecto de la mente iluminada, con la que uno establece una relación personal en la práctica tántrica.

Encabezamientos de Senda de Luz

El Lam Rim denominado *Senda de Luz* tiene cuatro divisiones:
>Vida y buenas cualidades del autor para mostrar la autenticidad de las enseñanzas.
>Cualidades de las enseñanzas con el fin de generar fe y respeto hacia ellas.
>Cómo escuchar y enseñar el Dharma.
>Instrucciones sobre las etapas del camino a la Iluminación.

Cualidades de las enseñanzas con el fin de generar fe y respeto hacia ellas, tiene dos divisiones:
>Las tres características.
>Las cuatro cualidades.

Las tres características son:
>El Lam Rim es la condensación de todo el budadharma.
>El Lam Rim es fácil de practicar.
>El Lam Rim es superior a otras enseñanzas.

Las cuatro cualidades son:
>No hay contradicción en las enseñanzas del Buda.
>Tomaremos todas las enseñanzas como profundos consejos.
>Entenderemos fácilmente la intención del Buda.
>Todas las faltas cesarán automáticamente.

Cómo escuchar y enseñar el Dharma tiene tres divisiones:
>La manera de escuchar el Dharma.
>La manera de enseñar el Dharma.
>La manera de hacer la dedicación, práctica que es común al maestro y discípulo en la etapa de conclusión.

La manera de escuchar el Dharma tiene tres divisiones:
>Contemplar los beneficios de escuchar el Dharma.
>Generar respeto hacia las enseñanzas y hacia la

persona que las expone.
La manera de escuchar las enseñanzas.

La manera de escuchar las enseñanzas tiene dos divisiones:
Abandonar las tres faltas.
Cultivar los seis reconocimientos.

Cultivar los seis reconocimientos entraña:
Reconocerse como una persona enferma.
Reconocer que el Dharma es el medicamento.
Reconocer a quien nos imparte las instrucciones
como a un médico.
Reconocer que practicar constantemente el Dharma que se
escucha elimina la enfermedad de los engaños.
Reconocer que Sakyamuni Buda es un ser digno de
confianza.
Desarrollar el fuerte deseo de que el Dharma
florezca y dure eternamente.

La manera de enseñar el Dharma tiene cuatro divisiones:
Beneficios de dar enseñanzas
Generar respeto hacia Buda Sakyamuni y su Dharma.
La actitud y comportamiento necesarios para el que enseña.
Saber a quién se debe dar la enseñanza y a quién no.

Instrucciones sobre las etapas del camino a la Iluminación tiene dos
divisiones:
La manera de confiar en el guía espiritual: la raíz
del sendero espiritual.
Cómo extraer la esencia del perfecto renacimiento humano.

La manera de confiar en el guía espiritual: la raíz del sendero espiritual
tiene tres divisiones:
Prácticas preliminares.
Práctica en sí.
Conclusión de la práctica.

Prácticas preliminares tiene seis divisiones:
> Limpiar la sala de meditación, poner sobre el altar
> representaciones del cuerpo, palabra y mente del Buda.
> Hacer ofrecimientos, colocándolos de la manera más bella
> y sin ningún tipo de pensamiento negativo.
> Sentarse cómodamente en la posición de Vairochana
> caracterizada por los siete puntos, recitar las oraciones de
> refugio, bodhichita y los cuatro inconmensurables.
> Visualizar el campo de mérito.
> Ofrecer la oración de las siete ramas y el mandala
> para acumular mérito y sabiduría.
> Oraciones de súplica para recibir bendiciones.

Meditar en cómo depositar la confianza en el guía espiritual tiene
cuatro divisiones:
> Beneficios de confiar en un guía espiritual.
> Desventajas de romper nuestra relación con el guía
> espiritual.
> Cómo seguir al guía espiritual mentalmente.
> Cómo seguir al guía espiritual en la práctica.

Los *beneficios de depositar la confianza en un guía espiritual* son diez:
> Te aproximas a la budeidad.
> Los budas se alegran.
> No serás dañado por amigos negativos o espíritus malignos.
> Tus engaños y las acciones inducidas por ellos se
> pacifican automáticamente.
> Aumentan las experiencias, los niveles y los senderos.
> No te faltarán guías espirituales en las próximas vidas.
> No renacerás en estados inferiores.
> Realizarás sin esfuerzo tanto los objetivos temporales como
> los últimos.

Las *desventajas de romper nuestra relación con el guía espiritual* son
ocho:
> Criticar a un maestro espiritual es como criticar a
> todos los budas.

Sentir odio hacia el guía espiritual es causa segura
para renacer en los infiernos.
Si eres un practicante tántrico y generas odio
Hacia tu maestro vajra, la Iluminación se aleja.
Aunque intentes estudiar, contemplar y meditar
en el tantra más profundo, sólo será causa para
renacer en los infiernos.
No tendrás realizaciones y si las tuvieras degenerarían.
Sufrirás desgracias.
Renacerás continuamente en los reinos inferiores.
En tus vidas futuras no encontrarás guías espirituales
cualificados.

Cómo seguir al guía espiritual mentalmente tiene cuatro divisiones:
Nuestros guías espirituales son más amables que todos los
budas.
Por qué deberíamos observar a nuestro maestro
como a un buda.
Vajradhara afirmó que nuestro maestro es un buda.
Las apariencias engañan y nuestras propias opiniones no
son de fiar.

El perfecto renacimiento humano tiene tres divisiones:
Identificar el perfecto renacimiento humano.
Meditar en el gran valor del perfecto
renacimiento humano.
Meditar en la dificultad de obtener un perfecto
renacimiento humano.

Identificar el perfecto renacimiento humano tiene ocho libertades y
diez dones. Las *ocho libertades* son:
No haber renacido como un ser infernal.
No haber renacido como un espíritu hambriento.
No haber renacido como un animal.
No haber renacido como un dios de larga vida.
No haber renacido en una zona remota.
No haber renacido en un lugar civilizado, pero en el que

no hay Dharma.
No haber renacido con enraizadas visiones erróneas.
No haber renacido con deficiencias mentales o físicas.

Los *diez dones* son:
Renacer como un ser humano.
Renacer en una tierra central: un lugar donde haya
monjes y monjas.
Tener todas las facultades sensoriales en buen estado.
Estar libre de haber cometido los cinco crímenes.
Tener fe en las Tres Cestas.
Renacer en la época del Buda.
Haber encontrado el Dharma.
Renacer en una época en la que el Dharma hinayana y
mahayana florecen y son estables.
Renacer en una época en la que hay guías
espirituales y practicantes compasivos.
Renacer en una época en la que hay personas
compasivas que nos ayudan a practicar el
Dharma.

Meditar en el gran valor del perfecto renacimiento humano tiene tres
divisiones:
Desde el punto de vista temporal.
Desde el punto de vista último.
Desde el punto de vista de cada momento de nuestra vida.

Meditar en la dificultad de obtener un perfecto renacimiento humano
tiene tres divisiones:
Es difícil de obtener según sus causas.
Es difícil de obtener según el ejemplo.
Es difícil de obtener según el número.

Cómo extraer la esencia de este perfecto renacimiento humano tiene
tres divisiones:
Adiestrarse en las etapas del camino comunes a las
personas de capacidad inicial.

Adiestrarse en las etapas del camino comunes a las personas de capacidad media.
Adiestrarse en las etapas del camino de las personas de capacidad superior.

Adiestrarse en las etapas del camino comunes a las personas de capacidad inicial tiene dos divisiones
Aspirar a obtener estados elevados en vidas futuras.
El método para alcanzar la felicidad de los reinos superiores en las vidas futuras.

Aspirar a obtener estados elevados en vidas futuras tiene dos divisiones:
Meditar en la muerte.
Meditar en los sufrimientos de los reinos inferiores.

El método para alcanzar la felicidad de los reinos superiores en las vidas futuras tiene dos divisiones:
Tomar refugio: la puerta de entrada al budadharma.
La ley de causa y efecto: la raíz de todas las cualidades excelentes y de toda felicidad.

Meditar en la muerte tiene tres divisiones:
La muerte es inevitable.
El momento de la muerte es incierto.
En el momento de la muerte sólo ayuda el Dharma.

La muerte es inevitable tiene tres divisiones:
Nada puede impedir la muerte.
El espacio de vida no puede aumentar y disminuye continuamente.
La muerte vendrá hayamos tenido o no ocasión de practicar Dharma.

El momento de la muerte es incierto tiene tres divisiones:
El espacio de vida de los humanos que habitan este universo que atraviesa una época degenerada es incierto.
Hay más causas que propician la muerte que la vida.
El cuerpo es muy frágil.

En el momento de la muerte sólo ayuda el Dharma tiene tres divisiones:

    Las riquezas y posesiones no podrán ayudar.

    Los familiares y seres queridos no podrán ayudar.

    El cuerpo no podrá ayudar.

Meditar en los sufrimientos de los reinos inferiores tiene tres divisiones:

    El reino de los infiernos.

    El reino de los espíritus hambrientos.

    El reino animal.

El reino de los infiernos tiene cuatro divisiones:

    El sufrimiento de los infiernos calientes.

    El sufrimiento de los infiernos fríos.

    El sufrimiento de los infiernos fronterizos.

    El sufrimiento de los infiernos ocasionales.

Tomar refugio: la puerta de entrada al budadharma tiene cinco divisiones:

    Las razones de tomar refugio.

    Los objetos de refugio.

    La medida de haber tomado refugio.

    Los beneficios de tomar refugio.

    Los compromisos después de tomar refugio.

La ley de causa y efecto: La raíz de todas las cualidades excelentes y de toda felicidad tiene tres divisiones:

    Contemplar la ley de causa y efecto en general.

    Contemplar los aspectos específicos de la ley de causa y efecto.

    La manera de practicar disciplina moral después de haberse convencido de la ley de causa y efecto.

Contemplar la ley de causa y efecto en general tiene cuatro divisiones:

    Los resultados de las acciones son definitivos.

    Los resultados de las acciones aumentan.

    Sin crear una acción no se experimenta su resultado.

    Las acciones creadas no pierden su potencial.

Contemplar los aspectos específicos de la ley de causa y efecto tiene dos divisiones:
>El karma negativo y sus efectos.
>Los factores en el poder de una acción.

El karma negativo y sus efectos tiene tres divisiones:
>Las acciones negativas del cuerpo.
>Las acciones negativas de la palabra.
>Las acciones negativas de la mente.

Los factores en el poder de una acción tiene cuatro divisiones:
>El objeto.
>El sujeto.
>La sustancia.
>La motivación.

Adiestrarse en las etapas del camino comunes a las personas de capacidad media tiene dos divisiones:
>Generar el deseo de llegar a la liberación.
>Presentación del sendero que conduce a la liberación.

Generar el deseo de llegar a la liberación tiene dos divisiones:
>Explicación de la naturaleza insatisfactoria del samsara en general.
>Explicación del sufrimiento específico de cada reino de existencia en el samsara.

La *explicación de la naturaleza insatisfactoria del samsara en general* tiene dos divisiones:
>Los tres sufrimientos.
>Los seis sufrimientos.

La *explicación del sufrimiento específico de cada reino de existencia en el samsara* tiene dos divisiones:
>Los sufrimientos de los reinos inferiores.

Los sufrimientos de los reinos superiores de existencia en el samsara.

Los sufrimientos de los reinos superiores tiene tres divisiones:
El sufrimiento del reino humano.
El sufrimiento del reino de los semidioses.
El sufrimiento de los dioses de larga vida.

La *presentación del sendero que conduce a la liberación* tiene dos divisiones:
Manera en que surgen los engaños.
Manera de morir y renacer.

La *manera en que surgen los engaños* tiene cinco divisiones:
Identificar los engaños.
Secuencia progresiva de cómo surgen los engaños.
Causas de los engaños.
Desventajas de los engaños.
Cómo creamos acciones bajo la influencia de los engaños.

La *manera de morir y renacer* tiene tres divisiones:
Qué sucede al morir.
Cómo se entra en el estado intermedio.
Cómo se renace.

Cómo practicar el sendero que dirige a la liberación tiene dos divisiones:
La base necesaria para superar el samsara.
El sendero necesario para superar el samsara.

Adiestrarse en las etapas del camino de las personas de capacidad superior tiene cuatro divisiones:
Presentación de la bodhichita, única puerta de entrada al sendero mahayana.
Beneficios de generar la bodhichita.
Método para generar la preciosa bodhichita.
Cómo adiestrarse en las seis perfecciones.

Los *beneficios de generar la bodhichita* son diez:
> Es la única puerta para acceder al sendero mahayana.
> Te conviertes en *hijo de los budas.*
> Superas a los oyentes y realizadores solitarios.
> Serás merecedor de ofrecimientos y postraciones tanto de humanos como de dioses.
> Fácilmente creas un gran caudal de mérito.
> Destruyes rápidamente obstáculos y negatividades.
> Verás cumplidos todos tus deseos.
> No serás perjudicado por obstáculos externos ni internos.
> Rápidamente completas las bases y los senderos.
> Tu estado mental será fuente de paz y felicidad para todos los seres.

El *método para generar la preciosa bodhichita* tiene dos etapas:
> Adiestrarse en la bodhichita por etapas.
> Mantener la bodhichita por medio del ritual.

Adiestrarse en la bodhichita por etapas tiene dos divisiones:
> Las seis causas y un efecto.
> Cambiarse por los demás.

Mantener la bodhichita por medio del ritual tiene dos divisiones:
> La manera de recibir los votos del bodhisatva para aquellos que aún no los tienen.
> La manera de proteger los votos para que no degeneren.

La manera de recibir los votos del bodhisatva para aquellos que aún no los tienen tiene tres divisiones:
> Preliminar.
> Manera de tomar los votos.
> Conclusión.

La manera de proteger los votos para que no degeneren tiene dos divisiones:
> Adiestrarse para que no degenere la bodhichita en esta vida.
> Adiestrarse para no verse separado de la bodhichita en las vidas futuras.

Cómo adiestrarse en las seis perfecciones tiene dos divisiones:
>   Adiestrarse en las seis perfecciones para madurar el propio continuo mental.
>   Adiestrarse en las cuatro maneras de reunir discípulos para que madure el continuo mental de los demás.

Adiestrarse en las seis perfecciones para madurar el propio continuo mental tiene tres divisiones:
>   Práctica de las seis perfecciones en general.
>   Práctica específica de las dos últimas perfecciones: concentración y sabiduría.
>   Cómo adiestrarse en el sendero tántrico.

La *práctica específica de las dos últimas perfecciones: concentración y sabiduría* tiene dos divisiones:
>   Cómo adiestrarse en la permanencia apacible: la naturaleza de la concentración.
>   Cómo adiestrarse en la visión superior: la naturaleza de la sabiduría.

Cómo adiestrarse en la permanencia apacible: la naturaleza de la concentración tiene cinco divisiones:
>   Condiciones necesarias para generar la permanencia apacible.
>   Manera de desarrollar la permanencia apacible.
>   Las nueve etapas mentales y los seis poderes.
>   Cómo desarrollar permanencia apacible a través de los cuatro empeños.
>   Obtención de la verdadera permanencia apacible.

Cómo adiestrarse en la visión superior: la naturaleza de la sabiduría tiene tres divisiones:
>   Presentación de la ausencia de existencia inherente o esencial del yo.
>   Presentación de la ausencia de existencia inherente o esencial del fenómeno.
>   Manera de hacer surgir en nuestra mente la visión superior.

La *presentación de la ausencia de existencia inherente o esencial del yo* tiene dos divisiones:
> Cómo mantener el equilibrio meditativo semejante al espacio.
> Cómo mantener el logro ilusorio subsiguiente.

Cómo mantener el equilibrio meditativo semejante al espacio tiene cuatro divisiones:
> Determinar el objeto de negación.
> Determinar la implicación.
> Determinar la ausencia de singularidad.
> Determinar la ausencia de pluralidad.

La *presentación de la ausencia de existencia inherente o esencial del fenómeno* tiene dos divisiones:
> Cómo establecer la ausencia de existencia inherente o esencial del fenómeno.
> Cómo establecer la ausencia de existencia inherente o esencial del no fenómeno.

Cómo establecer la ausencia de entidad o esencial del fenómeno tiene tres divisiones:
> Cómo establecer la ausencia de existencia inherente o esencial de la forma.
> Cómo establecer la ausencia de existencia inherente o esencial de la consciencia.
> Cómo establecer la ausencia de existencia inherente o esencial de los productos no asociados.

Adiestrarse en las cuatro maneras de reunir discípulos para que madure el continuo mental de los demás tiene cuatro partes:
> Hacer ofrecimientos materiales a los demás.
> Enseñar el Dharma y dirigirse a los demás de manera gentil.
> Hacer que los discípulos practiquen las enseñanzas recibidas.
> Practicar aquello que se enseña.

www.ingramcontent.com/pod-product-compliance
Lightning Source LLC
LaVergne TN
LVHW010316200726
843507LV00010B/1246